KB111545

한국에서는
왜
노벨상이
힘든가?

한국에서는 왜 노벨상이 힘든가?

발행일　　2019년 3월 29일

지은이　　김동화
펴낸이　　손형국
펴낸곳　　(주)북랩
편집인　　선일영　　　　　　　　　　　　　편집　　오경진, 강대건, 최승헌, 최예은, 김경무
디자인　　이현수, 김민하, 한수희, 김윤주, 허지혜　　제작　　박기성, 황동현, 구성우, 장홍석
마케팅　　김회란, 박진관, 조하라
출판등록　2004. 12. 1(제2012-000051호)
주소　　　서울시 금천구 가산디지털 1로 168, 우림라이온스밸리 B동 B113, 114호
홈페이지　www.book.co.kr
전화번호　(02)2026-5777　　　　　　　　　　팩스　　(02)2026-5747

ISBN　　979-11-6299-599-0 03370 (종이책)　　　　979-11-6299-600-3 05370 (전자책)

이 도서의 국립중앙도서관 출판예정도서목록(CIP)은 서지정보유통지원시스템 홈페이지(http://seoji.nl.go.kr)와
국가자료공동목록시스템(http://www.nl.go.kr/kolisnet)에서 이용하실 수 있습니다.
(CIP제어번호: CIP2019011276)

한 이공계 대학교수의 노벨상 연구

한국에서는 왜 노벨상이 힘든가?

김동화 지음

북랩 book Lab

필자가 초등학교 때 한국은 1인당 국민 소득 90달러의 최빈국이었지만, 지금은 3만 2천 불로 엄연히 선진국이다. 전화기 한 대 없던 세상에서 이제는 스마트폰 하나로 세상의 모든 정보를 찾을 수 있는 세상으로 변했다. 지금의 청·소년들이 중년이 될 때는 세상이 어떻게 변할지 가늠해 볼 수 있는 대목이다.

4차 산업혁명 시대에 국가 간 경쟁은 더욱 치열해져 고급 인력 쟁탈전은 국적과 관계없이 이루어지고 있다. 필자는 청소년들의 대학 선택 문제도 그 개념을 송두리째 달리해야 할 때가 되었다고 판단한다.

청소년들은 미래를 어떻게 준비하면 좋을까?

어떤 대학에 가야 이런 것들을 배울 수 있을까?

이는 많은 청소년과 학부모님의 가장 큰 소망일 것이다.

명문대에 들어가 좋은 학점을 받고 잘나가는 직장에서 일하다가 국가나 사회의 지도층으로 가는 방법이 있다. 할 수만 있다면 인생을 설계하는 데 있어서 가장 좋은 코스일 것이다. 그러나 이들 명문대는 적은 수의 우수한 인재들만 들어갈 수 있다.

또, 다행히 부모님의 가업을 물려받는 경우는 좋은 대학에 가는 것 이상으로 가치 있고 보람도 있다. 그러나 그러지 못한 평범한 청소년들은 스스로 삶을 개척해야 한다. 청소년들로서는 다양한 조언을 듣지 않는 한 미래에 대한 큰 밑그림을 그릴 수 없다.

결국, 밝은 미래를 준비하는 방법 중의 하나는 외국의 특화된 작은 대학, 개도국에 있는 좋은 대학에 가는 것이다. 필자는 한국의 젊은이들이 이런 대학을 나오면 한국에서 명문대를 나오는 것 이상으로 가치 있는 삶을 살 수 있다고 본다. 그렇지만 불행히도 이들 대학의 자료는 별로 없고 어떤 대학들은 웹사이트의 주소조차 없다. 그래서 직접 현장에 가서 보지 않는 한 이런 대학에 유학하러 간다는 발상을 하기 어렵다. 오바마 전 미국 대통령이 초등학교 시절에 미국 대통령이 되겠다고 말했다가 모두의 비웃음거리가 되었다는 일화는 유명하다. 그러나 그는 이를 실천했다.

선진국의 대학들은 그 대학만이 가질 수 있는 독특한 핵심 가치를 가지고 대학을 운영하여 노벨상 수상자가 많고, 세계적인 지도자를 배출한다. 이들과 쉽게 교류를 할 수 있는 선순환 고리가 연결되어 있기 때문이다.

21세기를 살아야 할 청소년들이 노벨상 수상, 세계의 지도자 등을 꿈꾸고 미국으로 유학하러 갈 것을 적극적으로 권장한다. 개도국 명문대 진학은 출신 대학으로 사람을 송두리째 평가하는 한국 문화에서 지방대를 나와 평생을 기 한 번 못 펴고 사는 것보다 훨씬 가치 있는 일이 될 것이다.

목차

제6부 노벨상 수상자! 한국에서는 절대 나올 수 없다

제1부

대학 선택은
21세기에서 살기 위한
첫 단추를 끼우는 것이다

"I cannot teach anybody anything.
I can only make them think."

— Socrates

인류 교육의 선구자인 소크라테스는 "나는 가르칠 수 없다. 다만 생각하도록 할 뿐이다."라고 교육을 정의하고 대중과의 소통을 통해 지식을 얻었다(Socrates' main focus throughout his public teaching life is the acquiring by the individual of self-knowledge).

그림 1-1.

인류 역사에서 가장 오래된 대학으로 기록된 1088년에 세워진 이탈리아 볼로냐(Bologna)시에 있는 볼로냐(Bologna) 대학. 현재는 교직원 2,850명, 학생 수 82,363명의 매머드 대학이다.[1]

1　출처: 영문 위키피디아.

내 아이도
21세기 지도자가 될 수 있다

부국, 국가 브랜드, 지도자. 이들은 어떤 상관관계가 있을까?

농경문화 시절에는 농사 기술과 넓은 땅, 20세기까지의 대량 생산 시절에는 자본과 기술, 정보통신 시절에는 정보를 많이 가진 자들이 부를 많이 창출하고 국가 브랜드와 국민들 삶의 질에 영향을 크게 미쳤다.

그러나 21세기 지식산업 시대에는 신지식을 창출할 수 있는 인재가 부의 창출과 국가 브랜드에 큰 영향을 미친다.

20세기까지 국가 간 교역은 주로 무역에 의해 이루어졌으나 21세기 무한

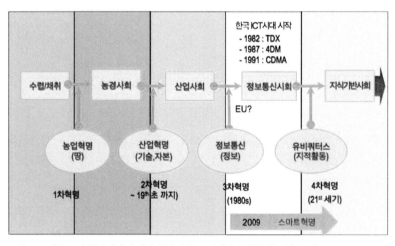

그림 1-2. 인류 문명 발달사에서 경제 성장의 주요 견인차 구실을 한 기술 분야

원시 시대는 수렵과 채취, 농경사회는 토지와 농업기술, 산업혁명 이후의 산업사회는 기술과 자본, 정보통신 시대에는 정보 기술, 21세기에는 지식과 창조력이 경제를 이끌어가는 주요 수단이 되고 있다.

경쟁 시대에는 교역은 인터넷과 보이지 않는 지식으로 많이 이루어져 창조적인 지식을 창출할 수 있는 인재는 곧 국가의 부와 브랜드를 높일 수 있는 중요한 자산이 된다.

선진국들이 고급 인재를 확보하기 위해 인재 유치에 온 힘을 다하는 이유가 여기에 있다. 또한 국가 간에 인재 이동도 자유롭게 된다.

따라서 국가 경영을 책임진 사람들이나 지자체의 장들은 이러한 패러다임을 읽고 정책을 결정할 수 있어야 한다.

국가 간 인재 이동이 가장 자유롭게 되도록 기폭제 역할을 한 것은 유럽연합(EU, European Union)이다.

독일, 네덜란드, 이탈리아, 룩셈부르크, 벨기에, 프랑스의 6개국에 의해 1951년도에 시작된 철강 협의체가 2006년도 12월 15일에 현재와 같은 국가 형태의 유럽연합으로 발전하면서 국가 간 인재 이동이 자유롭게 된다.

중국보다 적은 면적에서 55개국이 국경을 맞대고 있는 유럽은 갈등과 반목이 반복되었다. 첨단기술을 가진 미국과 소비시장이 큰 아시아가 부상하면서 유럽은 위기의식을 느꼈고 20세기까지 인류의 문명을 이끌었던 유럽의 과학기술은 20세기 후반부터 견인차 구실을 하지 못하였다.

더구나 경제의 중심축이 된 ICT(Information and Communications Technologies) 기술마저 기회를 놓쳐 뒤처지게 되었다.

혁신적이지 못한 과학기술, 더딘 경제 성장, 무리한 복지 포퓰리즘은 그리스 디폴트 사태와 같은 국가 부도 사태로 나타났다.

애플, 페이스북, 아마존, 구글, IBM 등 세계적 기업은 모두 미국 기업으로, 세계를 선도하는 ICT 기업의 명단에서 유럽 기업은 찾아보기 어렵다.

물론 독일이나 프랑스에도 BMW, 르노, 푸조와 같은 굴지의 자동차 제조 기업이 있으나 세계적 선두 그룹 기업은 모두 미국의 혁신적인 기업들이다.

2016년에 유럽연합은 심각한 내용을 담은 보고서를 발간하였다.

다음의 그림은 미국의 3대 ICT 기업들의 2016년도 총매출액(444.1조 달러)이 이탈리아의 수출액인 436.4조 달러를 넘는다는 것을 나타낸다. 페이스북, 마이크로소프트의 매출액을 더하면 차이는 더 벌어진다.

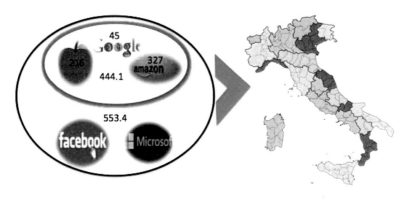

2015년 이탈리아 수출액: 436.4십억 불

그림 1-3. 2016 EU 보고서

미국의 3대 ICT 기업의 2016년도 매출액은 444.1조 달러로 이탈리아의 총수출액인 436.4조 달러를 넘는다. 이에 유럽연합은 충격을 받아 유럽을 재건하겠다는 전략을 수립하여 추진 중이다. 5개 ICT 업체의 매출액 합은 553.4조 달러로 이탈리아의 수출액과는 더더욱 비교가 되지 않는다.

이에 충격을 받은 유럽연합은 ICT 기술을 혁신시켜 과거 유럽의 영광을 재건하겠다는 목표로 유럽연합 차원에서 우선적으로 추진하여야 할 사항, 국가 차원에서 추진하여야 할 사항, 각국의 지역이 우선 추진하여야 할 사항들을 구분하여 실천하는 중이다.

헝가리, 슬로바키아, 체코, 루마니아, 불가리아 등도 모두 유럽연합 가입국들이다. 유럽연합으로 통합된 후 국가 간의 인재 이동이 자유롭게 되어 (유럽연합의 가장 큰 목적이다) 못사는 루마니아나 불가리아가 인재를 잘 훈련시키면 고급 인재, 창의성 있는 인재는 일자리가 많고 대접이 좋은 독일이나 스위스 또는 노르웨이, 스웨덴, 핀란드 등 북유럽으로 일자리를 찾아 나서게 된다.

이들 국가는 고급 인재, 창의성 있는 인재를 적극적으로 유치하여 튼튼하고 디자인이 좋은 상품을 만든다.

물자 이동에는 관세가 없으니 질 좋은 독일 제품이 자연스럽게 동유럽으로 흘러 들어간다.

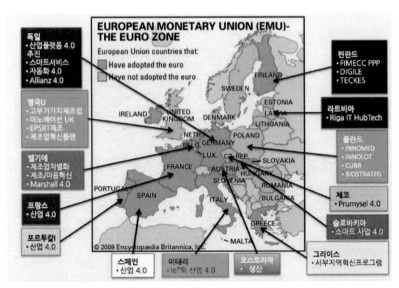

그림 1-4. 유럽연합의 4차 산업혁명에 대한 추진 전략

국가마다 추진 전략이 특화되어 있다. 이 특화 전략에 따라 각국의 지방마다 추진 사업이 다르다. 특히 비세그라드 국가들(체코, 헝가리, 폴란드, 슬로바키아 국가들로 구성된 연합체를 이렇게 부른다)은 유럽연합의 거대한 자금을 지원받아 ICT를 이용해 지방을 혁신시키고자 노력하고 있다. 이들 사업은 한국이 참여할 좋은 기회이기도 하다.

　교육은 루마니아, 불가리아가 시켜 주었으나 열매는 다른 곳에서 따먹는 식이다.

　지자체나 국가의 지도자들이 무엇을, 어떻게 최우선으로 정책을 수립하고 추진하여야 하는지 생각하지 않을 수 없는 중요한 시대가 된 것이다.

　동남아시아의 옛 공산국가였던 베트남, 캄보디아, 라오스, 미얀마를 보면 혈맹이라 하여 상호 우호 관계를 유지하면서 친구처럼 지내고는 있으나 대부분의 생필품은 태국에서 수입한다.

　필자는 2015년 7월에 라오스를 방문하여 슈퍼에 들러 라오스 제품을 찾으려고 애를 썼다. 간단한 과자도 태국에서 수입하고 있었다.

　국민들은 상상을 초월할 정도로 순박하고 착하지만, 그것이 국가의 부강을 결정짓는 데 기여하지는 못한다. 제조업이 없는 나라로서는 수입 외엔 대안이 없다.

그림 1-5.

라오스 루앙프라방 시장의 반찬가게 아주머니가 삼성 스마트폰으로 유튜브를 즐기고 있다. 고가의 스마트폰을 사려면 이 반찬을 얼마나 팔아야 할까?

있는 것을 나누어 먹고 살면 된다지만 인재가 자본이요, 정보가 자유롭게 이동하는 21세기 지적산업 시절에는 고급 인재는 빠져나가 버려 빈곤은 더욱 심화되게 된다.

라오스의 순박한 시장 아주머니들도 장사하면서 삼성의 스마트폰을 이용해 유튜브의 콘텐츠들을 즐긴다.

이것을 보면 세계가 얼마나 좁아졌고, 무엇을 어떻게 하여야 국가가 흥하고, 국민들의 삶이 윤택해지며, 행복한 삶을 살 수 있는지 쉽게 판단이 간다.

죽도록 일만 하다 아파서 병원 한 번 못 가고 한 번밖에 주어지지 않는 삶을 마감하는 것은 너무 안타깝다.

라오스의 루앙프라방은 2010년에 유네스코 세계문화유산에 등재된 지역이다. 라오스의 제2 도시지만, 인구라야 고작 10만 3천여 명쯤 되고 이렇다 할 산업이 전무하다.

많은 사원을 중심으로 사람들이 평화롭게 살고 있다. 오랜 전통을 가진 삶의 모습이 유럽이나 한국 등으로부터 관광객을 끌어들이는 원동력이 되고 있다. 또한 이것은 경제 규모가 작은 라오스의 경제 활성화에 크게 기여한다.

그러나 이 산업 또한 외국의 경제 현황에 종속될 수밖에 없다. 기반이 없는 관광산업은 외국 경제가 나쁘면 관광객의 발길이 끊어지기 때문이다.

필자는 2015년 7월에 베트남으로 가기 위해 캄보디아 공항에서 잠시 머

그림 1-6.

라오스 루앙프라방의 사원 내 스님들. 사원 안에는 노래방 기기도 있다. 생활 불교로 자유롭게 사는 것의 일부이다.

문 적이 있었다. 2017년 9월에는 프놈펜에서 국제 학술대회를 개최하기 위해 공항에 다시 들릴 기회가 있었다.

서비스가 어느 정도 변했는지 특별히 관심을 가지고 간단한 음료를 시키면서 사람들과 이야기를 나누었다.

이전에는 의무감으로만 사람들을 투박하게 대하던 공항 면세점의 직원들은 이제는 웃는 얼굴로 사람들에게 친절하게 대하였고 한국 사람들을 위한 한국어 안내판도 있었다.

동남아는 물론 전 세계의 국가들이 관광은 굴뚝 없는 황금 시장임을 알게 되었고 경쟁도 치열하다.

그러나 이 산업 또한 차별화된 콘텐츠와 서비스를 가진 국가나 지역 사

그림 1-7.

프놈펜 공항의 팝콘 가게. 예전의 투박한 말투가 아주 친절한 모습으로 변한 것이 큰 발전이었다.

회가 독식하게 된다. 이들 국가나 지자체들은 고급 인재의 중요성을 잘 알고 적절한 대접과 보상을 하여 고급 인재를 끌어들인다.

이들 고급 인재는 참신한 아이디어로 더 좋은 서비스와 콘텐츠를 개발하여 제공한다.

서비스가 중요한 관광산업 영역에서도 고급 인재는 중요한 역할을 하는 것이다.

한국의 지자체장들이 관광객을 끌어들이겠다고 너도나도 축제를 개최하고 있지만 특화된 내용으로 알찬 콘텐츠와 서비스를 하는 지자체만이 혹자를 보는 것과 같다.

필자는 헝가리 부다페스트 공대에 있을 때 여름 방학이 되었지만, 한국에 있을 때처럼 습관적으로 대학에 출근하였다. 그런데 정문부터 모두 잠겨 있었다. 교수도, 교직원도 필요한 사람 외에는 없었다.

방학 동안에는 대학 밖에서 사회를 경험하라고 나오지 못하게 한 것이다. 미국이나 유럽의 대학들은 미

그림 1-8. 프놈펜 공항의 한국어 안내판

동남아시아도 이제는 관광산업의 중요성을 잘 알고 있다. 치열한 국제 경쟁력이 된다는 의미다. 최근 한국 사람들이 동남아시아로 많이 나가는 것도 예전보다 많이 좋아진 동남아시아의 서비스 수준과 많은 연관이 있다고 판단된다. 관광산업은 서비스가 좋을 때만 활성화될 수 있기 때문이다. 특화된 추진 전략이 필요한 이유다.

래 사회를 살아가야 할 학생들이 다양한 사회를 배우고 창의성을 갖도록 하기 위해 방학 동안 해외 방문, 산업체 체험 등을 적극적으로 권장하고 지원까지 한다.

한국의 대학들이 교육부의 사업 지원을 받아 해외 체험이라는 명분으로

단체로 움직이고 덩달아 관련자들이 목적 없이 동행하는 것과는 판이하다.

선진국 대학들에서는 있을 수 없는 현상이다. 단체로 움직이는 것은 정해진 스케줄에 따라서만 움직이기 때문에 해외에 다녀왔다는 기록은 도움이 될지언정 창의력 향상, 도전 정신 함양에는 도움이 되지 않는다.

독자적인 방법으로 상황을 판단하고 어려운 체험을 할 수 없기 때문이다.

끊이지 않는 지자체나 국회의원들의 관광 나들이 행태는 한국 정치에서 일어나는 낯 뜨거운 고질적인 병폐다.

국민에게 도움이 될 정책 개발도, 교류도 뒷전이고 임기 중에 한 번 나갔다 왔다는 것 이외에는 창의성도 개발할 수 없다.

그림 1-9.

미국의 제40대 대통령을 지낸 레이건(임기 1981년 1월 20일~1989년 1월 20일). 2004년 6월 5일 93세로 세상을 떠났지만, 미국 대통령 중 가장 존경받는 대통령으로 추앙받고 있다.

레이건 재임 당시는 극한의 냉전 시대였다. 그는 이러한 상황에서 구소련의 경제 능력을 파악하고 소련이 따라올 수 없을 정도로 군비 경쟁을 최고 수준으로 유지함으로써(초 격차 전략) 소련이 스스로 붕괴하도록 하였다. 어려움 속에서도 미국 국민들에게 희망을 준 것이다.

지자체장, CEO, 국가의 지도자들이 한 치 앞을 내다볼 수 없는 이 치열한 경쟁을 인식하고 첨단기술의 메가 트랜드와 미래를 내다보면서, 필요한 곳에 선택과 집중을 통해 국가나 단체를 이끌어가야 하는 간단한 이유다.

지도자들의 자질이 더욱 중요해지는 것이 21세기 지적산업 시대의 특징이다.

이런 지도자가 나왔을 때만이 현재는 물론 앞으로도 한국에 미래가 있다. 대학은 이런 지도자를 체계적으로 육성하여야 할 막중한 책임과 의무가 있다.

대학 선택! 그래서 매우 중요하다.

미국의 대학들이 미래 인재를 육성하는 데 필요한 다양한 정책과 콘텐츠 개발 지원을 아끼지 않는 이유다.

그러나 대부분의 한국 대학은 아직 이런 것들을 도입하지 못하고 있다. 대학의 수입 증액과 웅장한 건물을 짓는 것이 우선이지, 유명한 교수를 초빙하는 데는 인색하다.

21세기를 살아야 할 청소년들은 이런 관점에서 대학을 선택하여야 한다.

바로 어떤 대학을 선택하느냐에 따라 내 아이의 인생이 결정된다.

취업에만 급급해하지 말고 내 아이를 21세기 지도자로 육성하겠다는 야심 찬 꿈을 한번 가져 보면 안 될까?

4차 산업혁명 시대에서 사는 법,
대학에서 배운다

지금의 기술 변화 속도는 춘추전국 시대를 방불케 한다.

변화 속도가 너무 빨라 내일을 예측하기가 어렵다. 이러한 상황에서 젊은 이들은 직업을 선택하기가 어렵다.

이러한 기술 변화가 과거에는 없었을까? 그렇지는 않다. 다만 최근의 변

그림 1-10. 시대의 흐름을 잘못 판단해 명암이 엇갈린 IT산업의 사례들

1979년에 개발된 워크맨은 당시 젊은이들의 우상으로 2억 2천만 개가 판매되었다. 주요 핵심 아이디어는 '콤팩트', '포켓화'였다. 인터넷과 S/W로 음악을 들을 수 있는 새한이 세계 최초로 1998년에 개발한 MP3 플레이어는 너무 시대를 앞서간 터라 세상에서 빛을 보지 못했다. 조금 뒤 삼성, 애플, 아이리버 등의 기업들에 의해 시장에 나온 MP3는 한때 음악 시장의 큰 트렌드였다. 2005년에 아이리버가 개발한 삼각형 모양의 MP3 플레이어는 다운로드, 단순 기능, 디자인, 휴대성 등의 키워드로 시장에 출시되었다. 그중 IFP-1000은 2005년 지니스 위지키에서 최우수 상품으로 선정되었고, IFP-895는 USA PC에서 선정한 100대 IT 상품이 되기도 했다. 그러나 이러한 음악 시장도 2009년에 스마트폰이 출시되어 모든 기능이 스마트폰으로 흡수되면서 이제 MP3 플레이어 시대는 사라졌다. 미래를 어떻게 예측해야 할지 잘 말해 주는 사례들이다.

화가 ICT를 기반으로 하므로 급속히 빨라진 것뿐이다.

이러한 변화 속도를 감지하고 미래 기술을 개발하고 사회 변화를 리드해야 할 책임이 바로 정책 결정자들에게 있다.

대학은 바로 이러한 안목을 길러주는 요람이다.

1980년대에 정보통신 기술이 막 시작될 때, 한국이 처음으로 도전장을 냈다. 전자식 교환기(TDX, 1984년), 반도체 4DM(1987년), 선풍적인 인기를 끌었던 CDMA(1991년)의 개발이 그것이다. 미래 시대의 조류를 잘 파악하여 시작한 전자산업이 오늘날 한국을 ICT 강국으로 만들었다.

미래를 잘못 예측했거나 과소평가해 역사의 뒤안길로 사라진 예들이 많다. 가장 최근의 예로서는 노키아를 들 수 있다.

노키아는 핀란드의 모바일 휴대폰 회사로 2008년도에는 전 세계 모바일 시장의 40%를 차지할 만큼 막강한 회사였다. 원래 펄프 제조 회사였지만

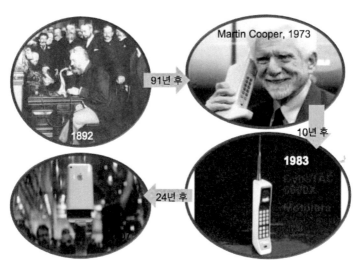

그림 1-11. 스마트폰의 역사

1892년에 최초로 전화기가 개발되었고 91년 후인 1973년에는 마틴 쿠퍼가 최초로 무선전화기를 개발하였다. 그로부터 약 10년 뒤 모토로라는 최초의 핸드폰인 Dyna Tac-8000x를 개발하였는데 약 1㎏의 무게였다. 24년 뒤인 2009년에는 스티브 잡스가 터치식 스마트폰을 개발하여 오늘날과 같은 스마트 혁명이 시작되었다. 이후 스마트 시티, 스마트 그리드, 스마트 교육, 스마트 교실 등 모든 영역에서 스마트 단어가 도입되고 급격한 사회 변화가 일어났다.

전자산업이 유망해질 것을 예측하여 전자 교환기 개발을 시작하여 모바일 휴대폰까지 만든 전자 회사였다.

미래에는 전자산업이 중요해지리라 예측하여 펄프 회사가 방향을 선회한 것은 참으로 잘한 것이었다. 그러나 이 회사는 스마트 혁명의 위력을 잘 예측하지 못하여 2012년 9월 12일 마이크로소프트사에 매각되어 역사의 뒤안길로 사라졌다.

왜 그렇게 되었을까?

2009년에 스티브 잡스가 터치식 스마트폰을 발표했을 때, 세계의 전자 회사들은 그것이 어떤 파장을 일으킬지를 주목했다.

삼성은 재빨리 그 변화를 직감하고 그때까지 보유하고 있던 문자식 모바일 휴대폰 기술을 스마트폰 관련 기술로 변환하여 지금과 같이 세계적 스마트폰 회사로 변모하였다.

2014년 전반기에는 삼성전자 매출의 70%를 스마트폰이 차지했고 2017년 7월에는 드디어 모든 제조업에서 가장 매출이 큰 회사로 등극했다. 그중 많은 부분에 스마트폰이 기여를 했다.

2009년도에 시작된 스마트 혁명은 세상을 송두리째 변화시켰고 이 시기를 잘 활용한 한국의 ICT 산업이 한국의 경제 부흥에 큰 효자 노릇을 하고 있다. 여기서 삼성의 혜안에 속도를 두고두고 찬사를 보내도 부족하지 않다.

그러나 노키아의 사장인 스티븐 엘롭은 스티브 잡스가 스마트폰을 출시했을 때 저것은 아이들이나 가지고 노는 장난감이라고 비아냥거렸다. 그는 오히려 노키아가 시장을 장악할 것이라고 호언장담하였다.

그런데 시장은 더 이상 노키아의 편이 아니었다. 고객들은 스마트폰에 더 매력을 느꼈다. 궁지에 몰린 노키아는 2010년에 스마트폰 N-8을 출시했으나 고객들은 종전의 스마트폰과 다르지 않은 노키아 스마트폰에 더 이상 눈길을 돌리지 않았다. ICT 산업은 특성상 출시 시기를 놓치면 사라지는데 이것을 간과했기 때문이다.

결국 노키아는 2012년 9월 12일 회사를 매각한다. 노키아의 후유증으로 핀란드 경제가 최근 휘청거린다고 많은 언론이 보도하고 있다. 무료로 교육

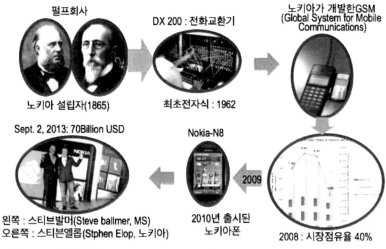

그림 1-12. 노키아의 명암

1895년에 설립된 펄프 회사가 전자 회사로 전향하여 1962년에 최초로 전자식 교환기 DX-200을 개발하였다. 이후 세상은 모바일 휴대폰 시대에 접어들어 노키아는 2008년에는 전 세계 모바일 휴대폰 시장의 40%를 차지하는 휴대폰 강자로 성장한다. 그러나 이 회사는 미래를 잘못 보아 2012년 9월 12일 매각되었다. CEO의 순간적인 착오가 얼마나 큰 피해를 주는지 극명하게 나타내 주는 좋은 사례이다. 미래를 예견할 수 있는 사람을 길러야 하는 이유다.

하던 대학도 등록금을 받는 것으로 정책을 변경했다.

미래를 잘못 예측한 CEO의 책임이 얼마나 큰 피해를 주는지 알 수 있다.

국가나 지자체장들의 잘못은 얼마나 더 클까?

마이크로소프트(MS)사는 당시 안드로이드 일색이던 스마트폰 시장의 S/W를 윈도식으로 변경 및 진입하기 위해 노키아를 인수하였다.

그러나 시장 진입이 부진해지자 2014년에는 1만 8천 명의 직원을 해고하고, 2015년 7월에는 7천 8백여 명의 직원을 정리하였다. 손실액만 76억 달러(한화 약 8조 원)에 달하는데 이 금액은 인수 시 금액을 초월하는 것으로 알려졌다.

인수를 주도했던 스티븐 엘롭 부사장도 2015년 6월 이 회사를 떠났다.

문자식 모바일 휴대폰 시절에 잘나갔던 LG도 관망만 하다 모바일 휴대폰 시장을 내준 나쁜 사례이다.

그러나 최근 스마트폰을 재건하여 시장에 출시하고 2018년 CES 2018에서는 우수한 카메라 성능을 과시하는 등 시장 탈환에 애쓰고 있다. 이러한 사례는 세계에서 얼마나 치열하게 기술 변화가 일어나는지 알 수 있고, 미래를 현명하게 판단해야 하는지에 관한 좋은 교훈이 아닐 수 없다.

1980년대까지 휴대용 카세트 플레이어인 워크맨을 만들어 당시 젊은이들의 우상이 되었던 소니도 미래 전자 시장의 패러다임을 잘못 읽어 간신히 명맥만을 유지하는 나쁜 사례이다.

소니는 언제까지나 테이프식 음악이 지속될 것으로 착각하고 그 기술 영역의 개발에만 집착하였다. 보이지 않는 S/W로 음악을 들을 것이라고는 추호도 예측하지 못했을 것이다.

미래에는 어떤 기술이 경제를 이끌어가고 부를 창출할지 아무도 장담할 수 없다. 다만 2018년을 기준으로 가장 가치 있는 기업 10개 중 8개 기업이 ICT 관련 기업임을 감안할 때, 당분간 현재의 ICT 관련 기술들이 부를 창출하리라는 것만 확신할 수 있다.

ICT와 연계된 다양한 생활방식, 다른 기술들이 연계되어 부를 잠시 창출했다 또 사라지는 명멸 현상은 무수히 일어날 것이다. 한시도 맘 놓고 눈길을 돌릴 수 없는 이유다.

지식산업 사회에서는 새로운 지식과 아이디어의 창출이 끊임없이 요구되어 창의력 있는 고급 인재들의 수요는 더욱 커진다.

그래서 국가의 리더들, 정책 입안자들의 현명한 판단이 중요하다. 과거의 잘못을 분석하여 미래에는 어떤 기술이 경제적인 부가가치를 창출하고 뜰 것인지 예측하여야 한다.

정책을 잘못 입안하여 잘못된 길로 쏠림 현상을 만들 경우 그 치명적인 피해는 온 국민들에게 두고두고 돌아가고, ICT 특성상 한 번 잘못 가면 돌이킬 수 없게 되기 때문이다.

바로 노키아, 소니가 그 사실을 잘 입증하고 있다.

세계적인 대학들은 학생들에게 바로 이러한 안목을 길러주고 지도자 자질을 갖도록 교육한다.

한국 대학만을 고집하고 명문대학이니 일단 가고 보자는 식의 대학 선택은 급격히 변해가는 미래 산업 시대에 살아야 하는 청소년들에게는 일생에 미치는 영향을 생각해 봤을 때 너무 위험하다.

더구나 아무 대학이나 선택하여 졸업이나 하고 보자는 식의 대학 간판은 글로벌한 세상에서는 통하지 않는 경우가 너무 많을 것이다.

지중해의 작은 섬나라 키프로스에 있는 대학의 이야기다. 이 대학에는 한국 대학들에서는 생소한 블록체인 학과가 있다.

블록체인이 금융에서 시작된 기술이기 때문에 교수진들은 주로 경제학을 전공한 사람들이다.

그런데 이 강의를 듣기 위해 전 세계로부터 학생들이 몰려오고 1년에 한 번씩 열리는 세미나는 등록비만 수백만 원에 달한다.

필자도 등록하려 했으나 너무 비싸서 포기하고 말았다.

스위스의 주크시는 대학 등록금은 물론 선거도 블록체인으로 한다. 한국에서 이런 행위는 불법이다.

그럼 21세기에는 어떤 시스템이 사회와 경제를 이끌어갈까?

30년 전 삼성이 불모지에서 반도체를 일으켜 지금 반도체가 산업을 이끌어가는 세대의 패권을 잡았듯이 지금의 청소년들이 30년 뒤 50대가 되었을 때는 어떤 산업이 부를 창출할까? 30년 전에 부의 가장 큰 원동력은 농업이었다. 그러나 지금도 농업이 부의 원동력이라고 주장할 사람이 있을까?

21세기에 필요한 산업의 기초, 미래를 볼 수 있는 혜안은 대학에서 배운다.

선진국의 대학들은 취업률을 높이기 위해서가 아니라 21세기를 살아가야 할 젊은이들의 미래를 위해 학생들을 가르친다.

한국 대학들은 당장 취업률을 높여 교육부의 보조금을 많이 받고, 신입생을 채우는 데 열을 올리며, 대학을 홍보하는 데 초점이 맞춰진 것이 일반적이다.

대학 선택을 가볍게 할 수 없는 이유다.

필자는 대학교수로 재직 시에 매년 학기 초가 되면 학생들에게 과제 하나씩을 내주고 한 학기 동안 조사시킨 다음 학기가 끝날 때쯤 준비한 자료를 파워포인트로 약 5분간 발표시키고 느낀 점을 말하도록 하는 강의를 몇 년째 해 온 바 있다.

유럽의 과학기술 역사를 연대별로 조사하여 표로 만들고 같은 시기에 한국에서는 어떤 일들이 일어났는지 조사하는 것이 그 주제다.

이렇게 한 것은 현대 인류문명은 유럽의 철학, 과학기술, 문화 등에 의해 모두 이루어졌다고 생각했기 때문이다.

고대문명의 발상지는 여러 곳이지만 근대문명의 원동력인 철학, 경제학, 문학은 말할 것도 없고 물리학, 전기·전자, 통신 등 모든 것이 유럽에서 개발되었거나 기초가 확립되었다.

아인슈타인, 슐레진저, 뉴턴 모두 유럽에서 태어나 유럽 대학에서 공부한 사람들이다. 철학의 거장 소크라테스도 유럽 사람이다. 중세기 철학은 독일에서 꽃을 피웠다.

그 당시의 환경은 어떠했기에 이토록 천재를 수없이 배출했을까?

그런 인재를 길러낸 스승은 누구일까?

교육 과정은 어떠했고, 대학은 어떻게 운영했을까?

모든 사람이 그토록 받고 싶어 하는 노벨상을 창시한 사람은 어떤 교육을 받았을까?

한국은 왜 노벨상 수상자를 배출할 만한 세계적인 인재를 길러내지 못하고 있는가?

대학에서 학생들을 가르치고 연구를 했던 본인에게는 절박한 의문이었다.

영국의 옥스퍼드 대학은 1208년에 설립되었다.

한국은 1211년에 고려 강종이 즉위하였고, 1232년에는 몽골의 2차 침입에 의해 강화도로 천도했다.

이성계가 조선을 세운 것은 1392년이다. 인재 양성, 과학기술, 철학 이런 것들은 생각조차 하지 못했던 시기였다.

고려의 인쇄술과 고려청자는 귀족문화의 소산이었고 천체 관측이 특히 발달하였다고 기술되고 있다.

또 고려 말에는 화약을 제조할 줄 알았으며, 병선을 제조할 수 있는 조선 기술(造船技術)이 뛰어났다고 기술되어 있다.

불교에 의한 국제 교류도 있었고, 958년에는 과거제가 시작된 것으로 기술되고 있다.

이러한 것들을 종합해 보면 인재 양성 기관인 대학의 기능은 활발하지 못했다고 본다.

결국 더 깊은 학문, 넓은 세상을 볼 수 있는 안목이 없었고 동양적인 사상에만 국한되었다는 것이다.

문명의 주도권을 서양 사람들이 잡은 것이 우연이 아님을 알 수 있다. 끊임없는 창의력과 도전, 발상의 전환, 이를 위한 실천, 시장 개척 등이 인류 문명의 토대가 되는 과학을 발전시켰고 이를 통해 세계를 평정했다.

그리고 그들의 문화와 생각을 세계에 전파하였다.

유럽의 면적은 중국보다 더 작다. 그런 작은 면적에 2018년도에도 55개국의 국가와 서로 다른 민족이 살고 있다.

좁은 지역에서 크고 작은 전쟁을 끊임없이 하였다.

유럽의 역사는 전쟁의 역사이다. 십자군 전쟁, 1차, 2차 세계대전 모두 유럽에서 일어난 전쟁이다.

춘추전국 시대 중국도 복잡한 전쟁을 통해 흥망성쇠의 길을 걸었으나 전쟁의 결과물들이 근대문명으로 연결되지는 못했다.

유럽은 어떻게 해서든지 살아남기 위해서 전쟁에 필요한 모든 수단을 연

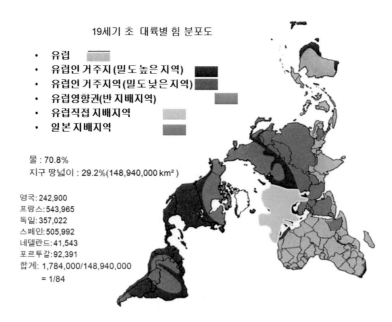

19세기 초 대륙별 힘 분포도

- 유럽
- 유럽인 거주지 (밀도 높은 지역)
- 유럽인 거주지역(밀도 낮은 지역)
- 유럽영향권(반 지배지역)
- 유럽직접 지배지역
- 일본 지배지역

물 : 70.8%
지구 땅넓이 : 29.2%(148,940,000 km²)

영국: 242,900
프랑스: 543,965
독일: 357,022
스페인: 505,992
네덜란드: 41,543
포르투갈: 92,391
합계: 1,784,000/148,940,000
= 1/84

그림 1-13.

19세기까지 전 세계를 지배했던 영국, 프랑스, 독일, 네덜란드, 스페인, 포르투갈의 국토 면적을 모두 합치면 약 1,784,000㎢로 전 지구 면적인 148,940,000㎢의 84분의 1에 불과하다. 이는 면적이 큰 것이 국력과 브랜드 창출에 그리 큰 영향을 미치지 않는다는 것을 입증하고 있다. 시대적 흐름에 맞는 앞선 첨단기술과 이를 개발할 수 있는 인재가 중요하다는 것을 유럽 역사가 잘 입증한 셈이다. 작은 국토, 극동의 치열한 열강 속에서 한국이 미래에 어떤 전략을 추진하여야 하는지 답을 주고 있다.[2]

구했고 이는 곧 과학기술을 발전시키는 계기가 되었다.

지금도 유럽이 미국에 패권을 넘겨주었다고는 하나 아직도 유럽은 노벨상 수상자를 미국 다음으로 많이 배출하는 지역이다. 지식산업 창출 방식, 도전 정신, 찬란한 문화는 아직도 인류 문명의 뿌리에 있다.

ICT 기술을 등에 업고 콘텐츠산업이 활성화되면 찬란한 문화를 바탕으

2 출처: 위키피디아 - 유럽의 패권 지도(http://www.sciencetimes.co.kr/?news=%EB%8F%88-%EC%97%86%EC%9D%B4%EB%8F%84-%EB%AF%B8%EA%B5%AD-%EB%AA%85%EB%AC%B8%EC%82%AC%EB%A6%BD%EB%8C%80-%EA%B0%84%EB%8B%A4).

로 또 한 번 유럽은 전 세계에 크게 영향을 미칠 것으로 필자는 판단한다.

훌륭한 콘텐츠는 풍부한 문화 바탕 위에서 생산될 수 있기 때문이다.

대량 생산, 자본주의 사상은 2차 세계대전까지 유럽이 전 세계를 지배하는 원동력이 되었다. 영어가 국제 공용어가 된 것도 이 시대의 유산이다.

영국은 작아졌으나 그 문화는 아직도 세계 곳곳에서 우리를 지배하고 있다.

대량 생산 시대의 변화 속도는 느리고 다른 지역, 국가에 대한 영향이 적어서 서서히 따라갈 수 있었다.

그러나 지금 지식정보통신 시대에는 기술 변화가 너무 빠르다.

또 그 경쟁과 전략들이 너무 치열하다.

세상은 글로벌화되어 있어 짧은 기간 내에 승자의 기술과 전략들은 세상에 빨리 퍼지고, 그 영향도 막대하다.

더구나 21세기 산업혁명 시대에는 기술과 지식산업이 결합되어 융합 형태로 발전된다.

따라서 부를 창출하는 수단은 더욱 복잡하고, 빨라졌으며, 창조적인 아이디어가 아니면 빛을 보지 못한다.

이러한 시대의 흐름을 파악하지 못하고 정책을 세우거나 인재 양성을 게을리하는 기업은 순식간에 망한다.

이를 외면하는 국가는 부도 사태까지 나아간다.

국민 생활은 상상할 수 없을 정도로 핍박해진다.

현대판 국가의 몰락이라고 볼 수 있다.

선견지명으로 세상을 내다보던 유럽도 실수한 것이 있다.

바로 1980년대에 시작된 정보통신 혁명이다.

당시에 막 시작된 정보통신 기술을 유럽 사람들은 간과하였다.

30년이 지난 지금, 유럽의 ICT 기술은 제자리걸음을 하면서 경제는 뒷걸음치게 되었다. 그리스 사태, 유럽의 금융 위기 등이 이런 맥락 속에서 발생한 사건들이다.

2016년 유럽연합의 보고서는 이를 잘 설명하고 있다. 2016년의 보고서에서 유럽을 재건하겠다는 의지로 추진하는 내용들을 보면 모두 ICT 산업을 일으킨다는 내용들이다.

그동안 기술 개발을 지속해서 한 한국이나 미국은 정보통신 분야에서 주도적인 역할을 하게 되고 ICT가 경제의 효자 노릇을 하게 되었다.

필자가 EU-FP(유럽연합 공동 활동 프로그램의 이름)의 NCP(유럽 국가조정관) 활동을 하면서 느낀 것은 유럽 사람들도 이러한 실수를 인정한다는 점이다.

실제로 유럽의 ICT 기술로 세계를 이끄는 기업은 없다. ICT 기술이 이렇게 부가가치가 크고 세계 경제에 막강한 영향력을 미칠 줄은 미처 몰랐던 것이다.

그들은 찬란한 유럽의 문화와 이론들이 언제나 세계에 영향력을 발휘할 것으로 오판했다.

지금도 유럽연합은 위기를 느껴 마이크로소프트나 구글의 영업에 독과점 문제를 제기하는 등 발목을 잡는 데만 급급하다.

그렇게 혁신적인 아이디어가 유럽에서는 구현될 수 없기 때문이다.

최근에는 유럽도 이를 만회하기 위해 2014년도부터 Horzon 2020[1984년도부터 유럽연합은 EU-FP라는 프로그램으로 교육, 인재 교류, 연구개발, 경제 부흥의 4가지 목적을 가지고 유럽의 공동 번영을 위해 노력해 오고 있다. 2014년도부터는 그 이름이 HORIZON으로 바뀌었다. 유럽 55개 국가 중 어느 정도 인프라가 구축된 28개 국가가 연합하여 유럽연합이라는 공동체를 운영해 오고 있다. 이 프로그램에 의해 연합 국가, 연합 의회, 연합 대통령이 선출되었고, 연합 국가 간에는 무비자 방문, 국가 간 자유로운 인재 이동, 교육 등이 이루어지고 있다. 2018년에는 영국이 이 유럽연합 공동체를 탈퇴하겠다고 선언해 내분이 일고 있다. 공동 연구를 위해 전 세계 국가에 같이 연구할 수 있는 문호를 개방하였고, 국가 간의 원활한 연락을 위해 환경, ICT(정보통신), 원자력, 경제, 기계 등 분야별로 연락책(NCP, 국가조정관)을 두고 있는데 한국의 ICT 분야는 2009년도부터 필자가 맡아왔기에 유럽의 ICT 분야 시장 동향 및 정책, 인력 시장 동향 및 인재 육성 방안 등을 소상히 알 수 있는 기회가 되었다. 이 모델을 본받아 남미도 이와 유사한 USAN(Union of South American Nations. 2004년 12월 설립), 동남아시아의 연합국가와 협력을 위한 SAARC(EU and South Asian Association for Regional

Co-operation) 및 AEC 등이 탄생하였다. 이는 대륙마다 공동 연구, 협력 등이 블록화하는 촉진제가 되었다. 한·중·일 간에는 치열한 경쟁만 있을 뿐 이들 국가처럼 적극적인 협력 체계가 없다는 점이 아쉽다. 결국 한국의 설 자리는 점점 좁아지고 있다. 특히 중국의 과학기술은 이미 대부분의 영역에서 한국을 추월하였다. 급부상하는 중국의 굴기 속에서 미래 젊은이들의 앞날이 절대 밝지만은 않다. 미래를 준비할 수 있도록 대학을 바로 선택해야 하는 이유다이라는 유럽연합 프로젝트를 통해 혼신을 다하고는 있지만, 미래는 어디에서 주도권을 잡을지 아직은 미지수다.

아시아도, 미국도 모두 온 힘을 다하기 때문이다.

아시아는 인구가 많아 소비 규모가 커져 경제적 주목을 받을 수는 있으나 핵심, 즉 리더로서 활동하기에는 아직 멀었다.

개인이든, 국가이든, 지역이든 리더로 활동하기 위해서는 리더가 되기 위한 학습과 경험이 필요하다.

정치, 경제, 군사력, 사회 기반은 물론 전략, 운영 기술, 협상 대화 및 전략, 미래에 대한 혜안 등 소프트 파워가 있어야 하는데 아시아는 아직 이런 것들이 갖춰지지 않았다.

유럽이 2차 세계대전이 끝나고 50년 전에 유럽연합을 탄생시킨 것이나 독일이 2차 세계대전 패전국이라는 이름 아래에서도 미래는 전시산업이 뜰 것을 예상하고 지방마다 대규모 전시장을 지은 것 등은 유럽이 미래를 얼마나 멀리 보고 전략을 수립하는지를 잘 입증하고 있다.

패전 속에서 먹을 식량도 없는데 전시장을 지방마다 짓다니!

한국에서는 도저히 상상할 수 없는 것이다. 이것이 바로 유럽을 주목해야 하는 이유다.

아시아 국가들은 세계적 관점에서 사안을 보는 안목이 없다는 점이 더 치명적이다.

더구나 이런 미래를 볼 수 있는 인재를 육성하는 대학들이 혁신적이지 못하다.

일본의 대학들은 제조업 시대에는 큰 힘을 발휘했으나 폐쇄적인 일본 사회의 특성상 한계가 있다고 판단하고 국립대학을 혁신시키기 위해 법인화시켰다.

홍콩 대학들은 매년 국제 대학 평가에서 상위를 차지한다. 그러나 지도자를 양성할 수 있는 안목은 미국의 대학들에 비해 부족하다. 다양성 때문이다. 싱가포르의 교육 시스템과 말레이시아의 교육 시스템은 미래에 크게 성장할 것으로 판단된다.

스페인이 움직이면
전 세계가 두려워했던 적이 있다

스페인은 17세기 초까지 전 세계에서 가장 부강한 나라였다.

1492년도에 콜럼버스가 3대의 범선을 이용해 대서양을 횡단하여 신대륙을 발견한 것이 계기가 되었다.

첨단 통신 장비와 위치를 알릴 수 있는 GPS 시스템을 가지고 항해를 할 수 있는 지금도 바다에 나가려면 주저하게 되는데, 고작해야 나침판 하나에 엔진도 없는 범선을 가지고 그 망망대해를 건너 남미와 미 대륙을 발견한 것은 참으로 경이로운 일일 수밖에 없다.

그래서 그 항해술은 인류 역사를 바꾸어 놓은 큰 획이었다.

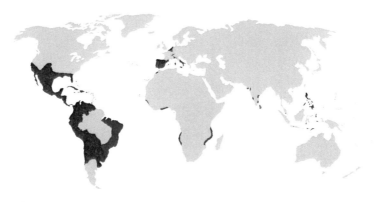

그림 1-14.

스페인 전성기 당시의 해외 식민지[3]

---

3 출처: 위키피디아.

최근 우리가 강조하는 벤처 정신의 가장 중요한 모델이라 할 수 있다.

당시 한국에서는 1494년에는 조선 연산군 즉위, 1498년에는 무오사화가 일어나는 등 권력 투쟁만 하던 것에 비하면 얼마나 세계적으로 열린 생각, 도전 정신이 큰 것이었던가를 알 수 있다.

스페인은 이러한 앞선 도전 정신과 개척정신으로 포르투갈 제국과 통합을 시작한 1580년(1640년 분리)부터 영국에게 패권을 넘겨줄 때까지 세계에서 가장 큰 제국으로서의 위용을 떨치게 된다.

식민지에서 거둬들인 각종 자원과 노예 등을 통해 축적한 막대한 부를 바탕으로 남아메리카, 중앙아메리카, 멕시코, 미국의 남서부 지방, 필리핀, 마리아나 제도까지 식민지를 개척한다.

1580년부터는 지금의 포르투갈 영토와 이탈리아 남부, 시칠리아는 물론 독일, 벨기에, 네덜란드, 룩셈부르크의 영토를 정복하여 스페인의 영향력은 북부 아프리카까지 미치게 된다.

스페인 제국은 이때부터 '태양이 지지 않는 제국'이라는 별칭을 얻게 되고 "스페인이 움직이면 전 세계가 두려워한다."라는 말이 있을 정도로 세계는 스페인에 의해 움직이게 되었다.

또한, 이는 현재도 남미의 인디오들이 그 찬란한 잉카 문명을 잃어버리고 스페인어, 스페인 문화를 갖게 되는 원인이 되었다.

그러나 스페인의 이 찬란한 파워도 산업혁명 앞에 무릎을 꿇게 되는데, 그 원동력은 전쟁 기술의 개발이었다.

당시의 해전은 배끼리 서로 접근하여 상대방 배에 올라가 칼과 창 등으로 하는 전쟁이었다. 배 위에서 하는 싸움은 육군과 다르지 않았다.

다만 그것을 해양에서 배를 띄워놓고 한다는 점이 달랐다.

스페인은 기존의 전쟁 방식으로 해전을 하기 위해 막강한 보병을 육성하였다. 그러나 스페인에 비해 아주 작은 약소국이었던 영국은 접전을 하면 승산이 없기 때문에 사정거리가 긴 대포를 발명하여 사용한다.

스페인 군사들이 종전과 같이 배에 접근하기 위해서 갈고리를 던졌지만 닿을 리 만무했다. 먼 거리에서 영국군이 포격했기 때문이다.

당시의 전함은 모두 목선이었기 때문에 화재는 치명적이었다. 결국 스페인 병사들은 칼과 창을 한 번 사용해 보지도 못하고 갑판의 화재로 침몰한다.

스페인은 이 전쟁의 패배로 몰락하고 영국은 이 전쟁의 승리에서 첨단기술의 중요성을 깨닫고 기술 개발을 지속해서 하여 산업혁명을 일으킨다. 이는 바야흐로 영국 시대가 시작되는 기점이 된다.

현실에 안주하는 자는 망한다는 것을 스페인 사례가 잘 입증하고 있다.

대학에서는 이러한 미래를 설계할 수 있는 도전 정신과 혜안을 배워야 한다.

지금의 청소년들이 살아야 할 세상은 글로벌한 경쟁 세상이다.

선진국 대학에 유학하러 가서 이러한 것들을 배우고 세상을 위하고 자신이 행복할 수 있는 가치를 인정받는 것을 배울 것을 필자가 적극적으로 권하는 이유다.

한국에서는, 특히 한국 대학에서는 취직 시험을 준비하는 데에만 모두 분위기가 몰려 있어 긴 미래를 보고 인생을 설계할 수 있는 안목을 배울 수 없다.

헝가리 최초 노벨상 수상자 배출에서
무엇을 배울 수 있나?

헝가리는 한때 유럽을 통일했던 국가였다.

19세기 초반만 하여도 발칸반도에는 동유럽 전역에 걸쳐 국가가 형성되어 있었고 그래서 그 자존심도 아직까지 강하게 남아 있다.

루마니아, 불가리아도 그 당시 헝가리 제국이었기에 지금도 루마니아에는 헝가리 언어를 사용하는 민족이 많이 살고 있다. 그래서 헝가리의 나이든 교수들은 학술대회를 루마니아나 슬로바키아에서 자주 개최한다.

이 학술대회는 단순한 국제 학술대회가 아니라 민족 단결 대회이다. 서로 만나면 헝가리 언어를 사용하고 언젠가는 통일된 거대한 헝가리 민족국가를 건설하자는 의지가 대단하다.

헝가리는 1차 세계대전에 휘말려 국토를 상당 부분 상실하였고 이를 만회하고자 2차 세계대전 때는 히틀러 편에 섰다가 히틀러가 패전하여 국토가 더 작아졌다. 그 후 1989년 10월 23일에 자유화가 될 때까지 공산주의 국가로 남았다.

2012년 5월에는 부다페스트 공대의 기계공학과 학과장이 루마니아에서 연례 학술대회를 개최하니 같이 가자고 필자에게 제안하였다.

학술대회를 마치고 먹게 된 저녁 만찬은 기업들로부터 후원을 받아 풍성하게 이루어졌다.

헝가리 민족 축제장 같았다. 같은 테이블에 앉은 젊은 사람들에게 헝가리인으로서 루마니아에 사는 것을 어떻게 생각하느냐고 물었다.

그들의 대답은 비록 자신의 국적은 루마니아이지만 사용하는 언어, 풍습은 그대로 헝가리 것을 지키고 있고 헝가리 민족임을 자랑스럽게 생각하며

그림 1-15. 헝가리 과학 한림원 본부

2012년 5월 10일에 안익태 기념음악회가 이곳에서 열렸는데 필자도 참석하여 음악회가 끝나고 찍은 사진이다.

언젠가는 통일된 국가를 건설할 것이라는 대답이었다.

헝가리 첫 노벨상 수상자(1937년 수상)는 헝가리 파프리카에서 비타민 C를 발견한 알베르트 센트 디와르디이다. 당시 헝가리는 쇠퇴해가는 과정이었기에 우수한 헝가리인들은 다른 나라에 이주해 사는 정도가 심하였다. 말하자면 고급 인재 유출이 심하였던 것이다.

그림 1-16.

그림 1-17.

1890년대 부다페스트 거리. 당시는 헝가리의 전성기로 실내 수영장이 있고 여성들이 비키니를 입고 수영했다고 설명하고 있다. 1920년대 부다페스트 거리에서 고급 승용차 경주가 진행되고 있다. 역사로부터 우리는 많은 것을 깨달을 수 있다. 미래를 위해 무엇을, 어떻게 준비하여야 할까?

그 당시 헝가리 내무부 장관인 크레벨스 버그가 장관이 되면서 첫 번째로 한 일은 유럽의 많은 국가에 헝가리 문화원을 개설한 것이었다. 말이 문화원이지, 정보 수집과 인재 유치 기구였다.

무엇 때문에 당시에는 매우 생소했던 문화원을 자기 나라가 아닌 다른 나라에 세웠을까?

그때는 현재와 같이 활발한 외교도 필요 없었고 국가 간의 물자 교류도 활발하지 않던 시기였다. 그런데도 헝가리는 문화원이라는 기관을 개설하여 헝가리인들을 국내로 유치하는 데 활용하였다.

첫 노벨상 수상자인 알베르트 센트 디외르디도 독일에 있다가 당시 내무부 장관의 부름을 받고 지금의 세체니 이슈트반 대학에 재직하게 된다.

이 대학이 있는 죄르시(Gyor)는 헝가리 북부에 있는 도시로 2018년을 기준으로 해도 인구 약 13만 명 정도의 아주 작은 도시이다.

필자가 2012년에 방문할 당시 이 대학에는 자동차에 특화된 연구, 학부가 있어 프랑스 르노 자동차와 활발한 공동 활동을 하고 있었다. 이 대학에는 르노 센터가 있다.

이 도시는 1930년대에는 인구가 약 2만 9천 명으로 아주 시골 도시였다. 여기에서 일하도록 하였으니 과학자로서는 유배나 마찬가지였다.

그런데 여기서 한 연구자가 헝가리 파프리카에 다량의 비타민 C가 있음을 발견하게 된다. 그 후 여러 분야에서 노벨상 수상자를 배출했다. 부다페스트 대학에서만 3명의 노벨상 수상자를 배출하였다.

공산주의 시대의 잔재로 국민들의 정서는 소극적인 자세로 변하였고, 최근에는 부를 창출하는 방법이 ICT와 응용학문에서 이루어짐에 따라 경제는 더욱 어려워졌다.

동유럽, 특히 헝가리의 교수 배출 과정은 좀 독특하다. 학생들 중 우수한 학생을 받아 박사 과정에 들어가면 조교수의 신분을 주고 강의를 맡긴다. 박사 과정 겸, 동료 교수 겸 연구를 한다고 볼 수 있다.

헝가리는 모든 대학이 헝가리 과학원 산하에 속해 있고 어느 대학에서 학위를 받든 논문 심사는 헝가리 과학원에서 하게 된다.

따라서 학위 수준은 지방대, 부다페스트 공대 등이 모두 같다.

한국은 각 대학에서 평가해 주기 때문에 수준이 다를 수 있다.

1808년에는 헝가리 과학 한림원이 설립되었는데 그 본부의 석조 건물은 아름답기 그지없다. 2012년 5월 부다페스트 시민 공원에 안익태 선생의 흉상이 설립되었다. 필자는 이를 기념하는 음악회가 이 과학원의 강당에서 열렸을 때 방문하였는데, 그 내부의 아름다움에 반한 적이 있다. 2012년 당시 한국에서는 흉상 설립을 반대하는 극한투쟁이 있었다. 갖은 어려움을 극복하고 설립을 성공시킨 헝가리 여성 인사가 필자를 만나자마자 필자를 얼싸안고 눈물을 보였던 기억이 생생하다. 한국은 아직도 극한투쟁으로 안익태 선생이 일제 협력자라는 내용만 부각할 뿐 그 천재성은 인정하지 않는다. 노벨상 수상자도 같은 맥락에서 본다면 불가능하다는 이야기가 된다.

1800년대에 과학의 중요성을 알고 과학원 건물을 지었다는 것! 그 발상이 놀랍고 존경스럽다.

유배지나 다름없는 지방 대학에서 헝가리 최초의 노벨상 수상의 영예를 헝가리에 안겨준 것도 미래를 내다보는 내무부 장관의 인재 발탁 덕분에 이루어진 것이다.

선진국에서 공부한다는 것!

유학하러 간다는 것!

이러한 혜안과 문화를 배우고 다양한 사람들과 교류하면서 살 수 있는 플랫폼을 구축할 수 있기에 유학을 하러 가라고 하는 것이다.

동유럽(비세그라드 그룹),
유학 갈 만큼 가치 있는 곳인가?

'동유럽' 하면 대부분은 생소해 할 것이다.

물론 지금은 한국 관광객들도 많이 찾지만, 대학이나 사회의 분위기를 단 며칠간의 관광으로 알기는 어렵다.

필자는 헝가리에 있는 동안 동유럽의 매력에 대해 많이 알게 되었다.

필자는 헝가리 부다페스트 공대에서 연구년을 보낼 때 이들 국가를 모두 돌아본 경험이 있다.

동유럽은 폴란드, 헝가리, 슬로바키아, 체고, 루마니아, 불가리아를 통틀어 칭한다.

이들 나라는 모두 유럽연합에 가입되어 있다.

이들 국가의 국민 소득은 2018년 12월 IMF 통계에 따르면 체코 23,000불, 헝가리 16,000불, 폴란드 14,500불, 슬로바키아 19,500불, 루마니아 12,000불, 불가리아 9,000불로 나와 있다.

체코가 가장 경제적으로 부유하고, 폴란드, 헝가리, 슬로바키아 등도 어느 정도 경제적으로 부유한 국가이나 한국보다는 국민 소득이 조금 낮다. 반면, 루마니아나 불가리아는 매우 떨어진다.

동유럽은 국민 소득은 좀 낮으나 시장과 한국과의 친화력 측면에서 매우 가깝다.

그중에서 체코, 폴란드, 헝가리, 슬로바키아로 구성된 나라들을 동유럽과 달리 구분하여 비세그라드 그룹(V4, Visegrad Group) 국가들[4] 이라 칭한다.

---

4 비세그라드 그룹(V4, Visegrad Group)은 1991년에 헝가리 비세그라드에서 열린 폴란드,

이들 국가는 유럽에서 정치적 입지를 같이한다.

이들 나라는 동남아시아 연합 그룹과 마찬가지로 급부상하는 나라들이다.

체제 변환 이후 지속해서 경제 성장이 이루어져 유럽연합 회원국 중 한국의 4대 교역권으로 성장하였다. 비세그라드 국가들의 연평균 경제 성장률은 1995년 2.6%에서 2012년 3.5%로 유럽연합 평균인 1.9%를 크게 압도하고 있다.

그만큼 수출국인 한국으로서는 투자 및 교역 대상 지역으로서 중요성이 부각되고 있다. 유럽연합 28개국의 평균 경제 수준을 100이라 할 때, 폴란드의 경제 수준은 1995년 43에서 2013년 68, 체코는 77에서 80, 슬로바키아는 48에서 76, 그리고 헝가리는 52에서 67로 상승했다. 1995년의 경우 4개국의 1인당 평균 GDP가 3,305유로에 불과했지만, 2013년에는 11,895유로로 약 3.6배 증가했다.

이들 비세그라드 국가들은 정치적으로 매우 안정되어 있고 훈련이 잘된 고급 인력의 인건비가 저렴하다.

또한 서유럽이나 북유럽의 영향을 받아 매사에 매우 합리적인 판단을 내리는 문화를 갖고 있다.

그뿐만 아니라 2013년도부터는 ODA 사업의 공여 국가 회원국으로 참여하게 되었다. ODA 회원국 간의 정보도 공유하면서 긴밀한 협력을 통하여 투자, 수출, 공동 연구 등의 파트너로서 그 가치를 확대할 필요가 있다.

이것은 비세그라드 국가들이 지금의 청소년들이 유학하러 갈 곳으로 장래에 취직이나 전문직으로 활동하기에 매우 중요하다는 것을 나타낸다.

이들 국가는 유럽의 전통문화는 물론 첨단기술도 많이 확보하고 있다. 또한 한국에 대해 매우 우호적이어서 한국으로서는 서유럽이나 북유럽에 진

///////////////

체코슬로바키아, 헝가리 3국 정상회담에서 창설되었다. 이후 1993년에 체코와 슬로바키아로 양분되어 4개국 협의체로 구성되었다(출처: Ministry of Foreigner affairs of Republic of Poland(http://www.msz.gov.pl/en/foreign_policy/europe/visegrad_group/), the V4's official website: http://www.visegradgroup.eu/).

출하기 위한 교두보로 활용할 경우 매우 유리한 점이 많다.

폴란드는 유럽연합 연구비 선정률이 20% 정도로 매우 높다.[5] 따라서 공동 연구를 통해 인맥 구축, 수출 기반 구축, 4차 혁명에 필요한 기술 개발 등을 적극적으로 할 필요가 있다.

한국은 유럽연합과 공동 연구를 위해 각종 지원 정책을 펴고는 있으나 여러 가지 장벽(언어, 문화 등) 때문에 선정되기가 매우 어렵다.

이들 국가는 인력 양성 시스템에 있어 철저한 학사 관리[6], 저렴한 고급 인력, 논리적인 사고방식, 대졸자들의 소통 능력 등의 이점이 있어 비세그라드 국가들을 중심으로 허브를 구축하고자 할 경우 많은 이점이 있다.

비세그라드 국가 중 헝가리에는 삼성전자[7], 한국타이어[8], 슬로바키아에는 기아자동차[9] 등이 진출하여 이미 현지인들에게는 한국 기업이 매우 친숙하다.

과학적인 측면에서 보면 헝가리는 노벨상 수상자를 13명 배출했고, 폴란드는 12명, 체코는 5명, 루마니아는 4명을 배출하였다.

특히 매력적인 것은 이들 국가의 학비가 매우 저렴하다는 점이다. 이들 나라는 공산주의 시대에서 구소련의 영향을 받아 기초 학문이 튼튼하기 때문에 한국에서보다 훨씬 장래에 유리한 점이 많다고 필자는 판단한다.

비세그라드 국가에 속하지는 않지만, 인접 국가인 불가리아도 1984년에

---

5 Financed by Ministry of Science and Higher Education of Poland and Ministry of Economy of Poland, 2012, 5쪽.

6 공산주의 시대에는 인력 양성이 대학의 주목적이었기 때문에 지금도 철저한 교육이 이루어지고 있다. 학사 관리가 엄격하며, 대졸자들의 영어 소통 능력 수준은 매우 높다. 또한, 학점만 따서는 졸업할 수 없도록 교육 시스템이 구성되어 있다(출처: 2012~2013년 헝가리 공동 연구 보고서, 국립 한밭대학교).

7 야스페니사루시에 1989년에 진출하여 종업원 약 3천 명이 2015년을 기준으로 4만 대 규모의 TV를 생산한다.

8 2006년에 진출하여 현재 종업원 2,230명가량이 있다.

9 2004년 슬로바키아 질리나에 진출하여 현재 3천 8백여 명의 종업원이 35만 대(기아자동차 생산량의 10%)를 생산하고 있는 것으로 알려졌다.

1명의 노벨 문학상 수상자를 배출하였다.

이들 국가의 산업도 전통적인 유럽 문화권의 영향을 받아 매우 발달한 것이 많다. 최근 화두가 되는 4차 혁명은 제조업 중심이 아니라 지식과 창조력에 바탕을 둔 산업혁명이다.

유럽은 로마 문명 500년을 이어 현대 문명의 근간을 이루고 있는 2차 혁명의 발상지이다. 또 문화가 풍부하여 4차 혁명의 기초가 될 수 있는 소재가 많다. 지식, 창조력, 콘텐츠가 풍부해야만 4차 혁명의 주도권을 잡을 수 있다.

이러한 관점에서 보면 4차 혁명의 동반자로서 비세그라드 국가들의 위치를 무시할 수 없다. 풍부한 문화를 바탕으로 한 콘텐츠 및 지식, 합리적인 사고를 하는 창조력 등은 모두 4차 혁명의 핵심 소재가 될 수 있기 때문이다.

필자가 조사한 비세그라드 국가들의 4차 혁명 준비 실태를 보면 한국이 협력하여야 할 부분이 매우 많다.

4차 혁명의 내용 중 인공지능은 핵심 기술이다.

이들 국가의 인공지능 연구 현황과 산업계 활용 실태에 중점을 두고 파악한 바에 따르면 서유럽이나 북유럽 진출 시에 참고로 활용할 수 있는 부분이 많다.

헝가리, 폴란드와 같은 나라들은 한국보다 앞서 인공지능을 연구했고 관련 기초 학문이 매우 튼튼하다. 국제적으로 유명한 학자들도 많다. 또한, 이를 산업계에 응용하기 위한 연구도 한국보다 앞서서 했다.

다만 이를 지속해서 연구하고 산업체에 응용하기 위한 산업체, 기초가 되는 반도체 및 제조업이 한국만 못하기 때문에 외형은 미진한 것처럼 보인다. 그러나 독일, 스위스, 북유럽과 공동으로 많은 활동을 하고 있다.

비세그라드 4개국 그룹은 유럽에서 지정학적으로 중요한 위치를 차지하고 있다.

다음 그림에서와 같이 비세그라드 그룹은 유럽의 중심부에 있어서 서유럽과 동부 지역 유럽의 허브로서 기능할 수 있다.

그림 1-18.

비세그라드 국가들의 지정학적 위치 중요성

　이러한 지정학적 장점은 투자와 인력 교류에 중요한 장점을 제공하고 있어 투자가 지속해서 이루어지는 계기가 된다.[10] [11]

　그뿐만 아니라 서유럽과 남부 지역 유럽과 연결하는 물류 및 생산기지로서 큰 역할을 할 수 있다. 유럽의 많은 국가는 러시아로부터 에너지를 공급받는다.[12]

　비세그라드 그룹은 러시아와 서유럽을 연결하는 에너지 공급 라인의 핵심 위치를 점유하고 있어 서유럽과 러시아 사이의 완충 지역 역할도 하게 된다.

　이는 결국 지금의 청소년들이 유학 가서 할 일이 많다는 것을 의미한다.

//////////////

[10] The Year of the New Presidencies: The Visegrad Countries in the EU, International seminar organized by the Association for International Affairs with the support of Friedrich Naumann Stiftung. Prague, 25 October 2011.

[11] Discover central europe: http://www.discover-ce.eu/?page=6 자료를 바탕으로 재구성.

[12] The Visegrad energy security, ENERGY 31 October 2017(http://www.news-lettereuropean.eu/visegrad-energy-security/).

필리핀은 자원이 없고 국토가 적어 후진국이 되었을까?

시대를 놓쳐 후진국으로 전락한 사례는 아시아 국가에서도 찾아볼 수 있다.

필리핀과 태국이다.

이들 두 나라는 환경과 국토의 크기 면에서는 한국과 비교할 수 없을 정도로 크고 좋은 나라다. 그리고 1970년대까지만 해도 아시아에서 가장 잘 살았던 나라들이다.

이 나라들은 1년에 3모작을 할 수 있는 열대 기후이어서 다양한 먹거리를 쉽게 얻을 수 있었다. 또한 바다와 인접한 국토는 관광자원이 풍부하다.

그래서 농사가 경제를 이끌어 갔던 시절에는 땅이 좁은 한국은 농사를 많이 지을 수 없었기에 가난했다.

우리나라 기술자들은 1970년대에는 필리핀으로 연수를 갔고 아시안 게임을 유치하고도 돈이 없어 태국에 반납한 시절도 있었다.

그러나 살기 위한 방법으로 한국은 기술 개발을 지속해서 하였고 최근에는 가장 발달한 ICT를 이용해 부를 창출할 수 있게 되었다.

필리핀이나 태국과는 비교할 수 없을 정도로 상황이 역전된 것이다. 다음의 표는 한국, 필리핀, 태국의 국민 소득 변화를 나타낸다. 이들 국가의 경제 성장이 얼마나 더딘가를 알 수 있다. 특히 필리핀은 아직도 3천 불대를 넘지 못하고 있다.

표 1-1.

국가	국토 면적	인구	61	70	80	1990	2000	2010	2012	2013	2014	2017	2018
한국	22 (9.9)	470	92	279	1,689	6,308	11,865	22,170	24,696	26,205	28,100	29,115	32,000
태국	513	670	101	192	696	1,489	1,938	4,596	5,261	5,425	5,444	5,426	7,000
필리핀	300	900	267	289	744	703	1,223	2,946	3,087	3,311	2,865	2,917	3,100
몽골						1,153	472	2,079	3,352	3,787	4,095	4,179	4,100

출처: 1990년~2013년은 통계청 자료, 기타연도는 IMF와 http://en.m.wikipedia.org/wiki/List_of_
countries_by_GDP_(nominal)_per_capita에서 발췌.

그러면 그동안 필리핀과 태국은 가만히 앉아서 놀기만 했을까? 아니, 사실 예전보다 더 열심히 일했는지도 모른다. 그러나 미래를 생각하지 않고 과거의 방법을 답습하면서 국가를 경영했기에 국제 환경이 바뀌어 세계를 움직이는 보이지 않는 손들(투자자, 주식, 국제 정세, 인지도 등)이 다른 곳으로 이동하였다.

부가 이동하면 국가 브랜드가 하락하는 것은 당연하다.

한국의 국제 협력 ODA(공적 개발 지원) 프로그램 대상에는 필리핀과 태국이 들어가 있다. 원조를 받던 나라가 원조를 주는 국가로 역전된 것이다.

경제적인 부와 가치 있는 삶을 살 수 있는 여건은 필리핀이 가장 좋다. 많은 인구에 큰 시장, 아름다운 국토, 천혜의 관광자원 등 어느 것 하나 부족함이 없으나 IMF 통계에 의하면 필리핀은 2018년도 10월에 이르러서야 국민 소득이 간신히 3천 불을 넘었다.

국민 소득이야 적으면 적은 대로 살면 된다지만, 국제적인 신용도가 낮아 국민들의 가치가 떨어지는 것이 문제다.

해외여행을 한 번 하려면 비자를 받기가 하늘의 별 따기보다 더 어렵고, 평범한 시민들이 그때마다 받아야 하는 눈총은 말이 아니다.

국민들의 삶은 더욱 고단하고 비전을 제시하지 못하는 나라에서는 미래가 없기에 똑똑한 인재들은 해외로 발길을 돌리게 된다. 고급 인재의 해외 유출은 국가의 미래를 더욱더 어둡게 한다. 물론 해외에서도 영광스럽게 받아주지 않는다.

현실 그대로 못사는 나라의 국민으로 취급하여 인간적으로 모멸을 주는 것이 다반사이다.

향후 4차 산업혁명 시대에서는 ICT를 기반으로 한 첨단기술의 영향력이 경제, 일자리 창출, 사회 전반에 더욱 커진다.

첨단기술을 확보하지 못한 국가는 점점 더 빈곤해지고 다른 나라의 기술 종속, 경제 종속은 물론이거니와 인재 종속(고급 인재 유출로 자국의 인재 공동화는 물론 인재 양성 전략도 외국에 의존할 수밖에 없게 된다)마저 생긴다.

필자는 국제 학술대회에 많이 참석하고 또한 조직해 보았다. 그러나 그런 과정에서 규모가 큰 국제 학술대회에서는 필리핀 사람들은 보기 매우 어려웠다.

그 이유는 그들의 연구 실적이 국제 학술대회에 나올 정도의 수준이 되지 못했기 때문이다. 그래서 그들은 주로 동남아에서 조직한 학술대회 등에 참가한다. 발표 내용은 연구 수준이라기보다 그동안에 한 일을 발표하는 정도이고 한 사람이 등록하고 여러 사람이 같이 나오는 경우가 많다.

공금으로 연구했으니 덩달아 따라 나왔다고 볼 수 있는 것이다.

이들 대학교수의 면면을 보면 대부분이 한국이 1970년대에 그랬듯이 학사 출신들이 많고 나이 많은 여성이 많다.

연구 활동을 하기에는 어려워 보이고 단순히 가르치는 일에만 전념하는 사람들이라는 생각이 든다. 역동성도 찾아보기 어렵다.

대학이 이렇다면 다른 분야는 더 열악하다고 볼 수 있다.

대학교수의 역동성은 그 나라 국민을 대표한다. 국가의 신용도는 기대하기 어렵고 국민들의 삶의 가치는 생각해 보지 않아도 상상이 간다.

필자가 1985년도에 한국 원자력 연구소에서 캐나다로 연구를 하러 갔을 때의 일이다. 당시만 해도 해외로 연수를 간다는 것은 어려운 일이던 시절이었다.

캐나다까지 직항로가 없어 뉴욕에서 하룻밤을 자고 비행기를 갈아타야

그림 1-19.

2008년 이전에는 우리나라에서 미국에 방문하기 위해서는 반드시 주한 미국 대사관을 방문하여 인터뷰 등의 복잡한 절차를 거쳐 비자를 발급받아야 했다. 2008년 11월 17일 우리나라가 미국의 '비자 면제 프로그램(VWP, Visa Waiver Program)'에 가입함으로써 우리 국민은 인터넷에서 간단한 등록 절차를 거쳐 ESTA를 발급받는 것만으로 비자 없이 미국을 방문할 수 있게 되었다. 단, ESTA는 전자여권에만 적용되며, 전자여권이 아닌 여권은 별도의 비자를 받아야 한다.

위 사진은 비자를 받기 위해 대사관 앞에 길게 줄을 선 모습이다. 아래 사진은 비자 면제가 발표된 후 미 대사관 앞에 비자를 발급받기 위해 줄을 선 모습이다(『미주 중앙일보』). 2008년 이후에 태어난 세대들은 이 사실을 알 수 있을까?[13]

했다. 호텔은 대한 항공에서 제공되기 때문에 싸구려는 아니었다.

그러나 내가 자는 동안 그곳을 탈출할까 봐 밤새도록 내 방문 앞에서 건장한 흑인 경비원이 지키고 있는가 하면 심지어는 화장실까지 쫓아왔다.

1980년도에 국민 소득이 1,689불 수준이었던 때까지만 해도 한국 사람들은 해외에서 그렇게 푸대접을 받았다.

그러나 언제부턴가 해외를 갈 때마다 미국 공항의 이민국 직원이 정중하게 질문을 하는 모습으로 변했다.

국가 브랜드 가치가 변한 것이다.

13 출처: 외교부 자료.

이제는 한국 지역 곳곳을 가보면 어느 선진국도 이렇게 복지 시설, 환경을 정리한 나라가 없을 정도로 잘 되어 있다.

그런데 언제부터인가 지방의 공공기관은 미래는커녕 정치적 논리에만 급급해 퍼주기식 정책을 펴는가 하면 국가의 어느 부처도 한국을 걱정하고 미래를 위한 정책을 펴는 곳을 찾아보기 어렵게 되었다.

특히 지적산업이 중요한 부를 창출하는 미래에는 다양한 시각을 가지고 명석한 판단을 할 수 있고, 리더십도 갖춘 한국적 인재가 중요한데 이를 육성하는 곳이 드물다.

프랑스, 싱가포르, 핀란드와 같이 국가 지도자를 전략적·집중적으로 육성하는 기관은 찾아보기 힘들다.

대학은 현재의 생존에만 급급하고, 입학생을 채우고, 교육부의 지원을 받기 위해 취업률을 늘리는 데에만 온 힘을 다할 뿐이다.

교육부의 청사진도 우리는 알 수가 없다.

정권마다, 장관마다, 교육감마다 다르기 때문이다.

장기적인 포석에서 국가 미래에 맞는 정책이라기보다 정치 논리에 의해 정책도, 인재 양성 패러다임도, 예산도 집행된다.

한국이 과거의 스페인이나 현재의 필리핀, 태국처럼 되지 않는다는 보장도 없다.

유고슬라비아
연방 공화국을 아는가!

　1945년 발칸반도에 수립된 유고슬라비아 사회주의 연방 공화국(유고 연방 공화국)은 1992년에 해체할 때까지 유럽에서 가장 잘사는 나라 중의 하나였다. 이는 모두 당시 티토 대통령의 강력한 리더십 덕분이었다.

　그가 1980년 5월에 사망한 후 유고슬라비아 연방 공화국은 세르비아(Serbia) · 크로아티아(Croatia) · 슬로베니아(Slovenia) · 마케도니아(Macedonia) · 몬테네그로(Montenegro) · 보스니아-헤르체고비나(Bosnia-

그림 1-20. 유고 연방 공화국

Herzegovina)・코소보(Kosovo)로 분열되었다. 이들 나라 중 유럽연합에 가입된 나라는 슬로베니아와 크로아티아뿐이다.

헝가리 등 유럽에서 고급 인력이 이 나라로 이주하여 살기를 희망했고 저렴한 컬러텔레비전과 자동차를 사기 위해 유럽인들이 줄을 섰던 나라였다. 그러나 티토 대통령이 죽고 나서 이 나라는 분열되었고 민족 간에 전쟁도 치렀다. 유고 연방 국가들은 로마 제국의 핵심 지역이어서 온통 유적들로 가득 차 있다. 자연환경도 아름답다.

옛 유고 연방 공화국 후예 중 유일하게 잘사는 나라는 슬로베니아로 2018년을 기준으로 국민 소득이 2만 7천 불 정도이다(IMF 2018년 10월 기준, 같은 자료에서 한국은 3만 2천 불이다).

필자는 헝가리 부다페스트 공대에서 연구년을 보낼 때 이들 국가를 모두 돌아본 경험이 있다. 당시에는 국가 간에 이동할 때 여권을 소지하여야만 가능했다. 그러나 슬로베니아만 당시 유럽 연방에 가입되어 있어 국경을 넘을 때 비자 검사가 필요 없었다.

헝가리에서 열차를 타고 크로아티아를 갈 때는 국경에서 열차가 몇 시간이고 정지한 후에야 다시 간다. 국경에서 검사를 받아야 하기 때문이다. 국경을 넘어 슬로베니아에 갈 때도 같은 검사를 받는다. 돌아올 때도 같은 과정을 거친다.

옛날에는 모두 한 국가였다. 나라가 갈라진 후에 일어나는 진풍경이다.

그랬던 크로아티아가 2013년 7월 1일에 유럽연합에 가입하여 이제는 이런 과정이 필요 없다. 크로아티아만 해도 이젠 좀 사는 것이 나아졌다는 이야기이다.

그러나 여타 국가들은 여전히 국경을 넘을 때 비자 검사를 받아야 한다. 국민 소득이 당시 5~6천 불이니 유럽연합에서 가입을 받아주지 않았다.

최근 필자는 서발칸 제국들의 4차 혁명 현황에 대해 집필하고 있다. 옛 유고 연방이지만 아직 유럽연합에 가입하지 못한 국가들도 언젠가는 한국의 중요한 시장이 될 것으로 보고 관련 자료들을 모아 보고서를 출간하기 위해서이다. 자료를 정리하는 과정에서 놀란 것은 아직도 이 지역은 개발도

상국 수준을 넘지 못한다는 것이다.

2017년도에도 1년 평균 임금이 천만 원 정도이고 지역에 따라서는 월 평균 임금이 60만 원 정도로 저임금이다. 그런데도 세금은 30% 정도이고 정부 간, 민간인 간에 장벽이 많아 네트워크가 경제를 이끌어가는 현시점에서는 가장 큰 걸림돌이 된다.

최근 ICT의 위력을 보고 4차 혁명을 준비하고 정부 차원에서 전략을 수립하기는 하나 인프라가 워낙 부족해 앞으로도 상당한 기간 동안 유럽연합 가입은 어려울 것 같다는 것이 필자의 생각이다.

동유럽인 불가리아도 유럽연합에 가입은 되어 있으나 국민 소득은 고작 9천 불 정도이다.

필자가 불가리에서 가장 권위 있는 정보통신 연구소(우리나라 전자통신연구원 같은 역할을 한다)에서 2012년 12월에 강연할 때였다. 강연장에 모인 사람들은 아주머니들과 노인들이었다. 처음에는 옆집에 사는 아주머니들을 동원한 것으로 착각하였다. 그러나 명함을 주고받으면서 보니 교수, 부교수 호칭(불가리아에서는 연구원을 이렇게 부른다)이었다.

초점 없는 눈빛! 나이가 60세는 족히 넘어 보이는 아주머니들!

이들이 어떻게 첨단 ICT를 연구할 수 있을까? 의심스러웠다.

공산주의 국가 시절에 놀면서 시간만 때우고 봉급을 받던 시대의 사회적 모습이 그대로 남아 있었다.

이렇다 할 산업 시설도 없는 나라!

오랫동안 소련의 지배를 받아 능동적으로 일하지 않고 남이 시키는 일만 마지못해서 하다 시간만 되면 퇴근하는 일상화된 국민 정서!

누구 하나 미래를 보고 같이 일하자고 외치는 사람이 없는 정부 조직!

흑해의 아름다운 경관과 국토를 가진 나라이지만 국가는 점점 멍들어가고 외세의 지배를 받을 수밖에 없다는 것을 깨달을 수 있었다.

이처럼 필자가 불가리아의 여러 대학을 방문할 때 느낀 분위기는 불가리아의 미래를 잘 대변해 주고 있었다.

분열된 서발칸 국가들의 비운!
청소년들에게는 기회일 수도

발칸 지역은 동발칸과 서발칸 지역으로 구분하여 부른다. 동발칸은 루마니아, 불가리아로 구성된 지역을 말하고 서발칸은 옛 유고 연방 지역을 말한다.

즉, 서발칸 지역은 1918년 12월 1일에 탄생하여 1992년 세르비아가 옛 유고 연방의 승계를 포기함으로써 완전히 '유고 연방'이라는 국명이 사라질 때까지 연방으로 존재했던 지역이다. 이 지역은 앞서 설명한 바와 같이 크로아티아, 세르비아, 알바니아, 코소보, 마케도니아, 보스니아-헤르체고비나, 몬테네그로의 7개 국가로 나누어졌다.

갈라섰지만 국가마다 운명은 다르다.

크로아티아와 슬로베니아를 제외하면 다른 국가들은 동남아의 개도국과 다름없다.

표 1-2. 서발칸 지역 국가들 개요

항목	세르비아	크로아티아	슬로베니아	보스니아-헤르체고비나	몬테네그로	코소보	마케도니아	알바니아
인구	7,057	4,171	2,065	3,517	622	1,830	2,081	2,876
1인당 GDP	5,348	12,090	21,304	4,708	6,701	3,661	5,237	4,167
국토 면적	77,474	56,594	20,273	51,197	13,812	10,908	25,713	28,748
수출	13,365.2	12,846.8	26,615.9	5,099.1	353.0	24.10	4,489.9	1,962
수입	18,215.9	20,579.8	25,763.9	8,993.8	2,050.1	303.7	6,399.8	4,669
수지	-4,850.7	-7,732.9	852.0	-3,894.7	-1,697.0	-279.6	-1,909.8	-2,707

서발칸은 민족 구성이 복잡하고 지역마다 경제적 차이가 심해 역사적으로 많은 갈등이 있었다. 최근까지도 국가 간에 전쟁을 하였다.

이들 서발칸 지역은 유럽연합에 가입이 안 된 국가들로 경제적, 사회적 인프라가 덜 갖추어진 저개발국들이다.

1인당 국민 소득은 최저인 코소보의 3천 6백 6십 불에서 최고인 몬테네그로의 6천 7백 1십 불 사이다.

태국의 6천 9백 9십 불, 피지의 6천 1백 2십 불, 스리랑카의 4천 3백십 불, 베트남 2천 5백 5십 불과 비교하면 국민 소득이 어느 정도인지 쉽게 이해할 수 있다.[14]

발칸국들 중 유일하게 유럽연합에 가입한 나라는 슬로베니아(2014년 5월 가입)와 크로아티아(2017년 7월 가입)다.

서발칸국들 중 세르비아, 알바니아, 코소보, 마케도니아, 보스니아-헤르체고비나, 몬테네그로의 인구는 모두 합하여 1,798만 명 정도이고 세르비아, 크로아티아를 합하면 2,422만 명인 작은 지역이다.

이러한 외형만을 보면 동남아의 7억 명에 가까운 방대한 시장과 자원, 중국의 거대한 시장에 비하면 너무 작다. 더구나 갈등이 많아 협력이 어려울 것으로 판단하여 공동 파트너로 만들기 위해 노력할 필요가 있는지 의문이 들 수도 있다.

이러한 상황이 한국인들의 진출을 기피하게 만들었고, 개도국임에도 불구하고 서발칸에 대한 ODA 사업, 공동 연구 등이 이루어지지 않아 한국의 자료들이 거의 생산되지 않은 것으로 볼 수 있다.

그러나 러시아의 진출 정책과 맞물려 안보 차원에서 발칸반도를 유럽연합에 편입시키려는 분위기가 상승하는 상황이다.[15]

---

14 IMF, 2018년 4월 기준(출처: http://www.imf.org/external/datamapper/NGDPDPC@WEO/OEMDC/ADVEC/WEOWORLD/VNM).

15 독일의 메르켈 총리는 2018년 9월 8일에 이 지역을 방문하여 서발칸 지역은 유럽의 중요한 파트너임을 여러 번 강조하였고 이에 앞서 2018년 8월경에 미국의 트럼프 대통령과 전화로 발칸 지역의 중요성을 협의한 바 있다(출처: https://europeanwesternbalkans.com/2018/09/08/merkel-skopje-territorial-integrity-important-starting-point-region/).

최근에는 몬테네그로가 2017년 6월 5일 북대서양 조약기구(NATO)에 가입한 바 있다.[16] 이에 앞서 슬로베니아는 2004년 3월 29일, 크로아티아는 2009년 4월 1일에 북대서양 조약기구(NATO)에 가입하였고, 바르샤바 조약기구에 가입하였던 알바니아는 2009년 4월 1일에 북대서양 조약기구에 가입하였다.

서발칸의 이들 국가는 유럽에서의 영향력을 확대하고 경제 협력을 공동으로 추진하기 위해서 서발칸 협의체를 2014년도부터 운영해 오고 있다.[17] [18]

비세그라드 국들이 정치적 입장을 같이함으로써 유럽에서 영향력을 확대하듯 이들 서발칸 협의체도 공동보조를 취해 유럽에서의 입지를 강화해 나가자는 데 그 목적이 있다.

유럽연합도 유럽의 번영 등은 물론 진공 상태에서 러시아의 영향력이 확대해 나가는 경우에는 국가 안보에 위협이 될 것을 우려해 낙후된 서발칸 국가들과의 협력 확대, 유럽연합 가입에 대한 긍정적 약속 등을 추진해 나가고 있다.

특히 러시아 및 중국의 영향력 확대를 우려하는 유럽으로서는 이들 발칸국들과의 협력은 선택이 아니라 필수가 되어 가고 있다.

지금까지는 비교적 느린 경제 성장과 전쟁, 종교 및 민족 간 갈등으로 인해 한국은 이들 국가와의 협력을 비교적 소홀히 하였다.[19]

한국어로 연구된 자료가 비교적 적고 집중적으로 연구된 논문조차 찾기 어렵다.

유럽연합으로 가입되기 위해서는 전자 정부, 부정부패 방지, 사회적 네트워크 등이 사전에 구축되어야 한다. 이들을 구축하기 위한 핵심 기술은 한

////////////

16 출처: https://www.nato.int/cps/en/natohq/nato_countries.htm

17 출처: https://europeanwesternbalkans.com

18 출처: http://www.balkanfund.org

19 2018년 9월을 기준으로 한국은 세르비아에는 대사관이 있으나 크로아티아 대사관이 보스니아-헤르체고비나 대사를, 그리스 대사관이 알바니아 대사를, 불가리아 대사관이 마케도니아 대사를, 슬로베니아 대사관이 코소보 대사를, 세르비아 대사관이 몬테네그로 대사를 겸임하고 있다.

국이 앞서 있는 ICT 기술이다.

즉, 협력 파트너를 긴밀히 구축하는 경우에는 한국이 시장을 확보할 기회가 된다고 볼 수 있다.

이들 국가에서 생산된 각종 보고서나 자료들을 검토해 보면 사회 인프라 구축을 위해 ICT 핵심 기술을 절실히 요구하고 있다는 것을 알 수 있다.

특히 중요한 것은 이들 발칸 지역이 로마 시대의 핵심 중심지였다는 점이다. 즉, 다양한 문화를 확보하고 있다고 볼 수 있다.

서발칸 지역이 유럽연합에 가입되는 경우에는 유럽연합의 단일 시장으로 편입되고 유럽연합의 각종 개발 지원을 받아 여러 분야에 걸쳐 사회적 인프라를 구축할 것이 확실하다.

서발칸은 동발칸인 불가리아 및 루마니아, 남쪽의 그리스, 북쪽의 헝가리, 서쪽에는 아드리아해를 건너 이탈리아와 접경을 이루고 있어 협력과 전략적 차원에서 매우 중요한 위치에 있다.

알바니아와 몬테네그로는 유럽연합 회원국은 아니지만, 실질적인 유럽 국가 일원으로서 활동하고 있다고 볼 수 있다.

최근에는 안보 문제와 연계되어 유럽연합 파트너로서의 중요성이 제기되어 유럽연합은 6개 영역 안보 및 정주 문제, 사회경제 개발, 교통 및 에너지 연결 문제, 디지털 관련 주제, 화해 및 주위와 관계 개선 분야에서 2018년에서 2020년까지 실질적인 조치를 취한다는 계획이다.

경제적 수준이 개도국 수준이라는 것은 발전 가능성이 높고, 개척하여야 할 사항이 많다는 의미다.

특히, 발칸 지역들의 아름다운 경관, 관광자원, 유럽과의 교두보 등을 생각할 때 한국의 청소년들이 개척하여야 할 지역이라는 뜻이다.

유고 연방 시절에 유럽에서 가장 잘살았던 나라가 이제는 가장 못사는 지역으로 전락하였다.

역사는 반복된다.

지금의 청소년들이 어떤 생각, 어떤 경험을 하느냐에 따라서 역사는 변한다.

한국이 절실히 필요로 하나 아직 인프라가 덜된 곳에서 현재의 한국 ICT 기술을 활용해 개척해 나간다면 자기만의 능력을 발휘할 수 있다고 본다.

특히 이들 지역은 유럽 문화이고, 로마의 찬란한 문화가 그대로 남아 있다.

동남아시아의 환경과는 차원이 다르다는 점을 인식하여야 한다. 4차 산업혁명이 필요로 하는 ICT 및 기타 분야에서 이들 국가의 인재 양성 숫자는 턱없이 적다.

남들이 가지 않는 곳에 유학하러 가서 자기의 역할을 찾는 것도 미래를 위해 좋다고 판단된다.

한국은 중국으로부터
역습당하고 있다

제주도 공항에 가면 쇼핑객들이 온통 중국 사람들인 것을 볼 수 있다.

제주도 어디를 가든 중국인들로 넘쳐나고, 식당도, 간판도 중국어 안내판이다. 몇 년 전만 해도 이런 현상은 없었다.

삼성의 R&D 센터도 중국에 진출할 때 큰 기대를 하고 나갔다. 저렴한 노동력에 무궁한 소비 시장만 있지, 한국을 초월하지는 못할 것 같다고 우리들은 착각을 했다.

그랬던 중국이 이제는 어느 정도 축적된 부를 바탕으로 제주도의 땅과 호텔 등 부동산을 모두 거둬들이고 있다.

물건을 사는 규모가 우리와는 다르다. 천문학적인 쇼핑과 씀씀이는 당장 호감을 사기에 충분하다.

한국에서는 아예 일정 금액 이상 투자하면 영주권을 주는 법을 통과시킨 바 있다.

중국 사람을 겨냥한 목적이다. 당장의 이익에만 눈이 어두운 정책들이다. 청나라, 당나라 시절의 대국과 소국이라는 치욕스러운 관계를 모두 잊었다.

이미 2006년 12월 말 중국의 R&D 투자는 일본을 제치고 처음으로 세계 2위를 달성했다.

경제협력개발기구(OECD)의 「과학·투자 부문 보고서」는 2006년도 중국의 R&D 투자비는 1,360억 달러로, 1,300억 달러인 일본을 제치고 세계 2위가 될 것으로 전망하였다.

중국은 ICT는 물론 조선 사업, 기술 혁신은 이미 한국을 초월했다.

2014년 11월 한국산업연구원은 중국의 철강산업 연구비가 2012년에는

1.54%로 당초 목표치인 1.5%를 넘어섰다고 발표했다.

한국의 철강산업은 아직 1% 미만이다. 중국의 R&D 투자비는 미국의 3,300억 달러보다는 적으나 R&D 투자 증가율이 20% 이상을 기록할 만큼 국가의 역량에 관계된 과학기술 분야에 모든 역량을 다해 투자하겠다는 의지를 보여주고 있다.

R&D 전문 연구기관인 바텔(Battelle)은 중국은 R&D 투자 규모가 2018년에는 유럽을 추월하고 2022년경에는 미국을 앞지를 것으로 분석하고 있다.

중국 과학기술부는 이미 2006년도 12월에 '11차 5개년 과학기술협력 실시 요강'을 통해, "피부색, 국적, 어떤 대가도 아까워하지 말고(不分膚色 不分 國籍 不惜代價) 우수 과학기술 인재 유치에 최선을 다하라."는 3대 불문(不問) 3원칙을 제시한 바 있다.

이 요강에 더해 중국 교육부는 최고 수준의 과학기술 인재 유치 작전을 이미 2006년 9월에 발표했다.

주요 요지는 세계 100위권 이내에 드는 유명 대학이나 연구기관에서 최고 수준의 인력 1,000명을 스카우트해 주요 대학 100여 개 학과에 배치해 그곳을 기술 혁신의 핵심 기지로 삼는다는 계획이다. 필자는 2018년 11월에 광저우에서 국제 학술대회를 개최할 때 광저우 과학기술대학을 방문한 바 있다. 여기도 이 프로그램에 의해 유치된 교수가 상당수 있었다.

중국은 이미 공해 산업, 미래가 없는 산업은 투자를 원치 않는다. 첨단산업, 무공해산업만 유치한다.

기초과학 측면에서도 이미 중국은 우리가 따라갈 수 없을 정도로 앞서 있다.

왕복 우주선을 띄운 나라이다. 잠수함에, 구축함까지 갖춘 나라이다. 2019년 1월에는 달 이면에 우주선을 착륙시켰다. 미국의 나사도 못 한 것을 중국이 해내서 나사가 공식적으로 무릎을 꿇었다는 보도이다.

또한, 21세기 4차 혁명 시대의 핵심 기술인 인공지능 논문을 가장 많이 발표하는 국가가 중국이다.

인공지능 분야의 인재를 가장 많이 확보한 나라도 중국이다. 한국은

2016년 알파고가 한국의 이세돌과 바둑을 두어 이기자 인공지능 분야에 투자하겠다고 떠들썩하다 어느샌가 잠잠해졌다.

스마트폰이나 전자산업에 우수한 삼성이나 엘지의 디스플레이, 냉장고 등 생활 중심 산업, 현재의 산업에만 중점을 두고 있는 한국과는 다르다.

아직도 우리는 근시안적인 눈에 어둡다.

중국은 이미 21세기에는 미국의 패권을 넘겨받겠다는 구상하에 세계적인 군사 허브도 구축 중이다.

상하이에서 출발하여 인도의 캘커타-스리랑카 동쪽-탄자니아 동부로 이어지는 항로를 확보하기 위해 이미 천문학적인 돈을 투자하고 있다.

스리랑카 동부의 항구나 탄자니아 동쪽의 시골 어촌을 거대한 무역항으로 모두 개발해 주겠다고 약속하고 투자하는 것이다.

아프리카 자원도 모두 중국이 독식한 지 오래다.

중국은 금융으로 세계를 지배하겠다는 구상 아래 AIIB를 구축했다.

그림 1-21. 중국 주도 AIIB 참여국

한국은 57개국 중 중국, 인도, 러시아 다음의 4번째 순으로 지분율 3.81%, 투표권 3.50%이다.[20]

///////////////

20 출처: 위키피디아.

미국이 주도하는 IMF, 일본이 주도해 왔던 ADB에 맞서 중국이 이제는 금융으로 세계 질서를 재편하겠다는 구상이다. 한국은 지분율 3.81%, 투표권 3.5%를 확보했다.

작은 일에도 극한투쟁을 하는 우리의 국회는 정쟁에만 정열을 소비할 뿐, 이런 국제 조직을 새롭게 구축하겠다는 비전 있는 일에는 소홀하다.

한국의 정치권은 권력 투쟁만 일삼고, 대학교수들은 논문을 생산하는 데만 신경을 쓸 뿐 정부 정책에는 입 다물고 연구원들은 정부의 눈치를 보느라 더 이상 독자적인 연구 활력을 잃은 지 오래다!

ICT 혁명 시대, 플랫폼 시대를 맞는 2018년도에 들어서는 오히려 더 경직되어가고 있고 미래를 생각하고 걱정하는 다양한 소리는 더 줄어들었다.

작지만 중국에 할 말을 다 한 이광요 싱가포르 수상 같은 인재가 한국에 절실하다.

싱가포르의 교육이 가장 유명하게 된 것도 그의 철학에서 나온 것이다.

한국 대학에서 무엇을 가르치고 배우도록 하여야 할까!

걱정과 고민을 할 때이다.

더 넓은 세상에서 학문을 배우고, 미래를 배우며, 인생을 설계할 때 도와줄 수 있는 친구를 유학 가서 많이 사귀고 행복한 인생을 설계할 것을 적극적으로 권한다. 한국에서는 이러한 것들을 배울 수 없기에….

여유가 있으면 자기가 태어난 나라!

부모가 태어난 나라!

한국이라는 작은 나라도 생각하면 더 좋을 것이다.

제2부

21세기
지식산업 사회에서
대학의 역할

그림 2-1. 동경 공업대 중앙도서관

그림 2-2. 노르웨이 NTNU 공대 건물

그림 2-3. 헝가리 부다페스트 공대

이들은 어떤 상관관계가 있을까? 인류 역사는 강자가 약자를 지배해 왔고 이는 그 시대의 새로운 지식에 의해 결정되었다. 근대국가에서는 과학기술을 가장 활발히 개발한 국가가 패권을 거머쥐었고 이는 창의적인 인재를 얼마나 육성했느냐로 판가름 났다.

스페인에서 가장 선봉에 선 이는 콜럼버스였고 영국에서는 케임브리지 대학에서 공부한 뉴턴과 같은 인재들이었다.

2차 세계대전 이후로는 최고의 인재를 가장 많이 육성하는 대학을 많이 가진 미국이 패권을 쥐고 있다. 국가 지도자들이 미래를 보고 인재 육성을 위해 대학을 적극적으로 지원해야 하는 사례들이다. 대학의 핵심 가치는 평생을 간직하게 된다.

대학 선택에 따라 사는 방법도 달라진다. 대학의 이름은 내 이름과도 같아 죽을 때까지 갖고 가게 된다. 대학 선택이 중요한 이유다.

맨 위의 사진은 필자가 박사 학위를 받은 동경 공업대 중앙도서관이다. 이곳은 공대로 특화되어 있다.

중간의 사진은 필자가 6개월간 연구한 지구상에서 가장 북쪽에 있는 노르웨이 NTNU 공대 건물이다.

맨 아래는 필자가 1년간 있으면서 2명의 박사 과정을 지도한 헝가리 부다페스트 공대의 야간 전경이다. 3명의 노벨상 수상자를 배출했다. 모두 세계적인 명문대학들이다.

현명한 지도자는 국가 생존권 차원에서 직접 교육 개혁을 추진하였다

　교육은 누가, 어떻게 하느냐에 따라 성공과 실패를 좌우한다. 그만큼 사회에 미치는 영향이 크고 연결된 사람들이 많아 잘못하다가는 역습을 당할 수도 있기 때문이다. 따라서 선진국들은 권력의 최고 권력자인 대통령이나 국왕이 직접 교육을 챙긴다.

　중동의 카타르도 국왕이 직접 교육을 챙겨 성공한 사례다. 그는 도하 인근에 미국 유명 대학의 분교를 유치하여 교육 허브를 구축했다.

　아무것도 없는 사막에 최고의 지성의 산실인 대학촌을 건설하였다. 장관이나 총리가 하면 실패했을 환경이지만, 국왕이 직접 추진하여 세계 유명 대학의 분교를 유치하여 지금은 세계에서 유학생들이 끊이지 않는 교육 허브로 발전하였다.

　필자가 2018년 국제 학술대회 기조 강연을 하면서 이곳을 방문했을 때는 대부분의 대학이 이미 자리를 잡고 안정화되어 있어 선진국의 여느 대학촌 못지않았다. 필자도 학생 식당에서 학생들과 점심을 먹으면서 식사 메뉴가 훌륭한 것에 대해 감탄하였다. 직원은 필자에게 더 먹으라고 권하기까지 하였다. 서비스 수준도 만점이었다.

　국왕이 미래를 보고 교육에 관한 것을 그가 직접 챙기지 않았으면 불가능했을 일이다.

　9·11 테러 사건이 발생한 이후로는 미국 유학길이 막힌 아랍권 부호의 자녀와 재능 있는 학생들이 주를 이루었으나 지금은 아시아는 물론 유럽에서도 중동을 연구하고자 하는 학생들이 오고 있다.

　국왕은 다른 나라가 하는 것을 모방하지 않고 국가의 장래를 교육서비스에서 찾았다. 국가의 지도자가 얼마나 중요한지 입증한 사례이다.

미국, 호주, 영국, 싱가포르, 카타르, 일본 등과 같이 세계적으로 주목할 만큼 경제 성장과 국가 혁신을 이룬 선진국들의 공통점은 교육을 혁신적으로 바꿔 국가를 선진국 반열에 올려놓았다는 것이다.

이들 국가의 또 하나의 공통점은 총리나 대통령 또는 국왕 등 국가 최고 통치자가 이러한 교육을 직접 챙겼다는 것이다.

우리와 가까운 일본은 전대의 총리부터 교육 문제를 직접 챙겼고, 카타르는 국왕이, 미국도 부시 대통령이 직접 하였다.

영국은 총리가 취임하자마자 아예 교육 개혁을 직접 지속해서 챙겼다. 호주, 싱가포르 등 모든 국가가 교육을 최고의 지식서비스산업으로 지정하고 최고 권력자가 챙겼다는 점이 후진국들과의 차이점이다.

인적 자원은 곧 국가를 구성하는 직접적인 첫 번째 자산이다. 교육은 이러한 인적 자원을 다루는 영역이다. 공장의 생산품과 같이 찍어내서는 단기간에 경제적 효과나 결과를 기대할 수 없다. 천문학적인 돈도 들어가야 한다. 그리고 장기간에 걸쳐 추진하여야 하므로 최고 통치자가 직접 나서지 않으면 안 된다.

이러한 중요성을 파악한 통치자는 본인이 직접 챙겨 교육 개혁을 성공시켰고 정권 유지나 단기적 효과만을 노리는 통치자는 자기 임기 안에는 효과를 볼 수 없기에 다른 영역을 우선시하고 교육을 멀리 떨어트러 놓았다.

한국이 한강의 기적을 이룰 수 있었던 것이 교육 때문이었다는 것은 주지의 사실이다.

이는 박정희 전 대통령이 직접 장기적으로 관심을 보였기에 가능했다.

그러나 우리는 지금 그 열매를 따 먹기만 하지, 심지는 않고 있다.

대통령의 임기는 5년이고 그 아래의 장관들은 1~2년의 단기 임기인데, 10년 이상 걸릴 일을 왜 추진하느냐고 생각하는 것이 지금의 현실이다.

누구 하나 관심을 두지 않는 교육!

그것이 한국의 어두운 그림자를 나타낸다.

대학의 핵심 가치!
청소년들에게 어떤 영향을 미치나?

1) 대학의 핵심 가치! 얼마나 주요한가?

가정에는 가풍이 있고, 대학에는 학풍이 있으며, 기업은 기업마다 독특한 전통이 있다.

국가는 민족마다 각기 고유한 민족정신과 문화가 있다.

우리나라 사학의 명문인 고려대학교와 연세대학교 졸업생을 비교해 보면 졸업생들의 사회생활 방식이 뚜렷하게 다르다는 것을 알 수 있다.

고등학교까지는 스스로 가치관을 형성할 시기가 아니어서 학교가 개인의 가치관에 그리 큰 영향을 미치지 못했지만, 삶의 가치관을 정립할 중요한 시기인 대학 시절에는 서로 다른 대학에서 생활하면서 각기 다른 가치관이 형성된다. 우리는 이러한 가치관으로 인생을 설계하고 살아가게 된다. 또한, 결혼 후에는 이 가치관으로 자녀들을 지도하게 되므로 가풍과 자녀들의 인생에도 직간접적으로 영향을 미치게 된다.

대학의 핵심 가치는 4년 동안 캠퍼스에서 생활하면서 본인도 모르게 습관이 몸에 배고 이것이 대학의 고유한 학풍으로 정착된다. 즉, 대학 선택은 인생에 있어서 가장 중요하다고 볼 수 있다.

세계적인 대학이나 전통 있는 기업들은 저마다 독특한 가치관을 갖고 운영한다.

대학은 이 가치관을 갖고 인재를 육성하고 기업은 사업을 하게 된다.

핵심 가치가 없는 기업은 치열한 국제 경쟁에서 고객에게 감동을 줄 수 없기에 살아남을 수 없다. 이윤을 추구하는 것이 기업의 가장 큰 목적이지만 기업마다 가치관에 따라 이윤 추구 방식도 다르게 된다.

미국의 유명한 사학 명문들은 기업가에 의해 설립되었다. 사회로부터 번 돈을 환원하는 차원에서 영향력이 가장 큰 대학을 설립한 것이다.

도요타도 기업 창립 40주년을 맞아 그동안 번 돈을 어떻게 사회에 환원할지 고민하다 영향력이 가장 큰 도요타 공업대를 설립했다.

2) 대학의 핵심 가치관은 어떻게 형성되는가?

대학의 핵심 가치에 따라 졸업생들의 평판도 확연히 달라진다. 졸업생들은 대학이 추구하는 핵심 가치에 의해 본인도 모르게 학습되어 가고 그 가치관을 가지고 일생을 살게 된다.

기업은 망하면 그만이지만 대학은 사람을 육성하기 때문에 오랫동안 사람에게 영향을 미친다.

기업의 가치관보다 대학의 가치관이 더 중요한 이유다.

그렇다면 이처럼 중요한 가치관은 어떻게 형성되는가?

대학은 모두 설립 당시의 설립 목적이 있다. 이 설립 목적에 의해 교수를 초빙하고 교수들은 연구와 학생들을 가르치는 일을 한다. 따라서 학생들과 직접 소통하는 교수들의 역할이 매우 중요하다.

국가의 경쟁력은 좋은 대학이 얼마나 있느냐로 결정되고, 좋은 대학은 국제적으로 얼마나 훌륭한 교수를 확보하고 있느냐로 평가된다. 그래서 세계적인 명문대학들은 천문학적인 돈을 들여 명성 있는 교수를 초빙하기 위해 안간힘을 쓴다.

학생들은 교수의 일상생활으로부터 삶, 즉 사는 방법을 배우기 때문에 이는 대학의 핵심 가치를 형성하는 데 막대한 영향을 미친다. 그래서 기업이나 대학에서 인재 초빙 시에는 어느 대학에서 학부를 마쳤는지를 중요시한다. 기업에 미치는 영향이 크기 때문이다.

조선 시대 양반집에서는 아들을 잘 키우기 위해 훌륭한 스승을 집으로 초빙하여 함께 살면서 배우도록 하든가, 아예 스승을 따라 떠나도록 했다.

훌륭한 스승으로부터 삶, 즉 인생의 철학을 배우라는 것이었다.

강의로 지식을 전달할 수는 있으나 지식만으로는 그 학생의 삶 자체에는 크게 영향을 미치지 못한다. 교수들이 좋은 가치관을 가지고 대학에서 활동해야 하는 이유다.

2015년 6월 한국에서 메르스가 한창 번질 때 성균관대학교의 어느 교수가 홍콩 유학생이 마스크를 쓰고 강의실에 나왔다는 이유로 퇴출시켰다는 내용이 중앙 일간지에 크게 보도된 적이 있다.

대부분의 사람이 이 어려운 시기에 수업 중에 마스크 하나 썼다고 해서 학생을 퇴출시켰냐고 비난했지만, 필자는 다르게 생각한다. 바로 이런 철학이 대학의 가치관을 형성하는 교수의 행동이라고 생각했기 때문이다.

미국이나 일본의 작은 대학들은 독특한 가치관을 가지고 교육해 왔기 때문에 오랫동안 명문대학으로 남을 수 있었다.

그런 미국의 대학들은 인재 유치 전략도 차별화한다.

『타임(Time)』지 기준에 따른 대학을 랭킹 50위까지 나열하면 대개 미국 대학들이 매년 28개 정도를 차지한다.

이들 대학은 최상위 순위를 유지함에도 불구하고 인재 유치에는 조금도 돈을 아끼지 않는다.

훌륭한 인재는 잘 가르치면 졸업 후에 세계적인 인재로 성장하고 대학의 핵심 가치에 크게 기여하기 때문이다.

국내의 입학생만으로도 경쟁률이 높아 앉아서 그들을 기다리기만 하거나 건물을 지어 전시용 외형을 늘리는 데만 온 힘을 다하는 우리나라의 대학들!

훌륭한 교수 유치보다 부동산에 투자하여 돈 버는 데 눈을 돌리는 대학들로서는 미국 대학들의 이러한 결정을 도저히 이해할 수 없을 것이다.

3) 왜 대학 선택에 대해 고민하여야 하는가?

동서고금을 막론하고 국가 브랜드를 높이는 데 가장 큰 핵심 역할을 해 온 것은 대학이었다.

대학이 훌륭한 인재를 배출하기 때문이다.

그 중심에 교수가 있다.

미국 대학이 명문대학이 많고 노벨상 수상자를 많이 배출하는 것은 독특한 핵심 가치를 가진 교수들이 많기 때문이다.

학생들은 교수들의 핵심 가치를 대학에서 배워 평생 이 가치관을 갖고 살고, 또 자식에게도 물려주게 된다.

내 아들딸들을 아무 대학이나 선뜻 보낼 수 없는 가장 큰 이유다.

또한 이것이 청소년들에게는 미래 세상의 패러다임을 알고 핵심 가치가 뚜렷한 대학들을 선정하여 진학할 것을 권해야 하는 이유다.

대학에서 세계적인 지도자로, 국가의 리더로 성장할 수 있는 안목을 배우고 국민으로서 행복한 삶에 대한 가치관을 세우도록 할 책임이 부모에게 있다.

우리 청소년들은 현재 우리 부모 세대들이 상상할 수 없는 시대에 산다. 20년 안에 화성에, 달나라에 정착촌이 설립되는 시기에 살게 된다.

좋은 직장에 취업해서, 안정된 공무원이나 하면서 세상을 살라고 하기에는 너무 변화가 크다.

다양한 가치관으로 미래를 설계할 수 있는 대학을 선택해서 진학해야 하는 이유다.

미래를 설계하지 못하고 사리사욕만 채운 대표적인 사례가 구한말의 고종이다.

그는 사리사욕에 국가의 재산을 사유 재산으로 치부하고 왕권만 지키려다 결국 총 한 발 쏘지 못하고 송두리째 국권을 팔아먹었다.

그런 그도 결국 불행하게 살다 죽었다.

이것이 바로 미래를 볼 줄 아는 안목을 길러주는 대학들이 많은 해외 대학으로 가야 하는 가장 큰 이유다.

왜 좋은 대학을 나와야 하나!

어느 국가든 기득권 세력이라는 것이 존재한다. 아무리 가난한 나라라도 기득권층들은 인맥을 형성하여 정치권을 맴돌면서 부와 권력을 누린다.

이들은 민족과 국가의 미래에 대한 걱정보다는 사리사욕에만 집착한다.

이는 학맥, 향우회와 같은 인맥이 형성되기 때문에 가능하다.

정치는 그 나라의 현재와 미래를 결정하는 가장 중요한 요소다.

정치를 잘하는 지도자를 만난 시대에는 국가가 흥했고 그렇지 못한 시대에는 국가가 쇠퇴했다.

이는 우리 역사에도 잘 나타나 있다.

사리사욕을 가진 지도자 때문에 망한 나라는 수없이 많다.

인맥이 가장 잘 형성되는 것이 학맥이다.

한국의 경우 장관이 임명될 때마다 출신 학교가 일목요연하게 언론에 공개된다.

학맥에 의해 권력이 형성된다는 것을 방증하는 것이다.

이러한 인맥 형성은 우리 한국에만 있는 것은 결코 아니다.

20세기까지 모든 나라가 권력을 형성할 때 지녀온 것으로 그것이 곧 역사이다.

학맥을 나무라기보다는 그것을 잘 이용하여 새로운 패러다임을 개척하고자 하는 현명함이 필요하다.

대학 사회에서조차 직선 총장 선출 시 가장 쉽게 동원되는 것이 학맥이다.

평소에는 능력과 청렴성, 추진력, 미래에 대한 안목 등을 들어 누가 적임

자라고 주장하지만, 실제로 표를 행사할 수 있는 막바지 단계에서는 출신 학교가 가장 강력하게 작용한다.

이러한 병폐 때문에 간접선거로 돌아선 대학이 많았지만, 지금은 모두 직선제로 돌아섰다. 그러나 직선제란 안에서만 찾기 때문에 근시안적으로 보게 되고 대학보다는 개인의 이익에 치우치게 된다.

총장을 하고 싶은 사람들이 너무 많고 단임으로는 교육 정책을 제대로 시행하지도 못하고 또 다른 정책들이 쏟아져 나온다.

이런 병폐를 많이 가진 한국 대학들이 더 이상 미래를 이끄는 기관이 될 수 없는 이유다.

미국 대학들은 전 세계를 상대로 총장 후보를 물색하여 선출하고 선출된 총장에게는 전권을 부여한다.

미국 대학 중에 명문대학이 많은 가장 큰 이유가 여기에 있다.

한국에서는 좋은 대학, 남들이 알아줄 만한 대학을 나와야 자기의 큰 뜻도 펼 수 있다.

명문대!

좋은 대학을 나와야 하는 단순한 이유이다.

학맥에 의해 사회가 움직이는 현상이 사라지지 않는 한, 명문고, 명문대를 보내기 위한 학부모들의 열정은 사라지지 않는다.

〈표 2-1〉은 출신 학교별로 구분한 역대 장관의 인원수다. 몇 개의 대학 출신들만이 한국을 움직이는 경영진, 즉 장관 자리에 들어갈 수 있다. 한국에서 명문대학을 나와야 하는 가장 큰 이유 중의 하나다.

표 2-1. 우리나라 역대 정부의 장관 출신 학교(단위: 명/%)

구분	이승만 정부	장면 정부	과도 정부	박정희 정부 유신 전	박정희 정부 유신 후	최규하 정부	전두환 정부	노태우 정부	김영삼 정부	김대중 정부	합계
서울 대학교	14 (12.7)	13 (28.9)	6 (11.8)	17 (18.7)	16 (31.4)	8 (27.6)	53 (51.5)	58 (58./6)	67 (67.0)	40 (44.9)	292 (38.0)
사관학교	1 (.9)	–	9 (17.6)	7 (7.7)	7 (13.7)	6 (20.7)	20 (19.4)	14 (14.1)	6 (6.0)	7 (7.9)	77 (10.0)
고려 대학교	4 (3.6)	3 (6.7)	2 (3.9)	2 (2.2)	5 (9.8)	3 (10.3)	7 (6.8)	9 (9.1)	8 (8.0)	12 (13.5)	55 (7.2)
연세 대학교	10 (9.1)	1 (2.2)	1 (2.0)	3 (3.3)	1 (2.0)		1 (1.0)	2 (2.0)	3 (3.0)	8 (9.0)	30 (3.9)
서울 소재 대학교	1 (.9)	1 (2.2)	2 (3.9)	5 (5.5)	5 (9.8)	1 (3.4)	2 (1.9)	8 (8.1)	8 (8.0)	12 (13.5)	45 (5.9)
지방 대학교		1 (2.2)	2 (3.9)	5 (5.5)	3 (5.9)	3 (10.3)	4 (3.9)	6 (6.1)	4 (4.0)	4 (4.5)	32 (4.2)
외국 대학교	67 (60.9)	25 (55.6)	21 (41.2)	48 (52.7)	14 (27.5)	8 (27.6)	13 (12.6)	2 (2.0)	4 (4.0)	3 (3.4)	205 (26.7)
고졸	5 (4.5)	1 (2.2)	3 (5.9)	3 (3.3)			1 (1.0)			2 (2.2)	15 (2.0)
기타	8 (7.3)		5 (9.8)	1 (1.1)			2 (1.9)			1 (1.1)	17 (2.2)
전체	110 100.0%	45 100.0%	51 100.0%	91 100.0%	51 100.0%	29 100.0%	103 100.0%	99 100.0%	100 100.0%	89 100.0%	768 100.0%

출처: 『한국행정연구』 제11권 제3호(2002 가을호), 67쪽.

『현대경영』에서 2015년 5월 14일에 발간된 보고서에 의하면 2015년도 100대 기업 CEO의 출신 학교는 서울대(48명), 고려대(21명), 연세대(14명), 한양대(11명), 한국외국어대(4명), 서강대(3명), 부산대(2명), 성균관대(2명), 인하대(2명), 중앙대(2명)이고, 1명씩 배출한 대학들은 건국대, 경북대, 경희대, 계명대, 광운대, 동국대, 명지대, 숭실대, 울산대, 전북대, 제주대, 청주대, 충북대, 미 덴버대, 미 아메리칸대, 미 아이오와 주립대, 미 터프츠대, 미 UCLA, 일본 와세다대, 일본 청산학원대학이다.

2015년 1월 14일 자 『헤럴드 경제』에서는 기업 분석 사이트 CEO스코어가

30대 그룹의 여성 임원의 출신 학교를 분석한 결과를 보도하였다. 30대 그룹 280개 계열사의 여성 임원 현황을 분석한 결과, 여성 임원은 총 177명이었고 이중 학력을 공개한 여성 임원(168명)의 42.8%(72명)가 이화여대와 서울대, 연세대 출신이라고 보도하였다.

2014년 10월 19일 자 『문화일보』는 2013년도 10대 기업의 임원의 출신 학교를 보도한 바 있다. 이 자료는 재벌닷컴이 분석한 것으로 10대 재벌 그룹의 대표 기업 10개사 임원 2,483명의 최종 출신 학교는 서울대와 고려대, 연세대 출신이 594명으로 23.9%이고, 그중 서울대 출신 임원이 254명(10.2%)으로 가장 많았다. 이어 고려대와 연세대 출신이 각각 174명(7.0%), 166명(6.7%)으로 2, 3위를 차지했다고 보도하였다.

〈표 2-2〉는 미국 역대 대통령들의 출신 학교들이다. 여기서 눈에 띄는 것은 애머스트대(Calvin Coolidge), 보우든대(Franklin Pierce)이다. 이 대학들은 아주 작은 대학들이나 소수 정예화로 학부를 특화시킨 명문대들이다. 미국을 움직이는 사람들도 모두 명문대 출신이라는 것은 세계를 움직이는 인재는 명문대 출신이고 이들로 구성된 튼튼한 인맥으로 세계를 움직인다는 사실과 같다. 명문대를 지향할 수밖에 없는 이유다.

표 2-2. 미국 대학들의 세계 지도자 양성 현황

대학(School)	대통령[President(s)]
Allegheny College	William McKinley(withdrew)
Amherst College	Calvin Coolidge
Bowdoin College	Franklin Pierce
The College of William & Mary	George Washington Thomas Jefferson James Monroe John Tyler
Columbia University	Barack Obama
Davidson College	Woodrow Wilson

대학(School)	대통령[President(s)]
Dickinson College	James Buchanan
Eureka College	Ronald Reagan
Georgetown University	Bill Clinton
Georgia Institute of Technology	Jimmy Carter
Georgia Southwestern State University	Jimmy Carter
Hampden-Sydney College	William Henry Harrison
Harvard University	John Adams John Quincy Adams Theodore Roosevelt Franklin D. Roosevelt John F. Kennedy
Hiram College	James A. Garfield(transferred to Williams College)
Kenyon College	Rutherford B. Hayes
London School of Economics	John F. Kennedy(transferred to Princeton University)
Miami University(Ohio)	Benjamin Harrison
Occidental College	Barack Obama(transferred to Columbia University)
Ohio Central College	Warren G. Harding
Princeton University	John F. Kennedy(transferred to Harvard University) James Madison Woodrow Wilson
Southwest Texas State Teachers College	Lyndon B. Johnson
Spalding's Commercial College(Kansas City, Missouri)	Harry S. Truman(Withdrew)
Stanford University	Herbert Hoover
Leiden University	John Quincy Adams (transferred to Harvard University)
University of Michigan	Gerald Ford
University of North Carolina	James K. Polk

대학(School)	대통령[President(s)]
Union College	Chester A. Arthur
United States Military Academy	Ulysses S. Grant Dwight D. Eisenhower
United States Army Command and General Staff College	Dwight D. Eisenhower
United States Army Industrial College	Dwight D. Eisenhower
United States Army War College	Dwight D. Eisenhower
United States Naval Academy	Jimmy Carter
Whittier College	Richard Nixon
Williams College	James A. Garfield
Yale University	William Howard Taft George H. W. Bush George W. Bush

출처: 영문 위키피디아.

불변하는
명문대 브랜드

명문대 파워가 미래에는 없어질까?

그것은 희망 사항이다.

인류가 없어지지 않는 한 명문대의 파워 및 브랜드 가치는 영원히 지속될 것이다.

고대에는 정치에 참여하는 학파에 따라 그 시대의 철학 학맥이 형성되었지만, 대학이 설립된 후로는 대학 브랜드 파워에 의해 권력이 형성되고 이는 곧 국력과 직결되었다.

국력이 팽창하면 그 국가는 세계 패권 국가로 성장하였다.

『유럽의 대학: 어디로 갈 것인가』(요 리츤 제)를 읽어 보면 그 특징이 잘 나타나 있다.

이 책의 필자는 네덜란드 교육부 장관을 8년간 역임하면서 유럽 대학을 재건하기 위해 애를 많이 쓴 사람이다.

그가 언급한 내용도 우리가 알고 있는 내용과 같다.

즉, 2차 세계대전 전의 유럽에는 세계 최고를 자랑하는 명문대학들이 많았다. 옥스퍼드, 케임브리지, 뮌헨 공대, 밀란 공대 등….

그 이름들은 아직도 한국의 대학들에 비해서는 훨씬 유명한 브랜드 파워를 가지고 있으나 이제는 옛날만큼 찬란하지 않다.

그 파워의 빈자리를 미국의 대학들이 차지하고 있다.

명문대의 순위를 결정하는 평가 기관들의 평가를 보면 대부분 미국 대학들을 명문대로 평가한다는 것을 알 수 있다(QS 2018 대학 순위 평가에서 100위 안에 드는 대학의 수는 미국 32개, 영국 16개, 독일 3개, 일본 5개, 스위스 4개, 한국 4

개, 중국 6개, 캐나다 4개이다. 특히 1위에서 4위까지는 모두 미국 대학들이다. 『타임』지 평가에서는 미국 41개, 영국 12개, 일본 2개, 중국 2개, 한국 2개, 캐나다 3, 독일 9개, 스위스 3개이다. 명문대학 수와 국력은 어느 정도 일치함을 알 수 있다).

미국 대학들은 등록금은 물론 생활비까지 지원하는 등 적극적으로 우수 인재를 유치한다. 이들을 교육하는 데 드는 투자 비용은 조금도 아끼지 않는다.

건물을 짓고, 캠퍼스를 확장하는 것보다는 우수 교수 초빙에 우선하여 투자하는 것이 미국 대학들의 현주소다.

미국이 패권 국가로 갈 수밖에 없는 이유다.

유럽이나 아시아 대학들은 이렇게 적극적으로 투자하지 않기 때문에 미국의 대학들을 능가할 수가 없다.

미래에는 교육서비스산업이 최고일 것으로 보고 교육 허브를 적극적으로 추진 중인 중국, 호주, 싱가포르, 말레이시아 등의 국력이 부상하는 이유다.

좋은 대학을 나온 사람들은 정부나 공공기관의 조직을 움직이는 요직을 차지하는 것은 물론 선후배 간의 끈끈한 연대로 사회적 네트워크를 통해 사회적 파워를 형성하게 된다.

이와 같은 현상은 한국에만 있는 것이 아니다.

전 세계의 공통 현상이지만, 한국이 유독 심하다는 데 심각성이 있다.

서울대 교수를 보면 더욱더 그렇다. 대부분이 서울대 학부 출신이고 유학은 미국의 명문대를 나와야 한다.

〈표 2-3〉은 서울대, 고려대, 연세대 등 명문대학들의 모교 출신 교수 비율이다.

표 2-3. 모교 출신 교수 비율

대학	모교 출신 교수 비율
서울대	88.7
연세대	76.6
고려대	60.9
전남대	50.5
경북대	48.0
이화여대	45.1
한양대	43.9
중앙대	42.7
한국외대	42.6
서강대	40.3
성균관대	33.9
부산대	40.4

출처: 2009 교과부 자료.

표 2-4. 『타임』지 고등 교육 세계 대학 랭킹(Times Higher Education World University Rankings) 평가 방법

주요 항목	세부 항목	백분율 가중
산업 소득-혁신	산업화를 통해 연구 소득(대학 스태프당)	2.5%
국제화 다양성	내국인 직원에 대한 외국인 직원의 비율	3%
	내국인 학생에 대한 외국인 학생의 비율	2%
교수-학습 환경	평판 설문(교수)	15%
	학교당 PhDs 수상	6%
	학교당 재학생 인정	4.5%
	학교당 소득	2.25%
	PhDs/재학생 학위 수상	2.25%
연구-양, 소득과 평판	평판 설문(연구)	19.5%
	연구 소득(측정)	5.25%
	연구, 교수당 논문 수	4.5%
	공공 연구 소득/ 전체 연구 소득	0.75%
인용-연구 결과	인용 임팩트(논문당 평균 인용수)	32.5%

명문대일수록 모교 출신이 많다.

미국은 특정 전공에 따라서 명문대가 형성되어 있어 다양성을 유지하고 그것이 미국을 강대국으로 만드는 원동력 중의 하나가 된다.

미국의 명문대학들은 특정 대학 출신이 많지 않도록 인위적으로 교수 초빙 비율을 조절하는 경우가 대부분이다.

전 세계에서 오는 유학생들은 인종이 다양하여 교수 분포 또한 다양성을 유지하여야 하고 이러한 현상은 대학의 가치관과 문화를 다양하게 형성하는 중요한 요인이 된다.

한국은 이름 하나로 모든 것이 평정되는 사회 구조이다.

명문대 교수들은 명문대의 브랜드를 이용해 각종 자문위원, 평가위원 등을 하는 것이 유리하다고 볼 수 있다. 이 과정에서 정책을 파악하기 쉽고 관련 인사들과 친분도 쌓을 수 있다.

그리고 그 친분으로 사회를 움직이는 일을 주도하게 된다.

브랜드 파워가 자연스럽게 형성되는 것이다.

빈익빈 부익부가
심화되어 가는 대학 브랜드

그러면 한국에서 명문대의 파워는 어느 정도일까?

한국의 연구비 지원 제도는 이미 선진국 수준에 도달해 있다. OECD에서 2018년도에 출판한 자료를 보면 〈표 2-5〉와 같이 한국은 세계적으로 GDP 대비 연구비 투자율 1위 국가이다.

표 2-5.

국가	2010	2011	2012	2013	2014	2015	2016
이스라엘	3.942	4.013	4.161	4.152	4.200	4.269	4.251
한국	3.466	3.744	4.026	4.149	4.289	4.217	4.227
스웨덴	3.216	3.249	3.281	3.306	3.146	3.265	3.255
타이완	2.804	2.896	2.952	3.005	3.001	3.044	3.156
일본	3.137	3.245	3.209	3.315	3.400	3.278	3.141
오스트리아	2.726	2.669	2.915	2.955	3.069	3.048	3.087
독일	2.714	2.796	2.868	2.821	2.873	2.917	2.932
미국	2.740	2.770	2.689	2.725	2.734	2.740	2.744

출처: OECD 2018 출판 자료(https://data.oecd.org/rd/gross-domestic-spending-on-r-d.html).

2016년도에는 한국은 GDP 대비 4.251%를 연구비에 투자했다.

2019년도 예산에는 20조 3,997억 원이 배정되어 비슷한 규모이다.

그러나 그 연구비를 사용하는 내막을 보면 그렇게 행복하지만은 않다.

대학에서도 지방 대학과 서울권 대학, 특정 대학과 그렇지 못한 대학 간에 빈익빈 부익부 현상이 더 심화되고 있기 때문이다. 지방 대학이나 작은 대학들은 이미 석·박사 과정이 초토화된 지 오래다.

전 세계가 이공계 진학을 기피하는 현상에다 외국 대학을 나와도 자리 잡기가 어려운 실정에 지방 대학에서 박사 학위를 받으면 그 직함을 가지고 활동하는 것은 거의 불가능에 가깝다.

이런 사정이다 보니 지방 대학이나 군소 대학들은 교수 혼자 연구 계획서를 작성하고 연구 활동을 할 수밖에 없다.

박사 과정이 없기 때문에 연구 계획서를 제출할 때 연구 인력 기재란에 학생의 이름을 기재할 수 없고 평가는 나쁘게 나온다.

한국도 장기적인 과제, 대형 과제가 매우 많아져 젊고 유능한 교수들에게는 좋은 기회라 생각되나 지방 대학의 교수들에게는 그렇게 쉽지 않은 일이다.

이런 과제를 수행하려면 우수한 학생과 연구 인력이 있어야 하지만 학생도, 연구 인력도 없는 지방대 군소 대학들은 연구 계획서를 제출한다는 것이 매우 어렵다.

적은 금액의 과제, 단기적인 과제 지원에만 국한되기 때문에 도전적인 일, 창의적인 일을 할 수가 없다.

더구나 더욱 심화되는 것은 적은 금액의 과제에도 명문대 교수들이 지원하는 경우가 있을 때다. 이들 대학의 교수들은 다른 과제를 통해 우수한 학생들과 해당 분야의 내용에 대해 선행 연구를 마친 경우가 있다. 우수한 학생들과 같이 좋은 아이디어를 얻을 수도 있다.

당연히 연구 계획서를 잘 쓰고 아이디어도 참신하다고 볼 수 있다. 실제로 필자가 가끔 연구 계획서를 평가하다 보면 여러 개의 연구 계획서 중에서 눈에 띄는 것이 보이는데 대부분 특정 대학들의 것이다.

표 2-6. 연구비 상위 10개 대학 현황

대학명	2010년			2011년			2012년		
	순위	연구비	점유율	순위	연구비	점유율	순위	연구비	점유율
서울대	1	157,303	13.8	1	173,331	47.4	1	196,686	13.8
연세대	2	75,606	6.6	2	41,107	11.2	2	96,305	6.8
KAIST	3	69,171	6.1	3	33,076	9.1	3	94,872	6.7
고려대	4	65,314	5.7	4	26,880	7.4	4	76,281	5.3
한양대	5	17,039	5.2	5	44,592	3.4	5	55,162	3.9
이화여대	6	38,775	3.4	6	44,151	3.4	6	51,671	3.6
성균관대	7	38,176	3.4	8	41,815	3.2	7	50,726	3.6
부산대	8	36,117	3.2	9	41,107	3.2	8	48,517	3.4
포항공대	9	42,677	3.7	7	43,880	3.4	9	43,057	3.0
경희대	10	30,641	2.7	10	33,656	2.6	10	35,431	2.5
소계		592,626	52.0		666,025	51.0		748,707	52.5
전체 연구비		1,139,377	100		1,304,890	100		1,426,014	100

2013년 10월 9일 국회 교육문화체육관광위원회에 보고된 자료를 보면 당시 3년간 연구비는 서울대 총 5,234억 원, 연세대 2,130억 원, 한국과학기술대(KAIST) 1,971억 원, 고려대 1,684억 원, 한양대 1,167억 원이다.

10개 거점 국립대 연구비 지원 규모는 전체 연구비 지원 예산(4,098억 원)의 절반(1,966억 원, 48%)을 서울대가 차지했다.

2017년도 연구비에서도 서울대는 5,117억 원, 연세대 3,441억 원, 성균관대 3,168억 원, KAIST 2,993억 원, 고려대 2,904억 원 등으로 상위권은 모두 이미 우리가 잘 아는 대학들이 차지했다.

연구비를 집행하는 기관 측에서 보면 행정 감사를 피하고자 평가 위원을 구성하고 그 결과만을 가지고 집행하므로 특정 대학이 유리하다.

학생 수 감소, 첨단기술 개발 능력, 교수 확보, 인지도 등의 사항 때문에 명문대와 그렇지 못한 대학들의 빈익빈 부익부 현상은 더욱 심화될 것으로 본다.

이러한 것을 피하기 위해서는 대학을 서열화할 것이 아니라 대학을 특화시키고 대학 평가도 차별화하여야 한다.

서울 대학, 카이스트는 이들 대학끼리, 지방 군소 대학은 군소 대학끼리 평가하는 것이다. 연구 인력도, 시설도 없는 지방의 군소 대학과 서울대를 같은 기준으로 평가하는 것은 누가 보아도 공정하다고 볼 수 없다.

연구 재단의 2019년도 기초 연구비 공고문에는 이런 것들이 많이 개선된 사항이 포함되어 있으나 근본적인 대책은 되지 않을 것으로 본다.

개인은 연구 지원서를 낼 수도 없다.

아무리 능력이 뛰어나도 별 대책이 없다.

평가 결과도 짧게 익명으로 한 줄로 알려준다. 이유를 더 물으면 알려줄 수 없다고 한다.

이런 상황에서는 다음에 지원할 때 어떻게 해야 하는지 참고조차 할 수 없다.

연구계마저 이렇게 불투명한 상황이니, 다른 곳들은 어떨지 짐작이 간다.

특히 평균 수명 90세가 일반화되어 가는 추세에 지적 활동을 활발히 하여야 할 60대에 정년퇴직하고 마지못해 정부가 추진하는 중소기업 컨설팅에 지원하여 교통비 정도만 받고 소일하여야 하는 퇴직 과학자들의 문제는 근본적인 개선이 되지 않는 한 더 큰 문제가 될 것이다. 이처럼 한국은 고령화·저출산화되어 가는 추세에 미래가 더 어둡다.

정치권도, 공무원도 누구도 이런 문제를 입에 올리려 하지 않는다.

정치권은 그들을 표가 나오지 않는 층, 공무원은 그저 퇴직한 노인으로만 보기 때문이다.

이들을 활용하면 엄청난 경제적 효과, 지적 활동 허브를 구축할 수 있다는 생각들은 아예 하지 못한다.

미국을 단순히 배우려 하지 말고, 젊어서 쌓은 지적 활동력을 가진 인력들을 썩히지 않고 활발히 이용하는 미국의 모습을 제대로 배웠으면 한다.

명문대에서 공부한다는 것은 좋은 시설에서 좋은 연구를 할 수 있고 학부생들의 경우 앞선 기술을 미리 접할 수 있어 진로 선택 시 큰 도움을 받을 수 있다는 것이다.

또한, 가장 중요한 것은 훌륭한 교수 아래서 본인의 일생에 영향을 미칠 수 있는 대학의 핵심 가치를 배울 수 있다는 점이다.

그런 대학에 들어가서 공부할 수 있다면 좋겠지만, 명문대 정원은 한정되어 있다.

그렇지 못한 대다수의 학생은 어떻게 인생을 설계하여야 행복할까?

한국의 명문대는 세계적으로도 손색이 없을까?

21세기에 중추적 역할을 하여야 할 대부분의 학생은 어떻게 대학을 선택하여야 할까!

지방의 군소 대학을 나오면 이름 하나로 사람을 평가하는 한국 사회에서 어떻게 앞으로의 인생을 설계할까?

한국에서 명문대를 못 나왔다고 해서 평생을 그늘 속에서 살아야 할까?

21세기는 인공지능이 세상을 움직이는 세상이다.

로봇이 일터의 반을 차지하게 된다.

2018년도 12월 7일, 구글은 자율 주행 택시를 여러 도시에서 운영 중이라고 발표했다.

이것은 자율 주행 중 4단계로 이미 사람이 없어도 된다. 5단계는 아예 사람이 타지 않아도 알아서 운전하는 단계이지만, 4단계는 혹시나 하는 우려에서 운전자가 옆에서 감시하는 정도다.

기술은 여기까지 왔는데 아무 대학이나 가서 졸업장만 따고 보자는 옛날 방식의 고정 관념으로는 살아남을 수 없다. 100세까지 사는 것이 일반화될 지금의 청소년들이 대학 선택 시 큰 고민을 해야 하는 이유다.

21세기 4차 산업혁명 시대에도
명문대 브랜드는 계속될까?

21세기는 4차 산업혁명, 지식산업 시대가 된다.

지식산업은 창조적 아이디어를 이용해 지식을 창출하고 이를 산업화함으로써 경제를 이끌어 가는 시대이다. 대량 생산 시대의 19세기나 정보통신 시대의 20세기와는 훨씬 다른 인재가 필요하다.

국경과 인종을 초월하여 인재 유치 경쟁이 더욱 치열해질 수밖에 없다. 인재 유치 경쟁이 치열해질수록 명문대 브랜드는 더욱 빛을 발할 것이고 대학들은 치열한 인재 육성 시스템을 도입하게 된다.

예전에는 영국의 옥스브리지[21]가 지구상에서 가장 명문대로서 그 브랜드를 자랑했지만, 미국에 그 명성을 넘겨준 뒤로 다시 개혁을 시도하는 것과 같다.

독일 대학들이 옛날의 명성을 지키기 위해 대학 개혁을 단행하는 것도 훌륭한 인재를 육성해 명문대 파워를 되찾기 위한 것이다.

신흥 대학이나 그저 면면히 중위권 대학 반열에서 간신히 명맥을 유지해 온 대학들은 점점 더 어렵고 심지어는 폐교되는 사태가 속출할 것이다.

더구나 한국은 저출산·고령화가 가장 심한 국가이다.

또한 이들 대학이 명문대로 진입하는 것은 불가능할 것으로 본다.

대학이 브랜드를 갖기 위해서는 기존의 명문대를 능가하는 예산을 확보하여 캠퍼스와 연구 장비를 확보하고 명문대를 결정하는 데 핵심 요소인

---

21 옥스브리지(Oxbridge)는 잉글랜드의 옥스퍼드 대학교(Oxford University)와 케임브리지 대학교(Cambridge University)를 함께 부르는 명칭이다.

교수를 영입하여야 한다.

이를 기반으로 우수한 학생들을 유치하여야 하는데 이를 능가할 예산이나 교수를 확보하기 어렵기 때문이다.

물론 막대한 예산을 확보하여 단기간에 캠퍼스를 구축하고 실험 장비를 구비할 수는 있다. 그러나 우수한 교수들은 단순히 돈만 많이 준다고 유치할 수 있는 것이 아니고 어느 정도의 국가 브랜드와 대학 브랜드가 있어야 가능하다. 신흥 대학들이 세계적인 브랜드로 진입하기는 어렵다는 이야기이다.

결국 지식산업이 미래를 이끌어가는 한 명문대 파워는 계속 이어질 것으로 본다.

그러나 이러한 기존의 명문대 브랜드가 하지 못하는 틈새시장을 노리고 설립된 대학들이 있다.

일본의 아시아 태평양 대학, 도요타 공업대학, 미국의 올린 공대, 홍콩 과기대, 터키의 빌켄트 대학 등이 그것이다.

최근의 울산 과기대도 신선한 바람을 일으키고 있다.

이들 대학은 하나같이 최근에 설립된 대학들이나, 최고의 인재들이 모인다.

기존의 대학들에서 식상함을 느낀 학부모나 학생들이 신선한 접근에 기대를 걸고 모였고 대학 설립자들은 이러한 기대에 부응하여 파격적인 지원을 하여 짧은 기간 내에 명문대에 진입하였다.

한국의 대학들은 인재보다는 외형에 비중을 두는 접근 방법으로 대학을 운영한다. 즉, 근본적으로 대학에 대한 개념이 달라 우수한 인재를 확보하기가 어렵다.

미래에는 학생 수 감소, 원격 강의 활성화(MOOC 등의 사례), 다양한 형태의 교육 방법이 개발되어 기존의 대학 틀로 방만하게 운영하던 대학들은 더더욱 어려움을 겪게 될 것이다.

특히, 현재 한국의 명문대라고 하는 대학들도 수준 높은 좋은 콘텐츠로 온라인 강좌를 시행하고, 이를 학점으로 인정해 주는 외국의 대학들과 경쟁하여야 하므로 현재의 운영 방식으로는 큰 어려움에 부딪히게 될 것은 자명하다.

세계에서 가장 많이 노벨상 수상자를 배출한 하버드 대학교도 가만히 앉아서 신입생을 모집하지는 않는다.

우수한 교수는 말할 것도 없고 글로벌 차원에서 신입생을 유치하기 위해 파격적인 방법을 제시한다.

노벨상 수상자 하나 배출하지 못한 한국 대학들은 국내 인재 모집에만 만족한다.

대학 운영도 한국적 관점에서만 이루어질 수밖에 없다.

열강의 틈바구니에서 한국이 지혜로운 외교 전략을 추진하지 못하는 이유 중 하나이다.

필자가 미래를 살아야 할 청소년들에게 적극적으로 유학을 추천하는 가장 큰 이유다.

미국 패권! 어떻게 이루어졌고, 대학들은 어떤 역할을 하는가?

미국의 명문대학들은 세계적으로 우수한 인재를 확보하기 위해 등록금은 물론 생활비까지 지원하는 정책을 편 지 오래다.

브라운대의 경우 "2015년도부터 연 소득 10만 달러 이하 중산층 자녀에게는 대출 대신 장학금을 지원하고 6만 달러 이하인 저소득층 가정 출신학생들에게는 학비를 전액 면제한다."고 발표했다.

스탠퍼드 대학은 "6만 달러 미만의 저소득층 가정 출신의 학생들에게는 기숙사 비용과 식비까지 제공한다."고 발표했다.

하버드대, 예일대, 스탠퍼드대, 펜실베이니아대, 브라운대 등 명문대학들도 이와 같은 혜택을 주고 있다.

『타임』지 평가 대학 랭킹에서 프린스턴 대학은 최근 몇 년간 하버드 대학을 앞섰다. 이는 셜리 틸먼(Tilghman) 총장이 취임 후 우수 학생을 적극적으로 유치하는 등의 개혁 정책을 편 결과라고 언론은 평가하고 있다.

물론 미국의 다른 대학들이 이를 앉아서 관망만 할 리 만무하다. 하버드 대학이나 다른 명문대학들도 장학금은 물론 생활비까지 대주는 제도를 도입했다.

더구나 하버드대는 2015년도부터 가구 수입이 18만 달러 이하인 중산층의 자녀에게도 학비를 보조해 주는 정책을 도입했다.

2017년도 10월 자 『하버드 매거진』에는 하버드 예산에 대한 기사가 소상히 나왔다. 2017년도 하버드 대학교의 예산은 약 50조 원인데 이중 학생 등록금은 21%, 기부에 의한 것이 36%였다.

이처럼 미국의 대학은 천문학적인 대학 예산을 통해 고급 인력과 저소득충 인재를 유치해 양성해 간다.

예일대는 2015년도 학자금 지원액을 8,000만 달러로 지난해보다 37% 늘리기로 했고 캘리포니아 공대 등도 비슷한 조치를 취하기로 하였다.

이들 대학이 이처럼 적극적으로 우수한 학생들을 유치하고자 하는 것은 우수한 신입생을 유치하여 육성할 경우 이들 인재가 성장하여 후에 대학 발전에 크게 영향을 주기 때문이다.

대학의 핵심 가치는 절대 돈으로 환산할 수 없다. 아는 사람만이 그 가치를 안다.

고급 인재는 대학의 명성에도 큰 영향을 미친다.

미국은 부를 축적하면 이를 사회에 환원하는 풍조가 짙다. 그리고 그중 상당 부분을 대학에 기부한다.

하버드 대학교는 전공별로 후원 비율이 차이가 있다.

전체적으로 예산은 차이가 있으나 2016년도에도 예산의 36%가 후원으로 구성되어 있다고 발표했다.

래드클리프 대학(Radcliffe, 문과대 이름 중 하나)은 무려 예산의 87%가 후원으로 운영된다.

다른 상위권 대학들도 유사한 전략을 추진하고 있다.

예일대의 경우에는 2016년도 예산은 36,957,300만 불(약 3조 6천억 원)인데 이 중 25,413,100만 불(약 2조 5천억 원)이 기부금(67.9%)이라고 예산 보고서에 나타나 있다.

2017년 12월에 발표한 2017~2018년도 예산을 보면 36억 달러(약 3조 6천억 원)로 약간 증가한 것으로 나타나 있다.

프린스턴대의 경우에도 전체 예산의 45% 정도가 후원에 의해 운영된다. 이러한 후원에 의한 예산으로 대학들은 인재를 유치하고 교수들의 연구비에 투자할 수 있다.

미국의 명문대들이 신입생부터 대학원까지 연구 조교, 강의 조교, 졸업 후 포스트닥, 연구원 등으로 다양한 프로그램을 운영할 수 있는 것은 이러한 막대한 후원금에 의해 예산이 뒷받침되고 있기 때문이다.

즉, 고급 인재들이 정착하기 쉽다는 이야기이다. 고급 인재들이 마음 놓고 연구하고, 삶을 설계할 수 없는 풍토에서는 고급 인재는 떠나고 국가는 쇠퇴할 수밖에 없다.

이처럼 미국의 대학들은 세계적인 인재를 유치하여 대학도 발전하고 미국이 패권을 쥐는 데 핵심 역할을 한다.

미국의 브랜드, 패권은 저절로 생겨난 것이 아니다.

훌륭한 인재를 적극적으로 유치하여 육성함으로써 전략적으로 만들어 간 것이다.

미국은 대학에서 인재를 적극적으로 유치해 세계적 인재로 키우는 것은 물론 1990년대부터는 고학력 이주자의 입국이 경제에 긍정적인 영향을 끼친다는 판단에 따라 이미 육성된 인재 유치에도 적극적이다.

이미 육성된 해외의 고급 인재를 유치하면 큰돈을 들이지 않고 고급 정보를 얻을 수 있을 뿐만 아니라 육성하기 위해 필요한 투자와 시간을 절약할 수 있다는 이점이 있어 이민 비자 정책까지 바꾼 것이다.

교수 유치는 그중에서도 가장 먼저 추진하는 정책이다.

우수한 교수에게는 파격적인 연봉과 연구 지원을 약속한다.

유치한 후에는 세계적인 연구 업적이나 강의가 이루어지도록 지원과 관리를 철저히 해 준다.

훌륭한 교수가 하버드대에 몰리는 이유다.

학생들에게도 막대한 후원금을 이용해 창의적인 아이디어를 구현할 수 있도록 다양한 방법으로 지원한다.

앉아서 남의 대학들이 하는 것을 모방하지 않는 것이 미국 대학들만이 가진 특징이다.

반면, 한국의 대학들은 앉아서만 신입생을 모집해도 충분하다고 생각한다. 생활비를 지원하면서까지 세계적인 인재를 신입생부터 유치하려는 방법은 생각하지 않는다.

장학금을 주거나 생활비를 주면서 우수한 학생들을 모집하는 사례는 다른 먼 나라의 이야기일 뿐이다.

등록금은 많이 받되 장학금은 가능한 한 적게 주려고 하는 한국 대학들의 행태는 한국이 미래가 없다고 말할 수 있는 가장 큰 이유가 된다.

더욱 비관적인 것은 아예 이런 생각조차 하지 못하는 데에 더해 등록금으로 건물을 짓는 등 외형에만 치중한다는 것이다.

사학들이 늘 재단 분규로 몸살을 앓는 근본적인 이유도 대학의 초점이 다른 데 있기 때문이다.

한국의 명문대학들이라 하는 대학들조차도 학생들의 생활비 지원은커녕 장학금을 주는 것도 인색하여 극소수의 학생들에게만 장학금을 지원한다.

또한, 한국의 대학들은 유명한 교수를 초빙하는 데는 더 인색하다.

교수 유치에도 모교 출신이 우선이다.

훌륭한 교수를 유치한 다음에도 전략적으로 지원하지 못하는 경우가 더 많다.

필자는 몽골 대학과 베트남 대학, 인도네시아 대학들에서 상당 기간 봉

그림 2-4. 세계 최대의 노벨상 수상자 배출 대학, 하버드 대학교 캠퍼스 일부

이곳에 입학한 사람은 최고의 명예를 가질 수 있다. 그럼에도 불구하고 하버드 대학교는 신입생 모집을 늘 파격적인 방법으로 지원한다. 노벨상 수상자 한 명 배출하지 못한 한국 대학들은 그래도 국내 인재 모집에만 만족한다. 열강의 틈바구니에서 한국이 지혜로운 전략을 추진하지 못하는 이유도 여기에 있다.

사 활동을 했다.

기회가 있을 때마다 한국 대학들을 방문하여 조금이라도 도움이 되고자 동남아의 미래 가능성을 보고 좋은 학생들을 유치할 것을 이야기하면 한국 대학의 사람들은 언제나 유학생을 유치하여 대학 재정에 어떻게 도움이 될 것인가만을 이야기하였다.

미국 대학들처럼 장래성 있는 인재지만 돈이 없어 공부하지 못하는 학생들에게 생활비까지 지원한다는 생각은 상상조차 못 한다.

돈 낭비, 시간 낭비이며 쓸데없는 일이라 생각한다.

미래를 살아야 할 청소년들은 인구가 7억 명이나 되는 동남아와 교류를 하지 않고서는 경제적인 한계를 극복할 수 없다.

한국은 미래를 보지 못하고 썰물처럼 진출했다가 중국에서 한 번 당하고 이제는 동남아로 허둥대듯 진출하는 분위기이다.

아직도 한국 대학들은 미래에 대한 청사진도, 투자도 부족하다.

이것이 필자가 한국에서는 노벨상을 탈 수 없다고 잘라 말할 수 있는 이유다.

미국을 초강대국으로 만든 것은 교육이었다.
2011~2014년도 미국의 교육 전략을 예로 들어본다.[22]

〈2011~2014년도 미국의 교육 전략〉

① 목표-1: 중등 교육 이후 교육, 직업 교육, 성인 교육

② 목표-2: 초·중등 교육(초·중등 교육 강화)

③ 목표-3: 조기 학습(건강 증진, 사회적 감성 교육 강화)

④ 목표-4: 효과적인 직업 교육

⑤ 목표-5: 미국 교육의 지속적 개선

⑥ 목표-6: 미국 교육의 전략 구현을 위해 교육부 역량 강화

---

22 U.S. Department of Education Strategic Plan for Fiscal Years 2011~2014.

다양한 방법으로 지식을 창출하는
대학을 가진 국가만이 리더 국가로 남을 수 있다

대학이 지식을 창출하는 방법은 여러 가지가 있다.

잘 가르치고, 세계적으로 연구 실적을 내며, 지역 사회에 혁신적인 아이디어를 제공하는 것 등이 그것이다.

그런데 한국의 대학들이나 정부 관계자들이 소홀하기 쉬운 것이 세미나 개최, 포럼 조직, 행사 운영 등이다. 자칫 이러한 행사는 경비를 소모하는 것으로 치부해 버리는 것이 후진국들의 생각이다.

눈에 보이지 않고 돈을 써버리는 것으로 오해할 수 있다. 그러나 선진국들은 이것들이 관광산업 이상으로 큰 부가가치를 창출한다는 것을 잘 알고 굵직한 포럼, 세미나, 전시 등을 유치한다.

이들의 이러한 노하우는 단시간 내에 형성될 수 없다. 긴 시간을 두고 인프라는 물론이거니와 사람을 훈련시켜야 가능하다. 그중에서도 가장 큰 효과를 거두고 있는 것이 다보스 포럼이다.

앞서 필자는 독일이 이러한 부가가치의 중요성을 알고 1차 세계대전이 끝난 뒤 지방에 전시장을 지었다는 것을 언급한 바 있다. 독일의 베를린 가전 박람회, 하노버 전자 박람회, 라스베이거스의 소비자 가전 박람회는 지구상의 3대 전시회로 전자 상품의 리더 역할을 한다. 더불어 국제 세미나도 많이 열린다.

대학에서 가장 쉽게 접근할 수 있는 것이 국제 세미나이다. 미국의 대학이나 선진국 대학들은 이 세미나를 수시로 열어 세계의 기술 동향을 파악하고 인적 네트워크를 구축한다.

젊은 교수들은 연구에 몰두하는 한편, 경험이 있는 교수들은 그동안의 연구 실적과 인적 네트워크를 활용하여 세계적인 세미나, 포럼 등을 많이 조직한다.

선진국, 미국 등에서는 세계적인 학술대회나 포럼을 개최하여 사람을 불러들이는 효과를 잘 거두고 있는 것이다.

그러나 한국의 교수들은 이런 활동을 잘 하지 않는다. 기껏해야 연구 주제를 이용해 학회를 조직하고 연구 재단의 지원을 받는 것에 초점을 두는 경우가 많다. 국제적 활동을 확대하기가 어렵다는 것으로 볼 수 있다.

필자는 이것을 극복하고자 포럼과 학회를 조직 및 운영해 왔다.

특히 시장 개척에 도움이 되도록 이를 기업과 연계시켜야 한다는 것이 본인의 소견이다.

대학은 다양한 방법으로 지식을 창출하고, 활동의 핵심 역할을 하여야 한다. 이런 대학을 많이 가진 국가만이 지속적으로 성장할 수 있다.

필자는 2009년도에 교토 포럼에 방문하여 일본인들의 전략을 알 좋은 기회를 얻었다.

그림 2-5.

필자는 2012년 인도 대통령 방한 시 인도 관련 활동 전문가들과 함께 한·인도 포럼을 조직하여 회장 역할을 하면서 수년간 인도와의 정보 공유, 기업 연계 역할을 해 왔다. 이에 인도 대통령 방한 시에 초청을 받아 만찬을 함께한 바 있다. 탁자 중앙에 있는 여성이 인도의 대통령이다.

그림 2-6. 2009년 10월 교토 포럼 기조 강연 장면

이 포럼은 전 세계로부터 노벨상 수상자급 강연자, 수상, 장관 출신자들을 기조 강연자로 하는 포럼이다. 이곳에 입장할 때는 공항 검색대와 같이 보안 검색대를 통과하여야 한다. 초청받은 사람들만 입장이 가능하다. 일본 정부가 세계의 과학기술 동향을 파악하고 인적 네트워크를 구축하여 일본을 알리고 정책 결정 시에 도움을 얻기 위해 설립한 포럼이다. 일본인들의 세계관과 긴 안목에서 일을 두고 추진하는 면을 볼 수 있다. 행사 기간 내내 문부과학성 소속 과학기술대사(한국에는 이 제도가 없다)가 여러 사람을 만나면서 인적 네트워크를 구축하고 행사를 활성화하기 위해 애쓰는 면도 우리로서는 깊이 새겨서 배워야 할 부분이다. 세계가 일본을 늘 주시하는 이유는 이런 미래 전략과 소프트 파워 때문이다.

그림 2-7.

이 행사에서 2006년 호주에서 만났던 호주 과학문화 활동 기관장(한국의 창의재단 이사장)과 호주 국립대 교수를 다시 만나 대중 과학 활동 상황을 서로 이야기 나눈 바 있다.

일본의 과학기술대사 8명은 회의 내내 자리를 지키면서 외교 활동을 하였다. 이러한 국제적인 포럼을 통해 세계 과학기술의 동향을 파악하고 대학교수는 기조 강연을 하거나 이들과 접촉하여 무엇을 가르치고, 연구하여야 하는지 파악할 수 있다.

필자는 이 회의에서 2006년 호주 방문 시에 만났던 호주의 과학문화 활동을 하는 교수와 기관장을 다시 만났다. 협력 문제를 더욱 많이 이야기할 수 있는 기회가 되었다.

외국의 대학, 특히 미국 대학들은 다양한 방법으로 특화되어 있다.

특화된 방법으로 인재를 양성하고 관련 지식을 창출한다. 남을 따라 하지 않는 방법으로 지식을 창출할 수 있는 대학을 많이 가진 국가는 결국 세계를 선도할 수밖에 없다.

중국이 경제 대국, 군사 대국은 되어도 세계 패권 국가가 될 수 없다고 석학들이 판단하는 것은 이러한 다양성을 갖고 인재를 양성하는 소프트 파워가 없기 때문이다.

70년대 공대 육성 정책이 오늘의 한국을 만들었다

70년대 개발도상국 시절, 한국은 이공계를 가장 중요시해 적극적으로 이를 지원하였다. 그 씨앗이 최근에 열매를 맺는 것을 보면 인재 양성은 얼마나 길게 미래를 보고 시행해야 하는지 좋은 교훈을 우리 스스로 얻을 수 있다.

더구나 지구촌은 옛날의 상황과 너무나 다르다. 한 곳에만 초점을 맞춰 자기 나라의 입장과 생각만으로 연구와 정책의 방향을 설정하여 추진하는 것이 무의미해져 가고 있다.

현대는 실용적 학문인 과학기술이 국력 신장에 결정적 역할을 한다. 세종 때는 많은 과학기술과 놀랄 만한 학문이 있었기에 우리 역사상 가장 찬란한 문화를 가졌다.

그러나 그 이후로 조선은 이론적 학문에만 집착하고 과학기술을 중요시하지 않아 선진 문물을 앞서 도입한 일본에 지배당하는 수모를 겪게 되었다.

영국은 1999년도에 처음으로 국민 소득이 22,640달러에 이르렀다. 영국의 땅만을 가지고는 불가능한 일이다. 과학기술을 중요시한 영국 국민들과 국가의 경영 노하우가 이루어낸 결과다. 결국 사람이 중요하다.

국가와 지역 사회에서 제대로 미래를 보고 리더로서 활동할 수 있는 인재의 양성!

자원은 없고 가진 것이라고는 사람밖에 없는 척박한 환경에서 2018년을 기준으로 7대 과학기술 강국!

세계 10위권의 경제 대국!

세계에서 가장 혁신적인 기술로 만든 TV로 시장을 점유하는 나라!

이만하면 자랑스럽지 않은가?

우리나라 지방 곳곳에 가 보면 선진국 어느 나라도 이만큼 체육 시설을 잘해 놓은 곳이 없을 정도로 잘 되어 있다. 그러나 이러한 것들을 보면서 마치 세계에서 가장 잘사는 선진국이나 된 것처럼 자기모순에 빠진 것이 한국 사회의 전반적인 모습이다.

역사적인 관점에서 냉엄히 우리의 현실을 살펴볼 필요가 있다. 현재와 같은 풍요를 누리게 된 것은 불과 10년 정도밖에 안 되었고 이러한 풍요를 구축하게 된 것도 미국과 같은 강대국의 강력한 안보와 지지가 있었기 때문이다.

이것을 역설적으로 말하면 이들 우방국이 마음을 돌리면 우리의 현재 풍요와 안보가 하루아침에 위험해질 수 있다는 얘기다.

우리는 구한말에도 우리의 운명을 스스로 결정하지 못했다. 주변 국가들에 의해 우리의 운명이 결정되었다.

한 세기가 지났지만, 지금도 우리의 환경은 강대국들에 의해 우리의 운명이 쉽게 결정될 수 있는 환경이다. 정보통신과 지적산업이 경제 성장의 기반이 되는 현대에는 더 쉽게 변하고 있다.

다만 정보통신과 첨단기술이 사용되어 정보를 쉽게 접할 수 있다는 점이 이전과는 다른 환경이다.

이러한 환경 아래에서 우리를 책임지고 이끌어 가야 할 인재는 어떻게 육성하여야 하나?

첨단기술과 정보통신이 발달하였으니 이미 개발된 기술만 적당히 활용하면 되지 않을까?

정보통신 기술의 특징은 스피드와 급격한 기술 변화이다. 이들 기술이 먼저 개발되고 성장하도록 하기 위해서는 이에 적합한 정책을 수립, 추진하는 전략이 필요하다.

리더급 인재가 더욱 절실해졌다.

역사를 보면 훌륭한 지도자가 있을 때는 국가는 늘 흥했으나 그 지도자가 죽고 나면 국가가 쇠락하거나 없어지는 경우가 허다했다.

우리 실정에 맞는 인재 양성 정책이 절실할 때지만, 누구도 이에 관심을 갖는 것을 보지 못했다.

시급히 해결되어야 할 중요한 공공 정책은 오랜 시간이 걸리고, 부정부패는 더 커지고 사소한 시비로 갈등이 극에 달하는 등, 후진국의 악습들을 압축해놓은 듯하여 나라를 사랑하는 이들의 가슴을 아프게 한다. 한국전쟁 때 에티오피아, 태국 등 저개발 국가들은 많은 군대를 파견했다. 우리를 위해 귀중한 생명을 바친 나라들이다.

우리는 이들을 잊고 사는 것이 아닐까?

한국 대학의 현주소와
우리의 미래

2016년의 통계를 보면 사이버 대학까지 합하면 한국의 4년제 대학은 278 개이다.

2년제 대학은 같은 통계에서 138개로, 애초에 직업 훈련 기관으로 설립되었지만 그 특징이 사라진 지 오래다.

4년제와 같이 대학교라는 명칭을 사용한다.

전문 대학에서 대학교로 바꿔 총장이라는 직함을 사용하여야 대외적으로 좋기 때문이다.

특징 없는 대학들이 우후죽순처럼 고학력자만 양산하니 취업의 눈높이만 높아지고, 실업률만 양산된다.

외국은 작지만 100년을 넘는 대학들이 많다.

당초 설립 취지에 맞게 대학 규모를 늘리지 않고 특징 있게 운영한다. 교수가 100명이 안 되는 대학, 학생 수라야 고작 1천 명인 대학들이 백 년을 넘게 명성을 날린다.

9·11 테러 때도 강의실을 옮기면서 강의했다는 미국의 작은 대학들은 작지만 저마다 특징 있는 방법으로 대학을 운영한다.

한국의 대학들은 건물을 짓고, 총장실을 늘리고, 보직자를 늘리면서 외형을 부풀리는 것에만 투자를 많이 하지, 유명 교수를 유치하는 데는 인색하다.

연구비도 대학 간의 빈익빈 부익부 현상은 커지고 연구비 금액이 커질 경우 더욱 심화된다. 지방대와 군소 대학들의 공동화 현상은 갈수록 커져만 간다. 그래서 사립대학들은 입학생 모집이 쉬운 수도권에 분교를 설립하거나 학교를 이전하고 있다.

경제력이 좋아지고 교통이 편리해졌다. 굳이 지방의 대학을 나와 봐야 취업 시장에서 푸대접만 받는다. 결국 학생들은 서울로 갈 수밖에 없게 되었다.

일본의 아시아 태평양 대학이나 도요타 공업대, 정경숙과 같은 핵심 가치를 가지고 미래 인재를 양성하여 국가 리더를 육성하겠다는 전략을 세운 대학은 보기가 어렵다.

미래 교육의 방향으로 원격 교육을 미래학자들이 많이 예측한다.

이제 별다른 대안 없이 운영하는 대학들의 어려움은 더 커질 것이다. 세계적 관점에서 인재를 양성하지 못하는 우리 대학들의 현주소가 우리를 더욱 어렵게 만들고 있는지도 모른다.

교육 정책도 이념에 의해
오락가락하는 나라!

국가든 기업이든 조직을 운영하는 것은 사람이다. 사람이 하니 당연히 능력과 덕목을 갖춘 인재가 필요하다.

국내 인재만 활용해서는 글로벌 세상에서 살아남을 수 없다. 선진국, 잘 나가는 기업들이 파격적인 대접을 제시하면서 인재를 유치하는 이유다.

한국은 인재 공급처 역할은 잘하는데, 인재 활용을 잘하지 못하는 대표적인 나라다.

서울권의 명문대학에 자녀들을 보내기 위해서 부모들은 얼마나 큰 노력과 지원을 초등학교 때부터 해야 하는가?

그러나 그러한 인재들이 한국의 좋은 대학을 나와 유학은 미국으로 간다. 미국의 대학 등록금은 만만치 않다. 그런데도 많은 사람이 미국으로 가기를 원한다.

인재가 모이도록 하는 데 미국 교육 정책의 노하우가 있다.

일관된 정책으로 세계로부터 인재 사냥을 한다. 고급 인재라고 판단되면 비싼 대가도 마다하지 않고 유치하지만, 평범한 자들에게는 높은 수업료를 지불하라고 한다.

선진국들은 평범한 산업 인력 양성은 말할 것도 없고 국가나 지역 사회를 이끌 수 있는 지도자 양성은 국가적 차원에서 전략적으로 긴 시간을 두고 추진한다.

경제성이나 자국의 환경과 관계없이 이루어지고 있다. 국가의 위기나 정권이 바뀔 때마다 수상이나 대통령이 직접 나서서 밑그림을 그린다.

한국의 인력 양성 정책은 교육감이 바뀔 때마다 방향이 오락가락하여 국민들은 혼란스럽다.

이념에 따라, 정권에 따라, 장관에 따라 교육 정책이 오락가락한다는 것은 어제오늘의 이야기가 아니다.

그런데도 누구 하나 걱정하는 목소리는 들리지 않는다. 모두 남의 일로만 여기고 있을 뿐이다.

우리나라의 일자리 중 과학기술 관련 직업 비중은 16.2%로 스웨덴 37.7%, 미국 32.7% 등 대부분의 선진국에 비해 낮다.

미국으로 간 사람들의 60% 이상이 박사 학위 취득 후 한국으로 돌아오지 않는다.

아무리 좋은 시설과 외형적인 조건을 완벽하게 갖추었다 하더라도 인재를 잘 활용하지 못하면 효과는 나타나지 않는다.

일관성 없는 정책!

고급 인력에게 생산직처럼 단기간에 효과를 거두기를 원하는 조급함!

고급 인력들이 적응하기 어려운 환경!

한국은 그토록 원하는 노벨상 수상자를 배출할 수 없는 치명적인 구조이다.

우리의 지식산업은
어디쯤일까?

21세기는 지식산업이 국가를 유지하는 원동력이 된다.

4차 혁명의 핵심은 지식산업이다.

미국은 서비스산업 종사자가 약 82%에 달한다. 제조업의 8배를 넘는다. G7 평균치는 75%로 제조업보다 5배나 높다.

한국에서 서비스산업의 고용 비중은 67.3%로 G7 국가들의 평균보다 낮다.

한국의 지식서비스업의 비중은 미국의 1970년대 수준과 비슷한 67.6% 구조로, 40 정도의 차이가 있다.

여기서 말하는 서비스산업이란 지적산업을 통한 부가가치 창출 산업을 의미한다.

지식서비스업의 특징은 사람이 해야 한다는 것이다. 제조업의 경우, 공장 자동화가 잘 이루어지면 사람이 없어도 생산품을 잘 만들 수 있다.

그러나 법률, 의술, 교육, 특허, 디자인, 콘텐츠 제작 등과 같은 전문 산업은 사람이 직접 해야 한다.

신지식 창출 전략이 늦으면 그만큼 후진국을 면치 못한다는 게 미래 학자들의 공통된 의견이다.

'21세기가 요구하는 인재 양성을 위해서는 창의성과 개성을 중시하는 교육 시스템이 절실하다'고 많은 학자가 지적한다.

지식산업의 허브는 대학이다.

대학이 세계적인 인재를 양성하고 경쟁할 수 있어야 한다. 과거 제조업 특성의 인재 양성 시스템에서 했던 방법으로는 21세기가 요구하는 내용을 충족시킬 수 없다.

이미 사회의 패러다임이 변했기 때문이다.

지식정보화 사회에서는 경제·산업·문화·교양·스포츠·오락·영화 등 모든 활동에 과학기술과 다른 영역과의 융합에 의해 신지식이 창출된다.

그중 하나가 전시산업이다.

전시산업은 전시장의 배치(건축학적 개념과 디자인), 교통(행정 및 공공정책), 음식, 문화, 상품 진열 기술(광고 및 콘텐츠 기술), 관광 등이 잘 연계되지 않으면 효과를 거둘 수 없다. 고도의 융합 기술인 셈이다.

필자가 2012년도에 부다페스트 공대에 있을 때의 일이다.

거대한 건물로 된 쇼핑몰이 있어 시간을 내어 방문하였다. 그러나 건물 입구에 들어선 순간 실망하지 않을 수 없었다. 그 건물은 중국 자본이 투자하여 지어진 것인데 입주 상인들은 모두 중국인들이었다.

상품 진열 방식을 1970년대의 한국의 시골 가게처럼 많이 쌓아 올려놓고 진열하고 있었다. 현대식 건물에 많은 상품을 쌓아 놓으면 된다는 단순한 발상이었다.

아직 쇼윈도의 진열 개념과 기술이 없기 때문이었다.

전시산업은 높은 부가가치를 창출할 수 있는 지식산업 중 하나이다. 선진국은 부가가치가 높은 전시산업에 일찍부터 눈을 돌려 투자를 아끼지 않았다.

그 대표적인 나라가 독일이다. 독일의 경우 쾰른메세시 전시관은 면적이 약 284,000㎡로 한국의 킨텍스 면적인 약 54,000㎡의 약 5배 규모다. 메세 프랑크푸르트시의 전시관 면적은 킨텍스의 6배이고, 메세하노버의 규모는 9배 정도다. 이러한 전시관이 곳곳에 있어 관광객과 관람자들을 일 년 내내 끌어들인다.

1947년도에 설립된 하노버 전시장의 경우, 2015년도 예산은 9.4백만 유로(1백 22억 2천만 원)의 이익을 냈다. 캐나다, 멕시코, 인도, 중국 등 세계 곳곳에서 전시장도 운영한다.

2020년까지 182개의 전시가 이미 예약이 마감된 상태이다.

우리가 알고 있는 하노버의 종합 전자 전시회인 세빗(Cebit), 프랑크푸르트에서 열리는 프랑크푸르트 모터쇼, 뒤셀도르프 의료기기 전시회, 프랑크푸르트 생활용품전, 베를린의 섬유전 등 실제로 국제적인 기술의 흐름을 파악할 수 있는 전시회 등은 대부분 독일이 주도하고 있다.

삼성전자, 애플, LG 등 세계의 전자 회사들이 매년 신제품 발표 시에 포문을 여는 베를린 IFA는 세계에서 가장 큰 전자 전시회로 매년 9월에 개최된다. 2019년도에는 9월 6일에서 11일까지 열린다.

다른 나라들은 이들 전시회에 참가하지 않으면 첨단기술 파악은 물론 세계 시장의 흐름을 파악할 수 없어 어쩔 수 없이 참석하여야 한다. 기술 흐름 주도를 어떻게 해나가는지 잘 알 수 있다.

중국도 이 분야에서는 우리보다 한 수 위이다. 이미 전시산업의 중요성을 알고 각 지방에 대규모로 전시장을 구축하는 데 투자하고 있다. 많은 전시는 물론 학술 세미나, 워크숍, 포럼 등도 유달리 많다.

이들도 그냥 하는 것이 아니다. 관광산업과 연계를 시켜 볼거리와 먹거리를 동시에 제공하고 있다. 그리고 이를 통해 고급 정보, 인재 유치, 일자리 창출, 기업 및 지방 홍보, 외화 취득이라는 다양한 결과를 얻는다.

중국이 이 분야에 얼마나 적극적인지는 참석해 보면 잘 알 수 있다. 작은 학술행사임에도 불구하고 늘 주 대표나 시장이 참석하여 성대한 환영 만찬을 해 준다.

다음에 또 오라는 뜻이다. 최근에는 마카오, 홍콩이 대대적인 전시산업 확장에 나섰다(이곳도 중국 땅이다).

상하이는 코엑스 전시장 면적(36,026㎡)의 10배가 넘는 전시장을 9개 이상 확보하고 있다.

IT, BT의 첨단산업과 함께 전시산업을 장차 전략 산업으로 육성하겠다는 의도이다.

마카오는 관광과 함께 전시산업을 최대의 전략 산업 목표로 삼고 동양에서 가장 큰 호텔과 전시장을 마련했다.

광저우시에서 선전시 및 홍콩을 거쳐 마카오까지 가는 초고속 열차도 개

통했다.

필자가 2018년 11월에 광저우에서 열린 학술행사에 참석한 뒤 선전시까지 가는 초고속 열차를 타본 경험으로 말해 보자면, 서비스, 품질 면에서 한국의 KTX보다 훨씬 낫다고 평가를 내릴 수 있었다. 실시간으로 속도가 기록되었다. 최대 시속 368㎞까지 달린다.

서비스 수준을 알아보기 위해 영어로 여러 가지 질문도 해 보았다. 돌아오는 대답이 거침이 없었다.

2016년 1월 서울시 홈페이지에 있는 자료를 보면 전략 산업은 관광·MICE, 콘텐츠, 디자인 패션, IT 융합, 인쇄, 의류 봉제와 같이 6대 산업으로 분류되어 있다.

그중에서 2011년 관광·MICE 산업 관련 사업체는 5,989개로 전체 산업의 0.8%에 불과하다. 우리의 현주소가 어디 있는지 알 수 있는 대목이다.

전시산업의 경제적인 파급 효과는 천문학적이다.

2016년도 CES 2016에서는 약 2,500억 원의 경제적 효과가 있었는데 이는 참가한 4,100여 개 기업의 시설비를 3,000억 원으로 추산하면 5,500억 원 정도라고 라스베이거스 관광청이 발표하였다.

2016년 CES 2016에서 처음 시연된 가상현실은 큰 반향을 일으켰다. 이 전시에는 3,700여 개 기업이 참여하고 IOT 기술을 대거 선보였다. 자동차가 단순한 교통수단이 아니라 가전제품으로 새롭게 변신하는 계기가 된 곳이기도 하다. CES 2016에서 세계 최초로 선보인 중국의 1인승 드론도 주목할 만하다. 조선, 철강은 물론 전자산업도 이미 중국은 한국을 추월하였다. 중국으로부터 역습을 당한 것이다. 한국호가 갈 곳은 어디일까?

한국 대학에 안이하게 자식들의 미래를 맡겨야 할까?

삼성전자는 이 전시에서 나흘 동안 약 300억 원을 투자했다고 나타나 있다.

전시산업 중 MWC(2006년~)는 스페인 바르셀로나에서 매년 3월에 열리고, IFA는 독일 베를린에서 매년 9월에 개최된다. 전시산업은 단순히 무언가를 늘어놓는 것이 아니라 아이디어의 보고이기 때문에 부가가치가 높다.

단순 전시로는 어렵다. 주제와 특징이 있어야 한다.

이탈리아 밀라노나 프랑스의 파리 등도 유럽 지역에서 주요 국제 전시회 개최지이다.

미술과 섬유 제품, 가구 등 그 지역의 명품과 연계시켜 전시, 관광을 연계한 외화 획득 수단으로 발전시킨 것이다.

라스베이거스는 세계의 첨단산업을 리드하는 최대의 전시산업 진원지이다. 전시산업에 맞춰 일 년 내내 학술대회가 수도 없이 열린다.

첨단산업의 흐름을 파악하기 위해서 전시와 관광과 쇼와 컨벤션까지 모두 열리는 라스베이거스로 사람들이 더욱 몰린다.

미국의 대도시들은 대부분 밤에는 위험하기 때문에 사람들이 외출을 삼간다. 그러나 라스베이거스는 밤새도록 돌아다녀도 안전하다.

종사자들도 이루 말할 수 없을 정도로 친절하다.

필자가 처음 라스베이거스에 도착하였을 때 위치를 몰라 주변을 서성이고 있는데 흑인 여성이 찾아와 친절하게 안내해 주고 저렴한 호텔에 직접 전화하여 셔틀 차까지 불러주기도 하였다.

한국의 전시장들이 이렇게 서비스할 수 있을까?

라스베이거스를 보면 지적산업이 무엇이고 이를 어떻게 운영하여야 하는지 잘 말해 주고 있다.

우리는 흔히 카지노를 퇴폐 문화, 도박 문화의 대명사로 알고 있지만, 그곳에서는 전혀 그렇지 않다.

나이 많은 노인들이 휴대용 게임기를 이용해 부부간에 놀이를 한다든가, 여가를 즐기는 모습 등을 통해 삶의 본질을 이야기해 주고 있다.

호텔도 상상을 초월할 만큼 저렴하다. 호텔을 나가면 더운 바람이 숨을 막히게 할 정도로 부는 열악한 기후 지역이지만 아이디어 하나만으로 사막을 탈바꿈시켰다.

미국인들의 저력과 창의성을 엿볼 수 있는 대목이다. 한국에서 강원도 산골이나 라스베이거스와 유사한 곳에 도시를 세운다면 어떤 반응이 나올

그림 2-8. 라스베이거스의 호텔 야경

미국 내 대부분의 도시는 해가 지면 통행할 수 없다. 범죄 때문이다. 그러나 라스베이거스는 한밤중에 어디를 가도 안전하다. 시내 도로는 청소부들이 물걸레로 청소한다. 종업원은 친절하고 호텔 숙박비는 저렴하다. 도시의 야경은 정신을 혼란스럽게 할 정도로 환상적이다. 이곳은 전시산업의 필수 요건인 안전, 저렴, 서비스를 모두 집결한 장소로 마치 "서비스산업은 이렇게 하는 것이야."라고 말하는 것 같다.

까? 궁금하다.

한국은 부존자원은 빈약하나 관광과 전통문화가 풍부하다.

전시산업에 대한 비전이 있다는 이야기이다.

지식산업 중 가장 효과 있고, 보람 있으며, 국가의 경쟁력도 높일 수 있는 것이 교육서비스산업이다.

싱가포르에서는 얼마 전에 타계하신 이광효 수상이 이를 간파하고 외국의 유명한 대학의 분교를 세우도록 하여 교육 허브로 만들었다.

교육이야말로 인류의 변함없는 지적산업이라는 것을 잘 파악하여 국가 정책으로 실천한 것이다. 호주도 이를 국가 전략산업으로 정하고 다양한 정책을 추진하고 있다.

교육과 과학이 연계된 과학기술문화 활동은 지식산업의 중요한 행사다.

홍보, 전시, 대중 강연, 세미나, 워크숍 등 다양한 과학기술문화 활동을 하는 그 자체가 지식산업이다. 선진국의 과학자들일수록 그 중요성을 잘 알기 때문에 적극적으로 활동한다.

통계청 자료에 의하면 서울시의 산업은 90%가 서비스산업이다. 이 중 2011년 관광·MICE 산업 사업체의 수는 5,989개로 전 산업의 0.8%라고 지적하고 있다.

2018년도에는 더 증가했을 것으로 판단되나 우리나라의 GDP 대비 MICE 산업은 0.45%로, 미국(1.05%), 싱가포르(1.91%), 호주(2.47%), 영국(1.67%)에 비해 낮은 수준이라고 통계에 나와 있다.

한국은 2015년에는 중국인 방문자 수가 551만 8,952명으로 급감했고 일본은 464만 6,700명으로 대폭 증가했는데 관광 제도·콘텐츠 부실이 큰 원인이라고 지적된다.

지식산업의 총아인 MICE도 콘텐츠가 없으면 어렵다.

시계는 누구나 몇 개씩 가지고 있으나 디자인에 따라서 무궁한 발전이 있다. 선물용 고급시계가 외산인 것을 알면 답은 간단하다.

이를 통해 한국이 단순 제조업으로는 어렵고 어떻게 미래를 설계하여야 하는지 깊이 생각하여야 한다는 것을 알 수 있다.

한국도 교육지식서비스산업 여건은 참으로 좋으나 해외 유학생을 유치해 국부를 창출하겠다는 이렇다 할 정책이 없다.

지자체의 교육감들이 선거 때마다 내거는 정책은 정치성 정책들이다. 교육감의 임기 종료와 함께 정책이 사라지거나, 불법 선거로 중도에 하차하는 교육감이 있는 경우에는 특히나 더욱더 이렇다 할 정책을 한 번 추진해 보지도 못하고 없던 일이 되고 만다.

지식서비스산업 역시 대학에서 철저히 교육받은 인재가 창의력을 발휘했을 때 부가가치를 얻을 수 있다.

파리 공항의 광고 전시 기술과 앞서 언급한 중국 건물을 비교해 보면 창의력이 얼마나 중요한지 이해가 간다.

대학의 창의력 교육이 없는 한 지식서비스산업은 정착하는 데 긴 시간이

그림 2-9.

호텔 앞에서 음악에 맞춰 펼쳐지는 분수 쇼의 한 장면. 조명, 디자인, 음악 구조학 등 종합 지적 산업의 대표적인 모습이다. 해당 사진은 2014년 10월 2일에 열린 라스베이거스 학술대회에서 본인이 직접 찍은 사진이다.

그림 2-10.

전시산업의 극치인 볼거리, 놀 거리 모습. 라스베이거스는 관광객들에게 같이 사진을 찍으며 즐길 수 있는 서비스도 무료로 제공한다. 볼 것이라고는 아무것도 없는 무더운 사막임에도 불구하고 1년 내내 전시, 국제 학술대회, 회의가 지속해서 열릴 수 있는 이유다.

소요되기 때문에 후진국에서는 꽃필 수 없다.

UFI(The global association of the exhibition industry)는 2011년 통계에서 15개국이 전 세계 전시장의 80%를 점유하고 있다고 발표했다. 즉, 미국 6,712,342㎡ 21%, 중국 4,755,102㎡ 15%, 독일 3,377,821㎡ 10%, 이탈리아 2,227,304㎡ 7%, 프랑스 2,094,554㎡ 6%, 스페인 1,548,057㎡ 5%, 네덜란드 960,530㎡ 3%, 브라질 701,882㎡ 2%, 영국 701,857㎡ 2%, 캐나다 684,175 ㎡ 2%, 러시아 566,777㎡ 2%, 스위스 500,570㎡ 2%, 벨기에 448,265㎡ 1%, 터키 433,904㎡ 1%, 멕시코 430,761㎡ 1% 순이다. 한국은 15개국이 80%의 전시장을 점유하는 대열에도 못 들어간다.

멕시코도 한국을 앞서 있다.

우리가 자랑스럽게 생각하는 코엑스(COEX)도 특급 호텔 및 각종 기반시설을 갖춰 국내에서 유일하게 국제적으로 경쟁력이 있다고 생각하나 규모로는 세계 190위에 불과하다. 한국은 전시산업으로는 갈 길이 멀다. 다시 말하면 지식산업으로 갈 길이 멀다는 이야기이다.

한국에서 명문대에 가지 못할 바에는
해외 대학을 노려라!

누군가에게 차라리 해외 대학에 가라고 하면 "한국에서도 맘에 맞는 대학에 못 들어가는데, 어떻게 외국 대학에 가라는 것이냐?"고 반문할 수도 있다.

필자는 그 물음에 대해 이런 질문을 던져보고 싶다.

"어떻게 살기를 원하십니까?"

엉뚱한 질문인지도 모른다.

그러나 내가 살아야 하는 이유를 잘 알아야 내 삶이 행복해지고 뚜렷한 목적이 있어야 대학 선택이 쉬워진다.

모든 사람은 남한테 훌륭하고 가치 있는 삶을 산다고 칭찬받기를 원한다. 그래서 프로이트와 같은 철학자는 "사람은 남으로부터 인정받기 위해 돈도 많이 벌려고 하고 권력을 쥐려고 한다."고 인간의 행동을 정의했다.

그러나 이런 말을 사용하지 않더라도, 남으로부터 인정받고 산다는 것처럼 보람 있고 행복한 삶은 없다.

그렇게 되도록 하기 위해서 모든 사람은 자기 자식이 잘되길 바란다.

이것은 세계 만국의 공통된 사항이다.

자식이 잘되면 그것이 곧 자기가 다른 사람으로부터 가치 인정을 받는 것으로 생각하기 때문이다.

한국에서는 인정을 받으려면 좋은 대학을 나와야 한다.

그리고 좋은 직장에 다녀야 한다.

한국은 출신 대학에 따라 사람을 차별화하여 대접하는 경향이 짙다. 대학을 졸업해도 뿌리 깊은 서열 문화를 깰 수 없다.

마음에도 없는 대학을 나와 평생을 기 한 번 못 펴 보고 그늘 속에서 사느니, 차라리 해외 대학을 노리는 것이 글로벌화되어 가는 미래에는 훨씬 더 낫다.

글로벌화되어 가는 국제 사회에서는 외국의 특정 지역에 자신만의 인맥을 구축해 놓는 것이 훨씬 더 경쟁력 있는 삶을 살 수 있다.

삼성의 이건희 회장이 수십 년 전부터 글로벌 인재를 키우기 위해서 입사 후 일정 기간이 지난 사원들을 아무것도 시키지 않고 해외에 나가서 그 나라의 문화, 법, 인맥을 구축하도록 지원하였던 결실이 지금처럼 삼성전자를 세계적 기업으로 키운 것과 같은 맥락이다.

국내에서는 상당한 명문대를 나온다고 하여도 제대로 인정을 받기란 어렵다.

다른 사람과 비교해서 평가하기 때문이다. 더구나 국내에서 인정받더라도 국제적으로는 특별히 알려진 경우를 제외하고는 인정받기가 어렵다.

21세기는 국제화, 지식산업 시대이다.

글로벌 시대에는 무역이나 교류가 더 활발해지고 그렇게 하여야 개인은 물론 국가도, 기업도, 지자체도 살아남을 수 있다.

상대국의 언어, 습관을 잘 알고, 시장을 개척하고, 지역에 맞는 정책을 세울 수 있는 사람이 절실히 필요하다.

또 곤경에 처해 있을 때 도와줄 친구가 필요하다. 따라서 적성에만 맞으면 동남아든, 저개발 국가든 해외로 나가서 학위도 따고 친구도 사귀면 한국에서 절실히 필요로 하는 인재가 될 것이다.

수출을 해야 먹고 살 수 있는 한국으로서는 다양한 국가에서 그 나라를 잘 아는 인재가 필요하다.

외국인이 아무리 한국어를 잘하고 한국 문화를 잘 이해한다고 해도 외국인은 역시 외국인이다.

한국 정부나 회사는 한국인으로서 상대국의 문화를 잘 아는 한국인을 선호할 수밖에 없다.

대학 서열 문화에 기죽으면서 한국에서 사느니 해외로 나가서 그 나라 전문가로 성장하여 대접받고 사는 것이 더 행복할 수 있다.

일본 동경 대학은 이러한 인재를 양성하고 유치하기 위해 세계 43개소에 사무소를 설치하고 운영 중이다.

서울대는 해외 사무소가 3개 정도 있는 것으로 파악되고 있다. 일본의 사립 대학들은 세계 여러 곳에 사무소 또는 연구 센터를 두고 인재를 유치한다.

그러나 아직 한국 대학이 이러한 관점에서 세계로부터 인재를 유치한다는 소리는 듣지 못했다.

앉아서, 지방을 돌면서, 그리고 그것으로 임무는 다했다고 생각하고 걱정만 할 뿐이다.

제3부

21세기
4차 산업혁명 시대를 위한
각국의 인재 양성 전략

교육은 오랜 시간이 지나야 열매를 맺는다.
따라서 정권 변화와 무관하게 지속해서 추진되어야 한다.
각국은 4차 혁명에 대비하여 어떻게 교육을 준비하고 있는가?
정권과 장관, 교육감이 바뀔 때마다 정책이 오락가락하는
한국의 교육 시스템은 문제가 없는가?

캐나다는 2013년 4월 '창업 비자(Startup Visa)' 발급을 발표하고, 창업 이민 조건을 충족하는 고급 인력의 유입을 촉진하기로 하였다.

창업 비자를 도입한 국가는 캐나다 외에도 호주, 칠레 등이 있다.

러시아도 외국인 전문 인력의 유치와 첨단 분야 투자 유치를 위해 2011년에 외국인 전문 인력의 비자 발급 및 거주 등록 절차를 완화하는 법규를 발효한 바 있다.

싱가포르는 미국, 일본과 마찬가지로 학생 단계에서부터 고급 인력을 유치하는 데 적극적으로 나서고 있으며, 특히 '교육 허브 국가' 정책에 따라 세계 유수 대학의 캠퍼스를 유치하고 있다.

유럽연합은 HORIZON 2020('EU Blue Card')을 통해 국가 간의 전문 인력 교류를 크게 활성화하고 있으며, 독일은 독자적으로 의료, 엔지니어링 등 전문 분야 인재 유치에도 적극적으로 나서고 있다.

왜 이렇게 각국이 인재를 유치하는 데 온 힘을 다할까?

단순 노동만으로는 치열한 국제 경쟁에서 생존이 어려워 고급 인력을 유치하여 21세기 지식산업을 창출해야만 살아남을 수 있기 때문이다.

그 중심에 대학 교육이 있다.

각국이 혁신적으로 대학을 바꾸고자 하는 이유다.

워릭 대학교(The University of WARICK, UK).

토니 블레어 총리가 클린턴 대통령에게 영국에서 가장 혁신적인 대학으로 이 대학을 소개했다.

최근에도 혁신적인 모델로 가장 주목받는 대학이다.

국립대학은 혁신이 어렵다는 것이 공통점이다.

이 대학도 국립대학이다.

그런데도 성공한 노하우는 무엇일까!

4차 산업혁명 시대에서
대학의 역할

21세기는 4차 산업혁명 시대라고 언론과 학계가 많이 언급하고 있다.

농업 기술을 기반으로 한 1차 산업혁명, 증기기관에 의한 자동화로 열린 대량 생산 시대의 2차 산업혁명, 정보통신에 의한 3차 정보산업혁명(필자가 어렸을 때는 논을 많이 가진 사람이 부자였고, 젊었을 때는 "정보가 곧 돈이다."라는 말이 유행했다. 바로 엊그제 같은데 정보통신의 빠른 물결에 의해 벌써 한 시대가 지나고 이제는 4차 산업혁명 시대를 겪고 있다)을 지나 4차 산업혁명 시대가 다가왔다.

지금 막 대량으로 은퇴하는 60대들은 농업 시대, 산업 시대, 정보통신 시대를 거쳐 4차 산업혁명 시대를 조금 맛보는 정도이지만 지금의 청소년들은 4차 산업혁명 시대의 중심에서 일하다 향후 어떤 혁명을 겪게 될지는 상상할 수조차 없다.

21세기에는 현재 정부나 기업에서 중요한 정책을 결정하는 40대나 50대 인력이 사회에서 은퇴하고 지금의 청소년들이 사회 주도층이 된다.

어떤 분야를 어떻게 공부해야 할까?

청소년들 본인들은 물론 부모로서도 매우 중요한 사항이다. 지금까지의 사회 구조는 영역별로 전공이 구분되어 일이 추진되었다. 사람들이 대학에서 배운 전공을 중심으로 한평생 자기 전공을 바꾸지 않고 일할 수 있는 시대였다.

그러나 4차 혁명 지식산업 시대에는 전공과 영역별 구분이 명확하지도 않고 한 영역을 선택하여 일한다고 해도 그 발전 속도가 너무 빨라 기존의 지식만 가지고서는 버티기 힘든 구조가 된다.

즉, 자기 전공 외에도 업무가 다양하게 이루어지기 때문에 주변의 관련 분야도 깊게 공부해야 한다.

물론 그 기초는 대학에서 배우게 된다.

선진국들이 대학 혁신에 사활을 거는 이유다.

대학 교육은 그 나라의 교육 정책과 밀접하게 연계되어 있다.

다른 나라들은 21세기 4차 산업혁명 시대를 위해 어떤 교육 정책을 추진 중일까?

시장 경쟁 원리에
충실한 미국

미국은 대학에 대한 교육 정책을 거의 시장 경쟁 원리에 맡기는 구조이다. 정원과 학과 설립, 폐지 등 모든 권한은 대학이 알아서 하는 시스템이다. 따라서 대학들은 살아남기 위해 차별화된 교육 내용으로 다른 대학들과 경쟁한다.

우수한 교수진, 장학금, 첨단 연구 시설과 기숙사, 지역 사회에 대한 봉사, 지역 주민과의 연대 등 모든 것을 대학의 핵심 가치에 의해 독특하게 운영하기 때문에 대학마다 특성이 다르다.

이러한 차별화된 특징 때문에 학과 몇 개만을 가진 작은 대학일지라도 명문대학으로 오랫동안 남게 되고 전체적으로는 미국 대학 교육이 다양하게 이루어지게 되는 것이다.

미국 대학들은 지금도 가장 혁신적이고 창의적인 방법으로 세계로부터 인재를 끌어모으고 여기서 배출된 인재들은 세계 경제와 세계 질서를 이끌어 간다. 자유로운 방법으로 교육하기 때문에 가능한 이야기이다. 한국과 같이 틀에 박힌 방법, 제약된 방법, 교육부 지시에 따라야만 하는 교육으로서는 세계적인 인재가 나오는 것은 불가능하다.

부시 대통령은 이라크를 공격하여 비난받았으나 교육 개혁만큼은 극찬을 받았다

지난 2018년 11월 30일에 고인이 된 제41대 미국 대통령 부시는 재임 중 그 당시에 핵 개발을 주도했다는 명분으로 후세인 이라크 대통령을 제거하고자 이라크를 침공했다.

2014년 6월 이라크는 정부군과 반정부 간의 교전으로 정국이 혼란에 빠져 있었고 이라크에 진출한 한국 기업이 공사 대금을 받지 못할 수도 있다는 보도도 나왔다.

부시 대통령은 퇴임 후 이라크를 침공했으나 막상 그곳에 가 보니 아무것도 없었으며 정보를 잘못 판단했다고 술회한 바 있다.

퇴임 직전 그의 인기는 바닥을 쳤다.

그러나 그런 부시도 교육만큼은 직접 잘 챙겼다.

부시 행정부는 2002년도부터 교육 개혁을 추진하였다.

미국 내 9,100여 개에 이르는 공립 학교들은 초·중학생을 대상으로 매년 영어 독해와 수학 시험을 의무적으로 치르도록 하고 학생들의 성적이 적정 수준에 도달하지 못한 학교는 '부실 학교'로 지정하여 주 정부의 보조금 삭감, 인사권 박탈 등을 통해 혁신적인 교육 개혁을 추진했다.

한국에서는 거의 불가능한 방법으로 교육 개혁을 주도했다. 우리나라의 기준으로 보면 너무 가혹하다 할 만큼 시장 경제 원리를 도입하고 철저하게 평가했다.

2002년 「교육 개혁법」 실시 직후 7,000여 개에 달했던 부실학교가 2004년에는 4,700여 개로 줄어들었다.

당시 부시 행정부는 매년 국내 총생산(GDP)의 5%에 해당하는 돈을 교육 개혁에 쏟아부었다.

교육 개혁이 성공할 수 있었던 것은 최고 통치자에게 교육 개혁에 대한 확고한 의지와 사명감이 있었기에 가능했다.

부시가 개혁을 단행할 때도 미국 최대의 교사 노조(NEA, 전국 교육 위원회)는 미국 교육부가 자율성을 침해한다고 연방법원에 제소했다.

그러나 부시는 교육 개혁을 일관성 있게 추진했고, 이러한 부시를 2005년 7월에 영국 주간지인 『이코노미스트』지는 교육 대통령이라고 보도한 바 있다.

재임 시에 이라크 전쟁으로 늘 고민하고 비난을 받아온 부시이지만 교육만큼은 혁신적으로 변화시켜 언론으로부터 극찬을 받았던 것이다.

한국에서 이러한 정책을 추진하였다면 야당, 언론, 전교조 등에 의해 한 발자국도 못 나갔을 것이다.

그뿐만 아니라 한국의 경우에는 교육부 장관이 재임 시에만 개혁한다고 하다가 장관이 바뀌면 없던 일로 하는 사례가 수두룩하다.

장관은 고작 1~2년 재임하는 것이 일반적이기 때문에 아무리 좋은 정책이라도 용두사미로 끝난다.

2014년 6월에는 대부분 진보 교육감이 당선되어 차별화된 교육을 거부하는 정책들을 발표했다. 기존에 추진해 오던 차별화된 교육을 거부한 것이다.

교육이 이념과 당의 정책, 색깔로 변질되어 오락가락하는 형국이다.

미국은 교육 개혁에 성공했다.

대통령이 직접 나서서 독려한 반면에 한국은 교육부 총리나 장관이 교육을 주관하고 있다.

영국의 대처 총리도, 그 후임인 총리도, 부시 대통령도 국가를 선도하기 위해서 가장 먼저 혁신적으로 교육을 리모델링하는 것부터 시작하였다.

선진국의 통치자들도 이유가 있으니 당연히 교육 개혁을 가장 중요하게 여겼을 것이다.

이러한 내용은 국가의 장래를 위해서는 지도자가 무엇을 해야 하는지 잘

시사해 주고 있다. 미국 유학은 이러한 혁신과 효율, 그리고 '명분이 되면 할 수 있다'는 원리를 배울 수 있는 기회도 된다.

미국에 인재가 몰리는 또 하나의 이유다.

한국, 일본, 중국 모두 대학 교육 개혁을 추진하였으나 한국만 용두사미가 되었다

한국, 일본, 중국은 비슷한 시기에 대학 개혁을 추진하였다. 일본은 당초 추진 계획대로 완성하였고 중국도 대대적인 대학 개혁을 추진하였다.

일본 대학 개혁의 핵심은 대학에 미국과 같은 시장 경쟁 원리를 도입하여 세계적인 대학으로 발돋움한다는 전략이다.

법인화를 통해 자율권을 주되, 제대로 평가해 경쟁력이 없는 대학은 보조금을 삭감한다는 것이다.

이 전략에 의해 도야마 플랜을 시작하여 101개 국립대학을 89개로 통폐합하고 2004년경에는 전격적으로 법인화를 단행하였다.

일본은 어떤 일을 하든 신중히 추진하되, 한 번 입안하면 바꾸지 않고 결론까지 간다.

일본은 대학 통폐합에 대한 계획을 10년 넘게 일관성 있게 준비하여 목표를 달성한 반면, 한국은 국립대 법인화, 대학들의 통폐합을 발표한 바 있으나 정권이 바뀌고, 대학들의 반대에 부딪혀 없던 일이 되어 버렸다.

국가의 전략이 정권과 일부 반대 세력에 의해 무산되거나 변질된 것이다.

이것이 바로 한국과 일본의 큰 차이점이다.

일본은 2003년부터는 공·사립대 설치를 허가가 아닌 신고만으로 가능하도록 하고 있다.

또한 1,200개 이상 되는 대학들은 의무적으로 인증기관에서 평가를 받도록 하고 있다. 대학 개방 및 평가 시스템 도입, 인·허가 간소화를 통해 경쟁 원리를 도입한 것이다.

일본 사학의 명문인 게이오 대학은 2004년에 S&P(스탠더드 앤 푸어스)로부터 AA 평가 등급을 받았다. 그렇지만 지금도 혁신적인 방법으로 인재를 모으고 있다.

초등학교도 능력별 수업, 교사의 평가 및 퇴출 제도 등을 시행하는 것이 일반적이다.

아베 신조 총리는 2015년 4월 27일에 미국을 방문해 국빈 대접을 받았다.

그리고 그토록 갈망하던 자위대의 세계 지역 파견과 세계 어느 나라에나 간섭할 수 있다는 미국의 동의를 얻어냈다.

치밀한 계획을 가지고 추진하는 국가 운용 전략과 교육이 일본을 선진국으로 성장시킨 핵심 원동력이다.

중국은 1992년부터 10년간 733개 대학을 288개로 통폐합하였고 100개 대학을 세계적인 일류 대학으로 육성한다는 목표 아래 2조 7,450억 원을 투입하여 대학 개혁을 실시한 바 있다.

그뿐만이 아니다. 칭화 대학과 같은 연구 대학 육성을 위해서는 3조 5천억 원을 투입하였다.

2018년 11월 광저우에서 국제 학술대회를 필자와 공동으로 개최하고 협력한 광저우 과학기술대학 교수들도 이 프로그램에 의해 미국에서 유치된 중국 교수들이다.

우리나라의 경우, 몇 년 전 삼성이 한 사립 학교를 인수해 영국의 이튼스쿨과 같은 인재 양성 학교로 발전시키려고 시도한 적이 있다. 그러나 결국 삼성은 포기하고 말았다. 서울 교육청이 교부금을 주면서 위화감을 이유로 각종 규제를 하였기 때문이다.

지금도 한국은 교육과학기술부가 대학의 등록금을 통제한다. 벌써 10년째다. 투자가 되지 않은 교육은 부실할 수밖에 없다.

공산주의가 망한 원리도 모든 사람을 다 만족시키기 위해 싼값에 공급하려 했기 때문이다. 이런 상황에서는 품질과 창의성이 나올 리 만무하다.

그래도 누구 하나 이런 것들에 대해 언급하는 사람도, 정치인도 없다.

나와 직접적으로 이익이 없다고 생각하기 때문이다.

일본의 인력 양성 핵심 전략은
시장 경쟁, 국제화이다

일본은 내국인 우수 인력 유출이 적은 나라이다.

유학을 다녀온 사람이 일본에서 활동하기도 어렵지만, 일본의 학문 수준이 세계 정상을 달리고 있기 때문이다.

일본은 2000~2002년에만 4명의 노벨상 수상자를 탄생시켰다. 2014년도에는 일본인 이름이 3명이나 노벨상 수상자 명단에 올랐다.

2018년을 기준으로 일본은 24명의 노벨상 수상자를 배출하였고 일본인으로서 다른 나라 국적을 가진 사람까지 합하면 27명이다.

이들 대부분이 일본 대학에서 공부하고 박사 학위를 땄으며 일본에서만 연구한 인재들이다.

그런데도 일본은 국가의 장래를 위해서는 개혁이 필요하다고 보고 앞서 언급한 바와 같이 통폐합 및 국립대학 법인화를 통해 개혁을 단행하고 있다.

보수적인 국립대에 미국과 같이 시장 경쟁 체제를 도입하지 않고서는 일본 과학기술의 장래가 어둡다고 본 것이다.

일본 대학의 수는 1955년에 228개에서 2013년에는 782개로, 양적으로 급격히 증가하였는데 2018년 문부과학성 홈페이지 통계 자료에는 773개의 대학이 있다고 나와 있다.

통폐합, 폐교 등을 그 원인으로 볼 수 있다.

일본도 고령화·저출산의 문제가 한국보다 먼저 현실로 다가온 나라이다. 더구나 글로벌화되어 가는 추세에 일본인들만 가지고서는 21세기 지식산업 시대에 맞는 인재를 확보할 수 없다는 판단 아래 외국인 유치 사업을 적극적으로 추진하고 있다.

또한, 1990년도부터는 이공계 분야에서 대학원 이상의 고등 교육을 이수하는 인력의 부족이 심각하다고 판단하여 외국인을 대상으로 장학금 지원 및 이주 지원 프로그램을 적극적으로 운영하고 있다.

2009년에부터는 이를 보다 본격적으로 추진하기 위하여 4개 부처(법무성, 문부과학성, 후생노동성, 경제산업성)가 공동으로 해외 고급 인재 유치를 위한 정책을 운영 중이다.

법무성은 고급 연구 인력에 관련된 법적인 문제를 해결한다. 즉, 고급 인력에 대해서는 체류 기간을 별도로 완화하여 적용하고 거주와 관련한 법적인 행정 서비스를 개선하는 등 인재 유치에 활력을 불어넣고 있다.

문부과학성은 유학생 유치를 위해 일본 유학 정보 및 상담 원스톱 서비스를 제공하고, 입국 전 입학 허가 시스템 구축, 유학생을 위한 대학 인프라 구축(국제화 거점 대학, 영어 강의, 복수 학위제 등 구축), 거주 환경 조성(숙소 제공, 생활 지원 등), 유학생 고용 촉진 등 문화적인 영역을 지원한다.

해외 인재를 유치하기 위해 박사 학위 취득 후 6년이 안 된 외국의 신진 연구자를 적극적으로 지원할 수 있도록 추진하고 있다.

또한, 박사 학위 취득 후 6년 이상의 중견 및 저명 연구자를 초빙하기 위해서도 투자하고 있다.

한편으로 외국인 교원 및 연구자의 유입을 위해서 제반 시설이나 교육 연구 환경 향상을 위해 이를 지원하고 있다.

일본 대학의 국제화 원년은 1953년이다. 일본 대학이 처음으로 동남아, 중동 국가 학생들을 대상으로 장학 제도를 도입한 것이 그 시초이다.

오사카 대학은 2,480명(2017), 와세다 대학은 4,439명(2017), 게이오 대학은 1,677명(2018)인데, 2013년을 기준으로 대학별 외국인 학생 수는 〈표 3-1〉과 같다.

표 3-1. 일본 대학별 외국인 학생 수

대학명		학생 수(명): 2013년 기준	
Waseda University	(Private)	3,899	(3,771)
Japan University of Economics	(Private)	3,385	(3,135)
The University of Tokyo	(National)	2,839	(2,873)
Ritsumeikan Asia Pacific University	(Private)	2,420	(2,526)
Osaka University	(National)	1,985	(1,925)
Kyushu University	(National)	1,969	(1,931)
University of Tsukuba	(National)	1,744	(1,681)
Kyoto University	(National)	1,684	(1,664)
Nagoya University	(National)	1,648	(1,611)
Tohoku University	(National)	1,435	(1,428)
Ritsumeikan University	(Private)	1,418	(1,324)
Hokkaido University	(National)	1,384	(1,347)
Nihon University	(Private)	1,277	(1,378)
Keio University	(Private)	1,256	(1,203)
Tokyo Institute of Technology	(National)	1,255	(1,241)
Doshisha University	(Private)	1,187	(1,131)
Osaka Sangyo University	(Private)	1,127	(1,098)
Kobe University	(National)	1,123	(1,132)
Meiji University	(Private)	1,084	(1,089)
Takushoku University	(Private)	1,019	(1,030)
Hiroshima Univerisity	(National)	995	(1,005)
Chiba University	(National)	884	(961)
Yokohama National University	(National)	873	(861)
Meikai Univerisity	(Private)	862	(924)
Kokushikan University	(Private)	817	(967)
Chuo University	(Private)	798	(750)
Josai International University	(Private)	785	(810)
Tokyo International University	(Private)	774	(835)
Sophia University	(Private)	735	(757)
Kansai University	(Private)	721	(726)

출처: JASSO(https://www.jasso.go.jp/en/about/statistics/intl_student_e/2013/ref13_02.html).

후생노동성은 해외 고급 인재 유치를 위해 구인, 구직에 관계된 구직 민관 종합 사이트 등을 운영하고 있고 외국인 인턴십 및 취업을 지원한다.

경제 산업성은 '유학생-대학-기업' 연계 네트워크를 구축하고 주요 기업을 선정 및 지원하고 있다.

문부과학성(MEXT, Ministry of Education, Culture, Sport, Science and Technology Japan)은 치열한 글로벌 경쟁 환경에서 21세기 지식기반 사회를 책임질 수 있는 지도자 양성을 위해 대학을 개혁하는 데 초점이 맞춰져 있다.

이 정책에 의해 일본의 과학기술 정책은 나누기식 정책에서 2005년부터는 미국식 시장 경쟁 원리를 도입하여 대학 개혁을 추진하고 있다.

일본 정부는 지난 10년간 5년 단위로 두 차례에 걸쳐 과학기술 기본 계획을 추진해 왔다.

제1기(1996~2000년) 5년은 상업화 목적 연구 및 대학 개혁에 필요한 기반 구축을 위한 기간이었고, 제2기(2001~2005년) 5년은 정보통신, 환경, 나노 및 재료 등 당시 세계가 주목한 분야에 집중 투자를 하였다.

또, 독창적 연구를 전담할 수 있는 책임자에게 권한을 부여하는 프로그램을 신설하였다.

표 3-2. 일본 국립대 법인화 현황

대학-1	대학-2	통합된 후 대학
도쿄 상선대	도쿄 수산대	도쿄 해양대
후쿠이대	후쿠이 의과대	후쿠이대
고베대	고베 상선대	고베대
시네마대	시네마 의과대	시네마대
가가와대	가가와 의과대	가가와대
고치대	고치 의과대	고치대
규슈대	규슈 예술공과대	규슈대
사가대	사가 의과대	사가대
오이타대	오이타 의과대	오이타대
미야자키대	미야자키 의과대	미야자키대

연구 주제도 21세기 미래 산업사회에 크게 영향을 미칠 것으로 판단되는 것을 선정하고 산업계 전문가의 참여도 강화하였다.

제3기(2006~2010년)의 과학기술 기본 계획은 이공계 인재 양성이 핵심이었다.

일본의 교육 제도의 보수성은 우리나라 못지않다.

보수성이 강한 문화에서는 모방은 가능하나 창조적인 인재의 양성은 어렵다.

이러한 한계를 극복하고자 일본 도요타자동차는 고급 인력을 양성한다는 계획에 따라 도요타 공업대(TTI, Toyota Technological Institute) 대학원을 명문대학인 시카고 대학 내에 2003년 9월에 개설하였다.

좋은 인재는 훌륭한 교수에 의해 탄생한다는 생각에서 훌륭한 교수가 많고 초빙이 쉬운 미국에 세운다는 전략이었다.

몽골에도 이와 유사한 공과대학을 설립했는데 필자가 몽골에 있을 때 이곳에 방문한 바 있다.

2000년에 설립된 리츠메이 아시아 태평양 대학(APU)도 혁신적인 방법으로 운영되는 대학 중의 하나이다. 이는 뒤의 제5부에서 더 자세히 기술하고자 한다.

일본 기업은 돈을 벌면 이렇듯 사회 환원 차원에서 막대한 돈을 인재 육성에 투자한다.

세계적인 경제 통계 발표 단체들이 앞으로의 경제 전망을 예측할 때 미국, 유럽(EU), 일본의 경제 전망은 꼭 논할 만큼, 일본은 세계를 움직이는 3대 경제 국가 중 하나이다.

세계 경제에 미치는 영향이 그만큼 크다는 이야기이다.

내수시장이 풍부한 일본 경제는 세계에 미치는 영향이 막대하다. 그 바탕에는 전략적으로 인재를 양성해 온 일본 정부의 의지가 있다. 그러한 일본 정부의 전략에 의해 과학기술 정책도 고급 인재 양성에 초점을 맞추고 있다.

일본 산업 및 교육의 특징은 분야별로 평생을 한 분야에서만 종사하면서 전수받는 도제식 교육이 철저하게 이루어지는 형태라는 점이다.

일본은 2차 세계대전의 위기 속에서도 공대생들을 전쟁에 투입하지 않았을 만큼 이공계를 존중한다.

그러나 이러한 전통적인 교육이 H/W 중심 사회에서는 위력을 발휘하였으나, S/W 기반 사회에서는 창조적 인력 양성의 한계를 느끼게 되어 교육 개혁을 추진하고 있다.

그동안 문제점으로 지적되어 온 공교육 개혁을 위해 총리 직속으로 교육 재생 추진 위원회를 만들어 직접 개혁을 추진한 바 있다.

공교육 개혁을 위해 역대 정권도 누차 시도했지만, 문부과학성의 반발에 부딪혀 번번이 실패했기 때문이다.

아베 정권도 2006년 9월에 공교육 개선 방안을 추진했으나 별 효과를 거두지 못한 것으로 판단된다.

또한, 고이즈미 준이치로도 총리 때부터 교육 개혁을 주요 국정 과제로 추진한 바 있다.

아베 총리가 2007년 1월에 직접 보고를 받을 만큼 교육에 대한 일본의 관심은 지대하다. 교육은 최고 통치자가 직접 챙긴다는 전략이다.

아베 총리는 2007년 1월 25일 기자회견에서 교육 재생을 큰 화두로 언급한 바가 있다.

이때 거론된 것이 부적격 교원 퇴출, 교사 면허 갱신 제도 도입, 외국인 및 외부 인력 교사 충원, 학업 성취도 강화, 학교 교육 위원회의 학교 감독권 강화, 각 학교의 질 강화 및 책임 등이었는데 이를 위해 교육법을 고쳤다.

특이한 것은 우리나라에서는 문제시되고 있는 학교 체벌도 허용하고 토요일 수업도 다시 시행한다는 것이다.

현재 우리나라는 토요일 수업을 폐지하였고 체벌은 엄두도 못 낸다.

2018년도 통계를 보면 일본에 4년제 대학은 773개, 2년제 406개, 5년제 전문학교 64개, 특수학교 3,348개로 대학 관련 고등 교육 기관이 4,591개나 된다.

특수 전문학교의 교육은 직업을 갖기 위한 것으로 그 철저한 교육은 명성이 자자하다.

2년제 전문학교인 핫토리 조리 학교는 1400년도부터 시작된 학교로 역사도 길다.

현장과 같은 철저한 실습을 하는 것으로 유명한 세계적인 명문 학교다. 교육 과정을 보면 점포 설계, 인사 관리, 노무 관리, 재고 관리, 채산성 관리, 자금 계획 등이 들어가 있다. 그만큼 현실적인 교육을 한다는 것이다.

5년제 전문학교는 고교 3년과 대학 2년을 합한 학제다.

일본은 1960년대에 이 학제를 도입하여 지금도 운영 중이고 이 대학들을 졸업한 유명한 학자도 많다.

5년을 졸업하고 현장에 나가든, 대학으로 편입하여 학업을 계속하든 자연스럽게 이어지기 때문이다.

필자의 동경 공업대 지도 교수인 히로다 교수도 5년제를 나와 4년제로 편입하여 다시 2년 동안 더 대학에 다닌 후 석·박사를 거쳐 세계적인 학자로 성장하였다.

한국도 일본을 모방하여 1965년도부터 이 제도를 약 10년간 운영하다 폐지하였다. 대신 2년제 전문대학을 설립하였으나 3년 과정 학과 하나를 인가받아 ○○ 대학교로, 학장이 총장으로 거듭 변하면서 모두 특징 없는 대학이 되었고, 학생과 교수 모두 거품만 가득 채운 고등 교육 기관으로 변질되었다.

1400년대에 세워진 일본의 조리 학교와 같은 교육 기관이 한국에서는 절대 탄생할 수 없는 것처럼, 한국에서는 노벨상 수상자를 배출한다는 것은 꿈도 꿀 수 없다.

표 3-3. 일본 유학생 수

국가명	학생 수		전년 대비 증감(%)	
	2017	2016	학생 수	%
중국	107,260	98,483	8,777	8.9
베트남	61,671	53,807	7,864	14.6
네팔	21,500	19,471	2,029	10.4
한국	15,740	15,457	283	1.8
대만	8,947	8,330	617	7.4
스리랑카	6,607	3,976	2,631	66.2
인도네시아	5,495	4,630	865	18.7
미얀마	4,816	3,851	965	25.1
태국	3,985	3,842	143	3.7
말레이시아	2,945	2,734	211	7.7
기타	28,076	24,706	3,370	13.6
합계	267,042	239,287	27,755	11.6

출처: Japan Student Services Organization(JASSO, https://www.jasso.go.jp/en/about/statistics/
intl_student/data2017.html

이것이 바로 필자가 적극적으로 유학을 추천하고 거기서 인생을 설계하라고 누차 권하는 가장 큰 이유다.

인생은 너무 짧고 할 일은 많은데 한국에서 대학을 다니면서 인생을 살기에는 너무 변화가 많고 모든 것이 정치적으로 연계되어 있어 체계적인 삶을 설계할 수가 없다.

프랑스 국립대학도 혁신적으로
개혁을 단행하였다

프랑스는 2004년부터 아예 교육을 최고의 국가 전략 산업으로 판단하여 집중적으로 육성하고 있다.

이 전략에 따라 아시아권 유학생의 유치는 물론 교육 수출까지 추진하고 있다.

한국 대학이 분교를 설립하여 수익을 내고 해외 인재를 모으겠다는 발상이 없는 것과는 대조적이다.

한국 대학들은 국내에서만 해도 만족하기 때문이다.

파리 소르본 대학(파리4대학)은 2006년도에 아랍에미리트에 분교를 설치하였다. 현재 학생 수는 약 800여 명 정도인데 등록금 현황은 다음 표와 같다.

표 3-4. 2019/2020 프랑스 대학생 등록금[23]

학사	170유로(한화 약 217,000원/년)
석사	243유로(한화 약 310,000원/년)
공대	601유로(한화 약 766,000원/년)
박사	380유로(한화 약 85,000원/년)
생활비	906~1,621달러(USD)/월
홈페이지 주소	www.paris-sorbonne.fr https://www.campusfrance.org/en/tuition-fees-France

---

23 그동안 프랑스 정부는 외국인 학생들도 내국인과 같은 금액을 적용하여 등록금을 저렴하게 받았으나 2019년 9월 학기부터는 외국인 학생들은 학부의 경우 연간 2,770유로(한화 약 3,532,000원)로 16배가량 인상할 예정이다. 그러나 아직도 한국 대학 등록금보다는 매우 저렴하다(환율은 2019. 3. 12. 고시가 적용).

표 3-5. 2018/2019 비유럽권 학생 등록금(2019년 9월 학기부터 적용)

학사	2,770유로(한화 약 3,532,000원/년)
석사	3,770유로(한화 약 4,807,000원/년)
생활비	906~1,621달러(USD)/월
홈페이지 주소	www.paris-sorbonne.fr https://www.campusfrance.org/en/tuition-fees-France

필자는 2018년 6월 두바이에서 개최된 국제 학술대회가 끝나고 이 대학에 방문한 바 있다.

프랑스의 고등 교육 시스템은 매우 다양하고 복잡하여 한마디로 설명하기가 어렵다.

프랑스에서는 고등학교를 졸업하면 우리나라의 수능과 유사한 '바칼로레아'라는 시험을 본다.

바칼로레아 제도도 기술 바칼로레아(1968년 도입), 직업 바칼로레아(1985년 도입), 일반 바칼로레아(1993년도에 경제 사회, 문과, 과학 분야 추가 도입) 등과 같이 진로에 따라 다르다.

학위도 진로에 따라서 매우 다르고 공부하는 방식도 다를 수밖에 없다.

반면, 한국에서는 대학은 입학하는 것과 동시에 졸업이 가능하다고 생각한다.

표 3-6. 프랑스의 교육 시스템

	이수 학위		LMD 시스템	
9	18학기 (고등 교육 학위 9년 차)	• 의학 박사 학위		
8	DOCTORAT 16학기(8년 차)	• 박사		
7			• 그랑제콜 • 이공계 • 상경계	• 예술학교, 건축학교 • 기타 교육 기관 (고등학교, 전문학교)

	이수 학위		LMD 시스템		
6	12학기 (6년 차)	• 치학 박사 • 약학 박사	• 전문이학 석사 • MBA	• 건축사 자격증 (HMNOP)	
5	MASTER 10학기 (5년 차) 300ECTS 이수	• 연구 석사 • 전문 석사 • 엔지니어 학위	• 엔지니어 학위 • 이학 석사 • 상경계 석사 • 그랑제콜 학위	• 예술 석사 • 건축 석사	
4					
3	LICNCE 6학기(3년 차) 180ECTS 이수	• 학사 • 전문 학사		• 예술 학사 (DNAT-DNAP) • 건축 학사	
2	4학기 (2년 차)	• 기술대학 학위(DUT) • 과학기술대학 학위 (DEUST)		• 예술 학위(DMA) • 고등기술 자격증 (BTS)	
1					

고등학교 졸업 + 바칼로레아 = 고등 교육 입학 전형 응시 자격 획득

그러나 프랑스의 모든 교육 기관에서는 일정 수준에 도달한 학생들만 졸업시킨다. 따라서 자기 진로, 적성에 맞는 대학을 선택하여 철저하게 공부해야만 졸업할 수 있다.

프랑스 대학에서는 교양 과정을 2년 동안 공부한 다음 전공을 선택하게 되어 있다.

이때 교양 과정을 통과하는 학생들의 비율은 대략 30% 정도이다. 대학 교육이 그만큼 철저하게 이루어진다는 이야기이다.

프랑스는 이공계가 인문계보다 임금이 높기 때문에 우수 인재가 기술 인력으로 몰린다. 우수한 이공계 졸업생들을 대상으로 창업 지원도 활발하다. 창업 절차 간소화, 연구원 및 교수의 일시 휴직, 교육 기관 등의 기술 자산 상용화 등의 혜택을 주고 있다.

프랑스 대학은 모두 국립이고 교수들의 신분도 공무원이다. 같은 교수라도 부교수와 정교수는 큰 차이가 있다. 부교수 자리를 정교수 자리로 바꾸

는 것은 불가능하고 신설되는 자리는 부교수뿐이기 때문에 정교수가 되는 것은 매우 어렵다.

정교수가 되려면 박사 학위 지도 자격(HDR)을 따고 교육부의 정교수 자격자 명단에 일단 올라야 하며 기존의 정교수가 정년 퇴임하여야 자리가 난다. 부교수는 박사 학위 지도 자격이 없어 본인의 제자를 육성하기 위해서는 교수 지원을 다시 해야 한다. 일본도 마찬가지이다.

프랑스 대학의 교수는 학문과 능력을 객관적으로 평가받아야만 가능하다. 대략 전체의 20% 정도가 교수로 진급하는 것으로 알려졌다. 따라서 숫자도 적고 권위가 높다.

필자에게 2018년 5월경에 네팔 카트만두 대학에서 갑자기 연락이 왔다. 교수 채용 심사를 위한 외부 심사위원으로 참가해 달라는 내용이었다. 관련 논문을 한국에서 받고 심사하여 보낸 후 현지에 가서 면접 심사를 보았다.

한국에서 논문만 보고는 알 수 없었는데 면접 과정에서 알게 된 것은 교수 채용 과정이 투명하고 교수 지원에 같은 학과 교수는 물론 외부 인사라도 지원하여 통과되면 교수로 채용하는 구조라는 것이었다.

실제로 가서 보니 다른 학과 교수가 지원하여 면접 심사를 하였다(외국의 대학에서 교수라 함은 정교수를 칭하는 것으로 부교수 이하는 교수라는 호칭을 사용하지 않는다. 한국만 전임강사 이상을 통틀어 교수라 칭할 뿐이다. 한국 사람들이 좋아하는 거품이 교수 직함에도 들어가 있다고 볼 수 있다. 외국인들은 부교수인 사람에게 교수라 칭하면 곤란한 기색을 하고 정정을 요구하는 것을 자주 경험했던 적이 있다).

본인이 재직하고 있는 베트남 국립 TDT 대학은 1997년에 설립된 대학으로 2019년이 22주년 되는 해이다. 그러나 아직 정교수를 한 사람도 주지 않았다. 우리나라 같으면 벌써 부교수 자리라도 주었을 것이다.

부총장으로 있는 교수는 한국에서 박사를 한 교수이다. 40대 중반인데도 아직 정교수를 받지 못했다. 일정 여건을 충족해야 가능하다는 이야기이다.

인도의 IIT 대학도 교수 승진이 매우 어렵다. 그냥 부교수, 조교수로 정년을 맞는 사람도 많다. 학과장도 부교수 이상만 하는 것이 세계적인 대학들의 추세이다.

헝가리 대학들은 가장 업적이 뛰어나고 나이든 교수 중에서 하빌리타치온(Habilitation, 교수 자격)을 가진 교수가 학과장을 5년 임기로 맡되 1회에 한해 연임이 가능하다. 그런 만큼 학과장의 권위와 능력이 하늘을 찌를 듯하다.

한국은 연수가 차면 교수까지 무임승차하고 학과장을 2년씩 돌아가면서 하다 보니 갓 들어온 새내기 전임 강사가 학과장을 맡는 경우도 생긴다. 학과장이 학과의 발전을 위한 비전 제시, 학과 운영에 필요한 제반 사항을 등을 챙기는 것이라기보다는 나이든 교수들을 뒷바라지하는 역할로 바뀌는 경우가 허다한 이유이다. 대학 행정이 제대로 돌아갈 턱이 없다.

한국 대학도 외국과 같이 부교수 또는 교수 이상이 학과장을 맡되, 임기를 5년 정도 주어서 확고한 책임과 권한을 갖도록 하는 것이 절실하다고 본다. 돌아가면서 관행으로 하는 행정 풍토는 한국 대학에만 있는 독특한 형태이다.

호주는 교육을 국가의 최우선 지식서비스산업 정책으로 추진하고 있다

호주는 국가의 최우선 정책이 교육서비스업이다.

2004년 10월, 호주 연방 교육부 장관은 "국제 교육을 대폭 확대하는 정책을 채택해 실행에 들어간다."고 발표했다. 중국, 한국 등 아시아 몇몇 나라에 집중됐던 유학생의 비중을 대폭 확대하겠다는 구상이고 교육 내용도 어학 위주에서 과학기술 중심으로 바뀌 경쟁력을 높이겠다는 내용이었다.

풍부한 지하자원, 사면이 바다로 둘러싸인 천혜의 관광자원, 완벽한 영어 구사로 영어 시장을 거대하게 키울 수 있는 좋은 환경 등을 갖추고 있어 무엇 하나 부러울 것이 없는 호주가 다른 것도 아닌 교육을 국가 전략 산업으로 택한 이유는 무엇인가?

호주의 인구는 2019년 1월을 기준으로 25,000,000명 정도로 인구수가 적다. 싱가포르, 핀란드와 같이 적은 인구를 가진 국가들은 지식산업에 적합한 인재 양성 정책을 추진한다는 공통점이 있다. 많은 인원이 필요한 제조업이나 유통보다는 첨단지식산업이 국가의 발전에 적합하기 때문이다.

호주도 교육을 국가 최우선 정책으로 삼아 창의적인 교육에 초점을 맞춰 개혁을 추진한다. 따라서 좋은 명문대학 진학만을 위한 교육이 이루어지지 않는다. 초등 교육 때부터 전인 교육, 시민 교육, 법질서 등 평범하게 사는 기본 교육에 초점이 맞춰져 개인의 개성을 발굴하여 인재를 육성하는 시스템이다. 이런 교육을 통해 자라나면 성인이 되어서도 삶이 행복할 수밖에 없다.

호주는 우수한 학생들을 위한 영재 프로그램을 운영하고 선행 학습은 물론 대학 수준의 교육을 받을 수 있는 프로그램도 운영한다. 한국이 자율

학교 폐지, 수월성 교육을 차단하는 것과는 대조된다.

호주 대학들도 전인 교육으로서 미래를 준비하기 위한 기회를 제공하는데 교육의 초점이 맞춰져 있다. 한국은 대학이 취업을 위한 기관으로서만 초점이 맞춰져 있거나 국가의 지원을 많이 받기 위해 지표를 잘 만들기 위한 교육을 실시하기도 한다. 세계로부터 뜻있는 사람들이 호주에 자녀를 보내는 이유다. 그리고 이러한 것들이 교육 선진국으로 이어지고 해외로부터 인재를 불러 모으는 역할을 한다.

IBM은 전 세계에 연구실을 운영하고 있다(Africa-Kenya and South Africa, Australia, Brazil, China, India, Ireland-Dublin, Israel-Haifa, Japan-Tokyo, Switzerland-Zürich, UK-The Hartree Centre, United States-Almaden, Austin, Cambridge, IBM Thomas J. Watson Research Center).

IBM은 전 세계에서 우수 인력을 발탁하는데 호주도 그중 하나이다. 호주에서 가장 많은 대학과 공동 연구를 하면서 장학생들을 지원하고 있다. 2019년 1월을 기준으로는 약 53명 정도다.

필자는 2007년 8월에 캔버라에 잠시 머물면서 호주 국립대와 과학 축전을 둘러본 경험이 있다. 당시 본인은 과학문화재단 연구소장으로 파견 나가 있어서 매년 열리는 대한민국 과학 축전과 외국의 과학 축전 상황을 비교해 볼 필요가 있었기 때문이다. 주요 행사는 전시, 과학 체험, 강연으로 구성되어 있고 참가 기관은 대학, 박물관, 병원, 국립 도서관 등 여러 기관을 총망라한다. 그리고 이런 대중 활동을 통해 어릴 때부터 창의적인 과학 인재를 발굴한다.

호주의 인구는 약 2천 5백만 명에 불과하나 호주 국립대학교(ANU, Australian National University)는 전 세계 대학 평가에서 매년 상위 그룹에 속한다. QS 2018 대학 순위 평가에서도 세계 20위로 올라와 있었다.

MIT는 1위, 싱가포르 난양대는 11위, 싱가포르 국립대는 15위, 서울대는 36위, 카이스트는 41위이다.

2019년도 『타임』지 평가에서 옥스퍼드는 1위, 케임브리지는 2위, MIT는 3위였고, 멜버른 대학이 32위, 호주 국립대학교는 49위였다. 서울대는 63위,

성균관대는 82위, 카이스트는 102위, 포스텍은 142위였다. 한국 대학들과 세계 대학들의 수준을 알 수 있는 평가 지표다.

호주 국립대학은 1946년도에 우리나라의 카이스트와 같이 연구를 목적으로 설립된 대학이다. 그러나 학부의 필요성을 느껴 후에 학부가 설립되었다.

캠퍼스는 호주의 수도인 캔버라에 있는데 200여 개의 빌딩과 145ha의 규모를 갖고 있다. 캠퍼스도 Mt Stromlo Observatory(west of Canberra), Siding Spring Observatory[near Coonabarabran, western New South Wales(NSW)], North Astralia Research Unit(Darwin, Northern Territory), Kioloa(coastal campus near Bawley Point, on the NSW South Coast)와 같이 여러 군데에 있으나 캔버라가 본부이다.

왕립학회의 가장 많은 회원을 갖고 있으며 94개국에서 온 13,487명의 학생과 3,600여 명의 교직원이 있다.

우리나라의 인구는 5천만 명이 넘고 GDP 대비 1위로 연구비 투자를 하나 아직도 호주와 같은 대학이 없다.

한국에는 링크 사업, 지방대 특성화 대학 사업, 산학 협력 사업 등이 있는데, 전체적인 국가의 로드맵에 의해 만들어졌을 것으로 판단된다.

호주 대학과 같이 글로벌 기업이 손을 내미는 인재 양성이 절실하다.

특히 어느 대학도 국가를 선도할 인재를 전략적으로 육성하는 곳이 없다는 점은 큰 문제다.

한국의 젊은이들은 이미 호주에 대해서 잘 안다.

많은 학생이 유학하러 가고 싶어 하는 나라!

창의력을 마음껏 발휘할 수 있는 나라!

자부심을 느끼고 자기 일을 할 수 있는 나라! 미래를 위해 적극적으로 투자할 것을 권한다.

영국은 총리가 바뀔 때마다 취임 초기에 교육 개혁을 최우선으로 추진하였다

필자는 2013년 3월과 2014년 3월, 두 차례에 걸쳐 케임브리지 대학에서 개최한 국제 학술대회에 초청받아 기조 강연을 한 바 있다.

이 기회를 이용해 교수의 안내를 받아 케임브리지 대학을 시찰하면서 많은 것을 배웠다.

산업혁명으로 200년 동안 세계를 제패한 영국은 국가 경쟁력에 위기가 있다고 생각할 때 가장 먼저 교육 개혁에 손을 댔다.

2007년 6월 27일에 새로 취임한 고든 브라운 영국 총리는 교육 시스템 개혁을 최우선 정책으로 추진했다.

10년간 영국을 이끌어온 토니 블레어 총리(2007년 6월 27일~2010년 5월 11일)도 취임 당시 교육 개혁을 최우선으로 추진하였다.

지금은 고인이 된 그 이전의 대처 총리도 교육 개혁을 영국 정부 정책의 가장 핵심으로 추진하였다.

즉, 영국의 총리들 모두 취임 초기 권력에 힘이 있을 때 가장 하기 힘든 교육 개혁을 첫 번째로 추진하였다.

교육 계통은 모든 국민이 연관된다.

경제, 사회 등 다른 분야도 그렇지만, 교육은 자녀와 직결되고 사람이 관계된 만큼 개혁하기가 힘들다.

또한, 교육의 특성상 가르치는 일에 종사하는 사람들은 다른 영역과 달리 자부심이 강하고 사람을 다루는 전문 직종이기 때문에 일반적인 다른 직종과 달리 통제가 잘 안 된다.

그래서 교육 개혁은 힘들고 어렵다.

따라서 교육 개혁은 권력이 힘을 갖는 초기에 추진하여야 성공한다. 그것도 대통령이나 총리 등 최고 통치자가 하여야 가능하다.

이를 가장 성공적으로 추진하는 나라가 영국이다.

근대문명의 기초가 되는 수많은 과학자를 길러낸 영국이 해가 지지 않는 나라가 되는 데 결정적으로 기여한 것이 대학이다. 영국은 이러한 교육을 개혁하고 있다.

세기의 과학자, 미분 방정식을 제시하여 근대 문명의 핵심 역할을 한 사람, 광학의 선구자 등 수많은 과학적 업적을 이룬 뉴턴은 케임브리지 대학에서 공부한 사람이다.

영국 대학들은 이처럼 끊임없는 창의적 교육과 벤처 정신으로 새로운 지식과 과학기술을 발전시켰다. 그런데도 교육 개혁을 지속해서 추진하고 있다.

초·중등학생의 경우, 영국의 교육은 근본적으로 수준별 학습이다.

대학도 수준별 학습이 가능한 도제식 교육 시스템이 기본이다. 학교를 올바르게 선택할 수 있도록 학교 형태, 입학 전형 기준, 교통편, 방과 후 프로그램, 학교 성적, 학교 평가 결과 등이 공개되고 교원도 능력을 주기적으로 평가하여 계약, 직급 이동, 호봉 승급 등에 참고한다.

한국에서는 도저히 상상할 수 없는 것들이다.

영국은 1992년에 학교 평가를 전담하는 기관(OFSTED)을 설립했다. 이 기관에서 매년 학교를 평가하여 의회에 보고서를 제출하며 이를 인터넷 등의 언론에 공개한다.[24]

참고로 2015년도 5월 자료 중 노년층을 위한 정책을 보면 평균 연령이 증가하여 2015년도에는 86세였지만 2050년도에는 91세로 증가하므로 이에 대한 정책과 실천 사항을 열거하고 있는 것을 볼 수 있다.

영국 문화원 자료에 따르면 영국에는 100만 명 이상의 유학생이 있는 것으로 파악되고 있다(고등 교육 분야 30만 명, 직업 교육 또는 중등 교육 분야 유학생

---

24 출처: https://www.gov.uk/

8만 명, 어학 연수생 50만 명, 국외 소재 원격 교육생 19만 명 등이다).

유학생은 국가 경제에도 긍정적인 영향을 주기 때문에 대부분의 국가에서는 유학생을 적극적으로 유치한다.

영국의 옥스퍼드 대학은 1208년, 케임브리지 대학은 1209년에 설립되었다.

한국에서 태조 이성계가 고려를 거부하고 조선을 세운 시기와 비슷하다.

영국은 그 당시 허허벌판에 대학을 세웠다.

옥스브리지의 위치를 보면 런던에서 대략 기차로 1시간 남짓 되는 거리다. 그 허허벌판에 볼 것이라고는 아무것도 없는 곳에 대학을 세워 인재를 양성하고자 하였다.

수많은 과학자를 배출하여 근대 인류문명을 만들어간 영국인들은 지금도 유로화를 사용하지 않고 파운드화를 고집한다.

그만큼 국가에 대한 자긍심이 강하다는 이야기이다.

영국에서 2012년도에 발간된 영국 의회 보고서에 따르면 1960년도에는 대학생 수가 약 6%였으나 2003년도에는 거의 45%에 육박하고 있다.

대학 진학률을 높이려는 정부의 정책으로 대학생 수는 늘었으나 정부의 대학 재정 지원금은 오히려 감소했다.

영국 의회는 2010년 10월 종전의 저렴한 지원에서 학생과 주민들의 강력한 항의에도 불구하고 수익자를 원칙으로 하는 지속 가능한 고등 교육 개혁 법안을 통과시켰다.

이 법안에서는 전공별 등록금을 현실화시켜 재정난을 해결하고자 하였다.

교수들의 봉급과 연구 지원금이 미국에 비해 턱없이 적어지자 옥스브리지 대학교수들이 대접이 좋은 미국으로 가는 현상이 빈번하였다.

세계적인 석학이라면 아무리 돈이 들더라도 초빙한다는 미국 대학들의 전략이 영국 대학들의 부실한 상황과 맞아떨어진 것이다.

그 결과로 영국의 대학 교육은 부실해질 수밖에 없었다.

학문 수준 저하, 노벨상 수상자 급감, 국가 경쟁력 저하 등의 결과로 나타나자 교육을 혁신시키자는 움직임이 일어났다.

영국은 2차 세계대전 이전까지만 해도 세계를 이끌어 왔다. 뉴턴, 다윈, 토머스 홉스, 오스카 와일드와 같이 세계적인 학자, 예술가, 정치인들을 배출했던 찬란한 영국의 대학들이 지금은 제 역할을 못 하고 있다. 영국은 서서히 쇠퇴해갔다.

그리고 그 중심에 교육 문제가 깔려 있었다(영국 의회는 이를 면밀히 분석하여 2012년 12월에 보고서를 발간하였다).

찬란했던 영국의 옥스브리지가 이처럼 기우는 것을 보면 교육도 기업과 같이 차별화를 통해서만 부가가치를 창출할 수 있다는 것을 잘 알 수 있다.

이는 곧 '공산주의가 내세웠던 평등주의가 얼마나 무서운가'를 잘 나타내준다.

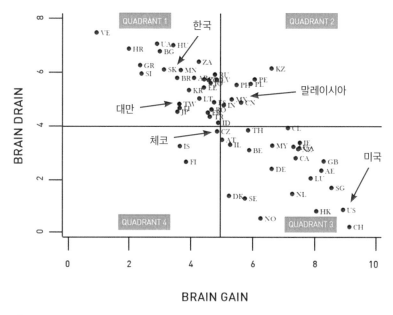

그림 3-1.

출처: IMD 자료(https://www.imd.org/research-knowledge/articles/what-drives-brain-drain-and-brain-gain/).

영국은 현재 지식산업의 발상지로서 다시 세계를 이끌어 가기 위해서는 교육을 혁신하지 않고서는 어렵다는 발상에서 교육 시스템을 개혁하고 있다.

영국 대학들도 미국식 시장 경제 원리를 도입한 것이다.

개혁의 바람이 시작된 후로는 영국 대학들은 미국보다 더 시장 경제 원칙에 따라 대학을 운영한다. 대학마다 차별화된 교육으로 신입생들을 모으기 위해 사활을 건다.

명성 있는 교수진과 장학금으로 우수한 학생들을 모은다.

한국은 교육감 선거철마다, 대통령 선거 때마다 단골 메뉴로 평등 교육을 주장하고 있다.

이것이 고급 인재를 추방하는 정책이라는 것을 정치꾼들이라고 모를 리 없다. 그러나 그들에게는 눈앞의 표가 더 중요하다.

한국의 두뇌 유출 지수는 OECD 국가 중에서도 하위권으로 나타났다.

[그림 3-1]도 IMD가 제시한 결과인데 한국은 두뇌 유출 지수 및 유입 지수면에서 하위권에 머물러 있다는 것을 알 수 있다.

국민 소득 3만 불을 넘었다고는 하나 체코, 폴란드, 대만과도 비교할 수가 없는 상황이다.

두뇌 유입 및 유출 면에서는 말레이시아보다도 뒤진 상태이다.

인재를 내쫓는 정책!

한국이 어떻게 노벨상 수상자를 배출할 수 있을까?

이것이 바로 필자가 큰 미래를 꿈꾸는 젊은이들에게 유학하러 가라고 하는 이유다.

덴마크가 작지만 가장 좋은 복지 국가로 거듭날 수 있었던 것은 교육 덕분이었다

마르그레테 2세 덴마크 여왕은 2007년 10월 8일부터 10일까지 한국에 방문한 바 있다.

덴마크가 작은 나라이지만 국민 소득 6만 달러(IMF, 2018년 기준, 62,040달러)를 달성한 비결은 훌륭한 인적 자원 덕분이라고 말했다.

덴마크는 국토 면적은 약 4,300,000㎡(남한의 면적은 10,020,000㎡)이고 인구는 약 5,800,000명의 작은 국가이다.

작지만 13명의 노벨상 수상자를 배출한 과학 강국이자 실업률이 낮기로 유명한 복지 국가이다.

덴마크는 4가지 분류로 고등 교육이 이루어진다.

직업 교육을 위한 단기 과정(Academies of professional higher education: offering short-cycle programmes), 교육 기간이 짧은 대학 과정(University Colleges: offering medium-cycle programmes), 교육 기간이 긴 대학교 과정(Universities: offering long-cycle programmes), 예술과 같이 긴 교육 과정(University level institutions for educations in the arts)이 그것이다.

단기 과정은 7개 대학(Erhvervsakademier), 중간 기간 교육 과정은 7개 대학(Professionshøjskoler), 대학교 교육 과정은 8개 대학교(University of Copenhagen, Aarhus University, Aalborg University, University of Southern Denmark and Rosikilde University 등) 등에서 이루어진다.

3년 과정의 기술대학(the Technical University of Denmark), IT만을 전문으로 가르치는 The IT-University 및 비즈니스 대학(Copenhagen Business School) 등도 있다.

이들 교육 기관들은 덴마크 정부의 규제를 받고, 2003년도부터는 유럽 연합의 교육 방향에 따라 학사 180ECTS, 석사 120ECTS, 박사 180ECTS의 학점을 취득해야 한다. 음악 예술 등은 과정에 따라서 2~4년 정도 걸리고 240ECTS의 학점을 따야 한다.

모든 교육 과정은 이론은 물론 의무적으로 산업 현장에 필요한 프로젝트, 서비스 방법, 프로젝트를 수행한 것에 대한 보고서 작성 내용까지 포함한다.

덴마크 대학의 진급은 입학시험과 같은 개념으로 덴마크 과학 고등교육 혁신부(The Ministry of Science, Innovation and Higher Education)가 제시하는 기준에 따라서 승인을 받아야 한다.

그동안 배운 결과에 관한 시험[The upper secondary school leaving examination(studentereksamen)], 진급 준비 정도를 테스트하는 시험[The higher prepatory examination(HF)], 영역별 전공시험[The higher commercial examination(HHX), The higher technical examination(HTX)] 등의 여러 시험을 거쳐야 진급할 수 있다.

대학 재정을 위해 학생 수를 늘리거나 편법을 하는 등의 방법은 상상할 수도 없다.

시험 등급은 A, B, C로 구분하고 실기시험도 치러진다.

2008년도부터는 새로운 주제를 완성하거나 또는 참가해야 하는 사항이 추가되었다. 대학의 강의는 그룹 프로젝트, 창의성과 개별 능력을 개발하도록 한다.

2012년도부터는 지식기반 사회에 대비해서 지속해서 국가 차원에서 대학에 투자했다.

2013년도 덴마크 정부 보고서에 따르면 교육 경쟁력 강화에 2015년에는 약 480,000,000원, 2016년에는 약 470,000,000원을 투입했다.

덴마크는 직업 교육과 고등 교육의 지원이 잘되는 나라로 유명하다.

교육이 얼마나 국가 경쟁력에 중요한 것인지, 깨인 리더들은 이를 잘 알고 국가의 현재와 미래를 위해 교육에 적극적으로 투자한다.

ECTS(European Credit Transfer System)는 유럽 각국이 유럽연합에 편입되면서 유럽 국가 간 인재 이동 시 학점 교류를 위해 마련한 표준이라고 보면 된다. 한 학기에 30ECTS, 1년간 60ECTS의 학점을 따야 한다. 따라서 3년 과정의 학사는 180ECTS, 2년 과정의 석사는 120ECTS을 이수하여야 하고, 1ECTS는 25~30 Working hours에 해당한다.

표 3-7. 덴마크와 유럽연합 학점 환산표

등급	아주 우수	ECTS
12	우수	A
10	보통	B
7	나쁨	C
4	매우 나쁨	D
02	극히 나쁨	E
00	받아들이기 어려움	FX
-3	실격	F

중국은 국가 전략에 맞춰
대학 개혁과 인재 양성을 추진한다

청나라 시절의 역사를 잊었는가?

우리나라는 역사적으로 중국 문화의 영향을 많이 받아왔다. 가장 치욕적이었던 것은 우리나라가 왕위를 계승할 때도 중국의 허락을 받아야 했다는 것이다.

세종대왕이 세자 책봉을 받을 때도 중국의 사후 허가를 받아야 했다. 현재 우리가 기술이 앞섰다고 자만하는 사이, 중국은 과감하게 대학 개혁을 하고 있고, 전반적인 분야에서 우리의 상상을 초월할 정도로 질주하고 있다.

필자는 중국 대학의 변화를 알고 싶어 국제 학술대회 참석 겸 중국을 여러 번 방문하였다(2004년 12월 9~10일: ICESS 2004 국제 학술대회, 2004년 7월 19~21일: ICSSM 2004 국제 학술대회, 2005년 7월 28~31일: IFSA 2005 국제 학술대회, 2015년 6월 13일: 시안 국제 학술대회 초청 강연, 2018년 11월: 광저우 대학 국제 학술대회 조직 등).

중국은 정권이 바뀌더라도 지속해서 대학 개혁을 추진해 왔다. 985공정(덩샤오핑 시대), 211공정(장쩌민 시대), 111공정(후진타오 시대)이 바로 그 전략이다.

985공정은 1998년 5월에 시작된 것으로 세계적인 일류 대학을 만들겠다는 전략에서 붙여진 이름이고, 1996년에 시작된 '211공정'은 '21세기를 대비해 세계 수준의 100개 일류 대학을 집중적으로 지원한다'는 전략에서 붙여진 이름이다.

이들 전략은 고급 인재 양성과 대학 경쟁력 강화가 핵심이다. 이 전략에 의해 2008년부터 10년 동안 2,000명 규모의 세계적인 수준의 학자, 기업가, 기술자, 경영인 등을 유치하였다.

유치 과학자에게는 1인당 100만 위안(한화 약 1억 8천만 원)의 정착금은 물론 주택, 의료, 교육 등에서 전폭적인 혜택을 부여하였다.

필자가 2018년 11월에 광저우 과학기술대학에서 만난 여러 교수도 이 계획에 의해 미국에서 유치된 석학들이었다.

중국 정부는 인재 네트워크 구축을 위해 국제 학술대회 유치, 조직을 적극적으로 지원해 왔다. 대학 홍보, 국제화, 인지도 향상에 있어 가장 좋은 방법이기 때문이다. 정보 수집을 위해서는 이만한 것도 없기 때문이다.

오래전부터 추진해온 이러한 정책이 열매를 맺어 지금은 국제 학술대회 업종 자체를 비즈니스화한 단체가 많다.

필자가 중국 단체들과 국제 학술대회를 조직하고 또 초빙받아서 강연하게 된 이유다.

좋은 환경이 있다면 좋은 기업이 모이기 마련이다.

중국 정부의 적극적인 유치에 힘입어 이미 인텔, 마이크로소프트, 모토로라, 마쓰시타 등이 중국에 R&D 센터를 건립했다. 이들 기업의 도움으로 중국은 합법적으로 외국의 첨단기술을 쉽게 확보하고 배울 수 있었던 것이다.

학술 면에서도 중국은 전략적으로 접근한다.

칭화대는 학생 수 36,912명, 유학생 3,895명, 교직원 3,114명인 매머드급의 대학이다.

이 대학에서는 노벨상을 위한 특별반을 2000년에 설립하여 운영 중이다. 중국 국적은 아니나 이 대학 출신인 양전닝(楊振寧) 박사가 1957년에 노벨 물리학상을, 리충다오(李崇道) 박사가 노벨 화학상을 받은 전력이 있다.

한국인의 이름으로 다른 외국에서나마 노벨상 수상자에 오르기를 학수고대하는 우리로서는 부러울 뿐이다.

한국은 이미 이런 노벨상에 대한 전략도, 꿈도 잊은 지 오래다. 일자리 창출에만 모두 정신이 쏠린 상태이다.

중국 대학은 이미 대학이라는 굴레를 벗은 지 오래다.

칭화대(淸華大) 산학협을 보면 간판만 대학이지, 실제로는 고급 두뇌를 풍부하게 보유한 거대한 R&D 센터를 가진 기업이다.

기업과의 공동 연구를 위해 연구 센터를 설립하고 기업을 유치했다. 대학이 아니라 기업이라는 인상을 풍길 만큼 혁신적이다.

1911년도에 설립된 칭화대는 연구 인력 면에서도 우리와는 비교가 되지 않는다. 3천 명이 넘는 교수 중 3분의 2 정도가 연구 개발에 참여하고 있고 석·박사 보조 인력까지 합하면 2만여 명을 거느린 두뇌 집단이다.

칭화대 자료에 의하면 2016년에는 1,400여 개 연구프로젝트에 약 20억 위안(약 3,200억 원)을 지원하였다.

칭화대 연구 센터는 대학 내에도 있으나 지방이나 해외에도 많다.

칭화대에서 택시로 불과 10여 분 거리에 있는 베이징 대학 역시 수백 개의 기업을 직접 운영하고 있고 창업하는 학생에게는 3년간 휴학을 허용하기도 한다.

중국을 움직이는 대부분의 인재는 칭화대 출신이다.

장쩌민, 후진타오 등 중국 권력의 최고 핵심 인물들이 칭화대 출신이고 이들 모두 이공계 출신이라는 점이 우리와 다르다.

후진타오 시절 공산당 정치국 상무위원 9명 중 후진타오(胡錦濤) 총서기 겸 국가주석 등 무려 4명이 칭화대 출신이었다.

일반적으로 이공계 출신자들은 작은 사안을 중요시하는 특징이 있다. 그렇지만 국가를 운영하는 책임자들은 전공보다는 전체를 볼 수 있는 안목과 국제적인 감각을 가져야 한다.

대학이 이러한 토대를 제공하지 않으면 어렵다.

이공계 출신자가 국가를 통치할 수 있는 자리에 오르도록 교육한 교육 시스템을 눈여겨봐야 한다.

한국은 모두 법대 출신이거나 유사한 학과 출신자들이 권력을 장악하고 있다.

2016년 7월 25일 자 언론 보도에 의하면 고려대학교의 정치철학과 교수가 중국 대학으로 이직하였다는 보도가 있었다.

중국의 정치철학 분야가 케임브리지 대학을 능가하도록 하기 위해 세계적인 석학을 불러 모으고 있다는 내용이었는데 그중의 한 사람이 한국의 고려대학교 교수로, 국가가 초빙하였다고 전했다.

국가가 발전하고 세계 패권 국가가 되기 위해서는 물질 못지않게 국가 이념을 정립해야 한다.

그 이념은 단시간에 이루어지지 않고 장시간 동안 많은 학자에 의해 정립되어야 한다.

중국이 세계화의 꿈을 실천하기 위해 얼마나 적극적인지 알 수 있는 보도이다.

동북공정도 그 일환이다.

중국은 국제화를 위해 세계적인 인사들의 초청도 적극적으로 한다.

2018년 11월 고인이 된 전 부시 대통령은 2003년에 이 대학을 방문하여 연설하였고, 2013년 7월에는 박근혜 대통령, 2015년 5월 15일에는 인도 수상이 방문하여 연설한 사진이 칭화대 홈페이지를 장식했다.

국제화에 대한 의지와 선도 대학으로 나아가려는 몸부림이 어느 정도인지 짐작할 수 있다.

이제는 중국을 방문하는 전 세계 주요 인사들이 칭화대나 베이징 대학에서 강연하는 것을 큰 영광으로 인식할 정도이다.

그런데도 세계 패권 국가를 꿈꾸는 중국은 그 핵심이 대학에 있다는 것을 알고 지속해서 개혁을 추진하고 있다. 최근의 보도를 보면 중국은 일대일로(一帶一路) 정책에 맞춰 한국 유학생들을 받기 어렵게 만들고 그 자리에 일대일로에 관계된 국가의 학생들을 장학금으로 받는 정책을 추진한다고 한다.

중국의 거대한 꿈을 실현하기 위해 대학이 그 뒷받침 역할을 하며 철저히 목적에 맞춰 학생들을 교육한다.

지금의 한국 청소년들은 중국의 영향력 안에서 살게 될 것이다. 중국을 싫어하지만 적을 알아야 방어와 공격을 할 수 있듯이, 중국의 첨단기술과 전략, 관련 인맥을 구축하여야 살 수 있을 것으로 판단한다.

지금은 중국의 기업들이 한국에 와서 기술을 곁눈질하기에 바쁘지만, 반도체나 일부 디스플레이를 제외하고는 이미 대부분 중국이 앞선 기술을 가지고 있다.

한국의 젊은이들이 중국으로 기술을 곁눈질하러 갈 날이 곧 올 것으로 본다. 중국 대학에 진학하여야 하는 큰 이유다.

더 심각한 것은 중국은 전략적으로, 지속해서 고급 인력 양성, 혁신을 추진하는 데 반해 한국은 권력 투쟁을 하는 데만 눈이 어두운 사람들처럼 보인다는 것이다.

누구 하나 노벨상, 인재 양성 같은 단어를 입에 올리려 하지 않는다. 근시안적으로 보면 권력과 무관하다고 보기 때문이다.

얼마 안 가서 이들이 권력을 뒷받침하는 핵심이 될 수 있다는 것을 볼 수 있는 안목이 없기 때문이다.

우리는 벌써 쓰라린 과거의 역사를 또 잊었는가?

유럽의 최빈국 아일랜드가 가장 잘사는 나라가 된 것은 혁신적인 대학 교육 덕분이었다

아일랜드는 국토 면적은 약 7,028,000㎢, 인구는 약 4,840,000여 명이 사는 섬나라이다. 1946년 영연방으로부터 완전히 독립할 때까지 무려 천 년 이상 식민지로서 타국의 지배를 받았다.

1980년대만 해도 아일랜드 대학 출신자들은 취업 이민이 유일한 희망이었다.

그런 나라가 2019년 1인당 GDP 77,160달러!

7대 의약품 수출국!

글로벌 톱 10개 S/W 회사 중 9개 보유!

25개 글로벌 금융 회사 중 15개 회사의 본사가 있는 나라!

이렇게 고급 인력들이 모이는 나라로 변한 것은 무엇일까?

그 바탕에는 특화된 인재 양성이 있다.

더 놀라운 것은 2018년도에 IMD(스위스 국제 경영대학원)가 작성한 아일랜드의 국제 경쟁력 지수는 GDP 성장률 1위, 투자 환경 1위, 산업 생산성 1위, 산업체 과학기술 활용도 1위, 소비자 인플레이 3위, 적응 및 능동성 1위, 고급 인력 등록자 비율 1위, 1인당 국민 소득 4위, 영어 능력 1위, 문화 개방성 3위, 항공교통 편의성 4위, 스타트업 혁신성 5위 등이라는 점이다.

기업들에 대한 세금도 가장 저렴하다. 아일랜드의 세금은 12.5%로, 싱가포르는 17%, 한국은 25%, 독일은 30%, 프랑스는 33%이다.

기업을 운영하기 좋고, 풍부한 인재를 쉽게 구할 수 있으며, 투명한 사회에는 기업이 모이기 마련이다. 그 결과 MS, IBM, 화이자, 메릴린치, 시티뱅크 등 IT, 금융, 제약 회사 관련 다국적 기업이 아일랜드에 진출하여 매년 수십만 개의 일자리를 창출하고 있다.

아일랜드 MS는 2019년도 1월을 기준으로 70개국에서 온 직원 약 2,000명이 근무 중이다. 얼마나 많은 일자리와 핵심 기술을 배울 수 있는 기회인지 알 수 있다. 아일랜드 정부 홈페이지에 들어가 보면 실시간으로 업데이트가 되는 IT 관련 인재 취업 등록 사이트가 있는데 늘 등록자 수가 부족하다. 그만큼 일자리가 많다는 얘기다.[25]

표 3-8. 아일랜드 교육 과정

교육 과정	학교	등급		시작	종류	연한	비고
초등	초등학교	1	6	6	12	6	
중등	중학교			12	15	3	결과 자격시험 (Teastas Sóisearach)
고등	고등학교			15	17	2	결과 자격시험 (Ardteistiméireacht)
직업	직업학교			15	17	2	교육 결과 자격시험 (LCVP, Ardteistiméireacht)
	직업학교			16	18	2	응용 자격시험
고등 교육	학사					4	학사 학위, 명예 학사, 특별 학사, 의사, 약사 5년, 예술 6년
	석사					1	
	박사					2	
	고등 박사					5	

졸업한 학생을 유치만 하는 것이 아니다. 아예 유학을 시켜 취업까지 보장하는 맞춤형 인재 유치 작전도 실시하고 있다.

///////////////
25 출처: https://techlifeireland.com/tech-careers/

아일랜드는 고등 교육의 혁신을 위해 2011년에 '2030 고등 교육 전략'을 발표했다. 주요 핵심 내용은 교육 시스템의 질 강화, 석·박사급 연구 인력 확보 등이다. 이에 따라 2013~2019년도 인재 양성 액션 플랜을 발표했는데 그 전략을 보면 얼마나 혁신적으로 인재를 양성하려고 하는지 알 수 있다.

그 주요 목적은 다가오는 21세기를 준비하기 위한 것으로 과학기술 분야에서 유럽 톱과의 격차를 혁신적으로 줄이고, 학생들 간 학습 능력 격차 줄이기, 컴퓨터 과학과 코딩 기술 발전에 필요한 수학, 화학, 물리 과목 수준을 혁신적으로 높이기, 첨단기술을 활용한 교육 및 학습, 학교 및 생활에 적합하도록 지역 사회 웰빙화, 학부모 학사 정보 서비스율을 현재 82.7%에서 90.2%로 높이기, 2021년까지 학생들 분기별 프로젝트 수행 높이기, 혁신적인 프런티어 박사 연구 등이다.

아일랜드 대학의 특징은 〈표 3-8〉에서와 같이 학사 학위, 명예 학사, 특별 학사 호칭으로 환경에 따라서 학위 제도를 두어 1년 학사 수료, 2년 학사 수료, 3년 학사 수료, 4년 학사, 1년 석사 수료, 석사, 박사 등을 다양하게 개설하고 있다는 점이다.

더블린 공대의 경우 4개의 단과 대학(예술 관광 분야: College of Arts & Tourism, 경영 분야: College of Business, 공학 및 환경 분야: College Of Engineering & Built Environment, 과학 보건 분야: College of Science & Health)으로 구성되어 있는데 2018년도 학부생 1년 등록금은 3,000유로로 한화로 약 1년간 4백만 원이다. 한국에 비해서 매우 저렴하다.

아일랜드로 유학하는 경우 많은 외국계 본사 또는 지시가 있어 취업에 대한 걱정이 없고 글로벌 관점에서 삶을 설계할 수 있다. 생활비도 저렴하고 특히 다양한 학제가 있어 공부하면서 직장에서 일하다가 다시 대학에 다닐 수 있다는 장점이 있어 경제적으로도 유리하다.

아일랜드의 영어 구사력은 세계 최고이다. 또 평생 교육 시스템이 잘 갖춰져 있어 긴 삶을 사는 데도 절대로 불리하지 않다고 판단된다.

위기를 극복하고자
대학 개혁을 서두르는 대만

대만은 국토 면적은 약 3,590,000㎢, 인구 약 23,550,000명의 섬나라이다. 한국과 같이 1980년대 중반의 고속 성장에 힘입어 1996년도까지 교육도 급격히 팽창하였다.

따라서 1984년에서 2014년도까지 대학의 수가 104개에서 159개로(66%) 급격히 증가하였다.

그러나 대만도 인구 및 유입 인구 감소로 학령 인구가 줄어 대학 통폐합을 추진 중이다.

대만 정부는 2015년도부터 51개의 국립대를 8개에서 12개 사이로, 101개의 사립대학은 20개에서 40개 사이로 통폐합하는 방안을 추진 중이다.

한정된 예산으로 운영하다 보니 고등 교육 경쟁력도 떨어지는 상황이다. 적은 인구수에도 불구하고 미국으로 유학 가는 학생의 수는 지속해서 증가하여 2015년에만 20,993명이 유학을 하러 가서 미국 내 유학생 등록자 랭킹 7위를 기록한 바 있다. 영국에도 유학을 많이 가 2013년도 통계에는 약 16,000명을 기록한 바 있어 대만 내 대학의 상황은 더욱 어려워졌다.

이 결과가 대만 교육부가 통폐합을 서두르는 계기가 되었다. QS 2019 대학 순위 평가에서 국립 대만 대학의 순위는 72위로 올라와 있다.

이 자료에서 서울대는 36위, 카이스트는 40위, 포항공대는 83위, 고려대는 86위로 올라와 있다. 국립 대만 대학의 위상을 어느 정도 가늠할 수 있다. 국립 대만 대학은 대만 교육, 연구의 허브 역할을 하고 있다.

한국과 같이 명문대학을 한 곳에만 있도록 한 것이 아니라 지방에 분교를 세워 교육 평준화를 이루겠다는 의지를 볼 수 있다.

따라서 국립 대만 대학은 여러 곳에 캠퍼스를 갖고 있다. 실질적인 교육 허브 역할을 하는 것으로 볼 수 있다.

이 대학은 1928년에 설립되었고, 2009년을 기준으로 11개 대학, 54개 학과, 100개의 대학원 코스(석사 100개, 박사 91개), 25개 연구 센터, 3만 3천여 명(학부생 1만 7천여 명, 대학원생 1만 5천여 명)의 학생이 재학하고 있다.

대만의 가장 좋은 명문대학이자 아시아는 물론 세계적으로도 이름 있는 대학으로서 대만의 교육 및 연구 허브 역할을 한다.

대학 개혁을 통해
동남아 교육 허브를 구축하는 말레이시아

동남아에서 싱가포르 다음으로 가장 혁신적으로 교육을 개혁하는 나라가 말레이시아이다.

말레이시아의 교육 개혁 부분은 교육의 국제화에 초점이 맞춰져 있다.

한때 우리나라의 해외 연수 및 어학연수가 급격히 늘어났던 적이 있다. 2003년도부터 각 초등학교에서 수학·과학 수업을 영어로 진행하도록 교육을 혁신적으로 바꿨기 때문이다.

대학의 경우, 말레이시아는 〈표 3-9〉에서 알 수 있듯이 최근에 설립된 대학이 많다.

표 3-9. 말레이시아 대학 설립년도

대학명(공식 영어 명칭)	말레이시아 이름	약자	설립 연도	위치
University of Technology, Malaysia	Universiti Teknologi Malaysia	UTM	1975	Skudai, Johor
Tun Hussein Onn University of Malaysia	Universiti Tun Hussein Onn Malaysia	UTHM	2007	Batu Pahat, Johor
Northern University, Malaysia	Universiti Utara Malaysia	UUM	1984	Sintok, Kedah
University of Malaysia, Kelantan	Universiti Malaysia Kelantan	UMK	2007	Pengkalan Chepa, Kelantan
National Defence University of Malaysia	Universiti Pertahanan Nasional Malaysia	UPNM	2006	Kuala Lumpur
University of Malaya	Universiti Malaya	UM	1949	Kuala Lumpur

대학명(공식 영어 명칭)	말레이시아 이름	약자	설립 연도	위치
Technical University of Malaysia, Melaka	Universiti Teknikal Malaysia Melaka	UTeM	2000	Durian Tunggal, Malacca
Islamic Science University of Malaysia	Universiti Sains Islam Malaysia	USIM	1997	Nilai, Negeri Sembilan
University of Malaysia, Pahang	Universiti Malaysia Pahang	UMP	2002	Kuantan, Pahang
University of Science, Malaysia	Universiti Sains Malaysi	USM	1969	Gelugor, Penang
Sultan Idris University of Education	Universiti Pendidikan Sultan Idris	UPSI	1997	Tanjung Malim, Perak
University of Malaysia, Perlis	Universiti Malaysia Perlis	UniMAP	2001	Arau, Perlis
University of Malaysia, Sabah	Universiti Malaysia Sabah	UMS	1994	Kota Kinabalu, Sabah
University of Malaysia, Sarawak	Universiti Malaysia Sarawak	UNIMAS	1992	Kota Samarahan, Sarawak
International Islamic University of Malaysia	Universiti Islam Antarabangsa Malaysia	IIUM	1983	Gombak, Selangor
National University of Malaysia	Universiti Kebangsaan Malaysia	UKM	1970	Bangi, Selangor
MARA University of Technology	Universiti Teknologi MARA	UiTM	1956	Shah Alam, Selangor
Putra University, Malaysia	Universiti Putra Malaysia	UPM	1971	Serdang, Selangor
Sultan Zainal Abidin University	Universiti Sultan Zainal Abidin	UniSZA	2005	Kuala Terengganu, Terengganu
University of Malaysia, Terengganu	Universiti Malaysia Terengganu	UMT	2007	Kuala Terengganu, Terengganu

이것은 대학 설립을 통해 교육 허브를 구축하고자 하는 국가의 전략 때문이다.

필자는 국제 학술대회나 모임에서 말레이시아 교수들을 자주 만나는데, 이 교수들의 대부분이 영국이나 미국에서 박사 학위를 받았을 만큼 교수진이 좋다.

대학교수들은 모두 영어가 유창하고 선진국에서 학위를 받아 연구 수준도 꽤 높다.

본인은 말레이시아 협력 교수로 정식으로 발령받아 활동한 바 있어 말레이시아의 대학들을 살펴볼 기회가 많았다.

말레이시아 정부는 2015년 4월 7일에 발표한 고등 교육 청사진에서 2015년에서 2025년까지 10년 동안 5가지의 주요 포부와 8가지 주요 목표를 제시하였다.

5가지 주요 포부를 요약하면 고등 교육의 창조적 마인드를 통한 기업가 정신 고취, 전통 가치와 동등하게 기술직업 교육의 가치 창출, 학습 경험을 통한 기술 개발 및 혁신 시스템 구축, 개인 및 단체 생활에 있어서의 화합, 고등 교육의 재정적 기반 구축이다.

8가지 주요 목표는 2015년까지 현재의 약 108,000명에서 약 250,000명까지 국제 학생 증원, 2025년까지 현재의 36% 등록 학생을 53%까지 등록 학생 증원, 2025년까지 졸업생 취업률 80% 확대, 2025년까지 아시아 25위 및 글로벌 100위 대학 2개와 200위 대학 4개 육성, 25위 대학 육성을 위해 50개국 중 26위까지 연구 생산 향상, 사회 및 경제적인 어려움을 극복하고 대학에 등록할 수 있는 지원 시스템 구축, 가치 공유를 위한 윤리에 기반한 다양성 교육, 고등 교육 투자 확대이다. 야심 찬 대학 육성 전략이라 할 수 있다.

QS 2019 대학 순위 평가에서 말레이시아 대학은 87위에 올라와 있다. 교육 목표를 달성한 셈이다.

필자가 2017년 9월 프놈펜에서 주최된 국제 학술대회에서 만난 한 말레이시아 교수는 국가에 대한 자부심이 대단하였다.

고급 인력이 자부심이 있는 국가의 미래는 밝다. 일관성 있게 추진해 온 정책 덕분에 정부를 믿는다는 것이다.

한국은 지금 고급 인력들이 자긍심은커녕 현실을 걱정하는 처지로 전락하였다.

고급 인력들이 자긍심이 없는 단체나 국가의 미래는 생각해 보지 않아도 그 결과가 이미 판가름 난 것이나 다름없다.

말레이시아의 여러 대학을 필자가 돌아본 바에 의하면 그 특징은 시설이 완벽하고 영어 소통이 아주 완벽하게 잘된다는 점이다.

교수진들은 연구도 아주 열심히 하고 고급 인력들을 잘 대접한다. 동남아와 필히 협력하여야 할 청소년들로서는 말레이시아 유학을 할 필요가 있다.

노벨상 수상자만 27명을 배출한 스위스 ETH(연방 공과대학)도 고급 인재가 모이도록 개혁을 추진하고 있다

스위스는 인구 약 700만 명의 작은 나라이지만 노벨상 수상자를 27명이나 배출한 나라이다.

인구, 영토, 부를 가진 면에서 보면 이 나라보다 훨씬 크고 많은 것을 가진 나라들이 수없이 많다. 또한, 이 나라는 결코 환경이 좋은 나라가 아니다. 대부분의 국토가 산으로 우리와 환경이 비슷하다. 그러나 스위스는 세계에서 가장 잘사는 나라이고 아인슈타인이 공부하여 박사 학위를 딴 나라로 대학 교육의 수준이 세계 정상을 달린다. 노벨상 수상자 27명 중 20명이 연방 공과대학에서 배출되었다.

그런 스위스도 대학을 통폐합하는 구조조정을 하였다.

연방 공과대학은 고급 인재가 모일 수 있도록 등록금이 저렴하고 공용어인 영어로 강의한다. 입학도 어렵지만, 졸업률 또한 50%를 넘지 않을 만큼 평가를 철저히 한다.

지원은 하되 공부는 철저히 시키는 선진국의 전형적인 대학 시스템이다. 입학과 동시에 졸업으로 이어지는 우리나라 대학들에서는 도저히 생각할 수 없는 현상이다.

『타임』지 조사 대학 순위에서 매년 10위권 안에 드는 스위스 연방 공대의 경우 재정의 90%를 정부가 지원한다. 상위 1%의 학생들이 이공계에 지원하는 것으로 조사되고 있다. 우수한 학생들이 이공계로 몰린다는 얘기다.

로잔에 있는 스위스 연방 공대 FIT(École Poly technique Fédérale de Lausanne)는 필자가 초청을 받아 강연한 대학으로 『타임』지 2019년 평가 11위, QS 2019 대학 순위 평가 7위를 기록할 만큼 명문대학이다.

그림 3-2.

로잔 호숫가에 있는 캠퍼스 일부.

그림 3-3.

로잔에 있는 스위스 공과대학에서 필자가 세미나를 하는 장면. 사진 속의 좌측 가운데에 있는 여성이 학과장이다. 나머지는 박사 과정과 교수진들이다.

　이 대학은 옥스퍼드, 케임브리지 대학과 경쟁하고 취리히에 있는 연방 공대인 취리히 연방 공과대학(ETH)과 더불어 유럽 5대 명문대학으로 꼽힌다. 1855년도에 설립된 취리히 연방 공과대학(ETH)은 110개국으로부터 온

18,500명의 학생이 공부하는 유럽의 5대 명문대학이다.

우리가 너무나도 잘 알고 있는 아인슈타인도 이 ETH에서 공부하고 연구하여 노벨상을 탔다.

그런데도 이 학교에서는 우수한 학생들을 유치하기 위해 발 벗고 나서고 구조 개혁을 지속해서 한다.

최근에는 블록체인이 세계적으로 미래 플랫폼이 될 것으로 판단하고 각국이 인프라 구축에 투자하고 있다.

여러 국가 중에서도 가장 먼저 사회에 인프라 구축을 한 곳이 스위스이다. 스위스의 주크시는 이미 대학 등록금을 블록체인으로 받고 주 의회 선거도 블록체인으로 실시한다. 세계적인 블록체인 다국적 기업들이 대거 이전하여 활동하고 있다.

한국도 이를 위해 몇몇 2~3개 대학에서 연구 센터를 설립하였고 연구도 진행 중이나 많이 늦은 상태이다.

실력이 되는 학생들은 이곳으로 유학을 하러 가면 큰 행운이라고 할 수 있다. 저렴한 등록금으로 세계적인 대학에서 공부할 수 있으니 이보다 더 큰 횡재가 어디 있으랴!

스위스 연방 공과대학의 중점 투자 분야는 다음과 같다.[26]

① 세계 식량 시스템(World food system)

현재 인구는 70억 명에서 2050년에는 90억 명이 넘을 것으로 추정됨에 따라 먹고 사는 문제가 심각하다. 이에 대한 인류의 도전적인 문제 해결이 필요하다(At present, there are over seven billion people living on Earth, and by the year 2050 that figure is expected to have reached nine billion. How to feed that growing world population while at the same time preserving limited natural

---

26 출처: https://www.ethz.ch/en/the-eth-zurich/main-focus-areas.html

resources is one of the biggest challenges facing mankind).

② 미래 도시(Cities of the future)

도시는 문화 센터이자 글로벌 경제 및 지방의 허브 역할을 하게 된다. 그러나 현재의 방법으로는 생존이 불가능하여 경제 및 사회적 관점에서 도시 문제 연구를 한다(Cities are cultural centres and the driving force behind the local and global economy. However, in their present form they are not sustainable, from an ecological, social or economic point of view).

③ 기후 문제(Climate change)

세계 인구 증가에 따른 기후 문제는 심각하다. ETH는 미래 기후 변화 문제에 대처하고자 한다(Climate change is one of the biggest challenges facing the world's population. The broad, interdisciplinary approach that is taken at ETH Zurich gives it a soundly based, holistic perspective on the problem of climate change).

④ 에너지(Energy)

증가하는 인구와 복지 욕구로 현재의 화석 연료로는 미래 생존이 불가능하다. 이에 대한 문제를 연구한다(Today's global energy system, which is mainly based on the use of fossil fuel resources, is not sustainable for a growing world population that is living in increasing prosperity. Energy research at ETH Zurich is therefore geared towards the aim of creating a 1-ton CO2 society).

⑤ 건강(Health)

고령화로 건강이 새로운 문제로 부각되었다. 삶의 질을 높이면서 노년을 보낼 수 있는 문제에 접근한다(A society with an ageing population poses major challenges for scientific research. At ETH Zurich, researchers from many different disciplines are working to ensure that we maintain a good quality of life into old age).

⑥ 위험 문제(Risk research)

세계는 네트워크화되어 위험 재난 문제가 복잡하다. 이에 대해 효과적으로 대처할 수 있는 방안을 연구한다(In an increasingly networked world, the risks also become more complex and can assume global proportions. It is important to identify, understand and model these risks in order to be able to react more effectively to crises).

⑦ 정보 처리 문제(Information processing)

최근에는 데이터를 효과적으로 활용하는 방안이 필요하다. ETH는 정보화 사회에 직면하여 기술적, 사회, 경제적 문제 해결을 추진 중이다(Nowadays, data can be processed more and more efficiently. ETH Zurich is carrying out ground-breaking work to tackle the technological, scientific and socio-economic challenges facing our information society).

⑧ 신소재(New materials)

현대사회에 필요한 신소재가 절실하다. ETH는 이에 대한 기여 방안을 연구한다(Many of the achievements of modern society have only been made possible by the development of new materials. Materials research at ETH Zurich makes an important contribution to this work).

⑨ 산업 공정 문제(Industrial processes)

자원을 효과적으로 활용할 수 있는 현대 산업 공정 개선(The commercial success of a company depends on its ability to produce innovative and reliable products while making efficient use of resources).

표 3-10. 스위스 연방 공과대학의 연도별 순위

대학 평가 기관	2019	2015	2014	2013
THE-World University Ranking, Times Higher Education	7	9	13	14
QS-World University Rankings, Quacquarelli Symonds Ltd	11	9	12	12
ARWU-Academic Ranking of the World Universities, Shanghai Jiao Tong University	19	20	19	20

표 3-11. 스위스 연방 공과대학 출신 노벨상 수상자 명단

년도	분야	수상자(Prize winner)
2002	Chemistry	Kurt Wüthrich
1991	Chemistry	Richard Ernst
1987	Physics	Georg Bednorz/Alexander Müller
1986	Physics	Heinrich Rohrer
1978	Medicine	Werner Arber
1975	Chemistry	Vladimir Prelog
1953	Chemistry	Hermann Staudinger
1952	Physics	Felix Bloch
1950	Medicine	Tadeusz Reichstein
1945	Physics	Wolfgang Pauli
1943	Physics	Otto Stern

년도	분야	수상자(Prize winner)
1939	Chemistry	Leopold Ruzicka
1938	Chemistry	Richard Kuhn
1936	Chemistry	Peter Debye
1921	Physics	Albert Einstein
1920	Physics	Charles-Edouard Guillaume
1918	Chemistry	Fritz Haber
1915	Chemistry	Richard Willstätter
1913	Chemistry	Alfred Werner
1901	Physics	Wilhelm Conrad Röntgen

출처: https://www.ethz.ch/en/the-eth-zurich/main-focus-areas.html

독일 대학도 미국식 경쟁 원리를 도입하고 있다

2차 산업혁명과 정보통신 혁명이 이루어진 20세기 초기까지만 해도 경제 패러다임은 제조업 중심이었다.

교육 시스템도 이에 적합한 도제식이 좋았다.

독일의 도제식 교육은 명성이 높다. 일본의 도제식 교육도 이를 도입한 것이다. 학문도 독일이 주도해 왔다.

2차 세계대전 전까지만 해도 미국도 독일식 교육과 학문을 벤치마킹해 왔다.

그러나 20세기 후반부터는 경제를 이끌어가는 패러다임이 변했다.

ICT를 기반으로 빨리 변하는 패러다임을 쫓아가야 했고 대학 교육도 이에 적합한 시스템으로 변해야 했다.

순수한 교육 기능보다는 연구 개발이 더 중요해진 시대가 된 것이다.

1차, 2차 세계대전을 일으키며 세계의 경제적, 군사적 선도자 역할을 해오던 독일도 이러한 세계적 패러다임에 맞춰 대학 개혁을 추진하고 있다.

창의력과 혁신을 가지고 경제를 이끌어가는 미국식 대학 운영 방법을 도입하지 않고는 경제 성장이 어렵다고 판단한 것이다.

독일의 교육 개혁은 2004년부터 추진되어 왔다.

평등 지원 방식에서 탈피해 선정된 대학에 차별적으로 지원하는 내용이 주요 골자이다.

주요 개혁 방법은 영어 교육, 대학 등록금 도입, 대학의 학생 선발권, 주니어 교수 제도 도입, 대학의 서열화(명문대) 등이다.

이전까지 독일의 교육 정책은 평등 교육을 위해 대학에 안정적으로 지원한다는 개념이었다.

그러나 대학의 경쟁력이 떨어지고 디플로마(한국의 석사 과정 정도)를 마칠 때까지 긴 시간을 국가가 지원하는 소모성 교육으로는 국가가 경쟁력을 가질 수 없다고 판단하여 평등이 아닌 미국식 경쟁을 도입한 것이다.

도제식 교육은 20세기 후반부터 일어난 지식기반 정보통신 시대에는 잘 맞지 않고, 무상 교육도 창의성을 구현하기에는 시대에 맞지 않았다.

따라서 경쟁력에 따라 교수도 지원하고 학생들에게도 돈을 받는 방향으로 개혁한 것이다.

한때 독일의 의사들이 독일을 떠난다고 보도된 적이 있다. 의사로서의 인센티브가 없기 때문에 대접이 좋은 나라로 떠났던 것이다. 옥스브리지 교수들이 미국으로 떠난 것과 같은 맥락이다. 인센티브가 없는 사회에서는 고급 인력 활용은 불가능하다는 것을 잘 전달해 주고 있다.

그동안 독일 교수들의 봉급은 능력이 아닌 연공서열에 따라 결정되어 왔다. 그 결과 능력 있는 전문직이 해외로 빠져나가고 대학 경쟁력이 저하되었다.

독일은 대학 및 연구 기관의 보수 체계를 연공서열 위주에서 성과급 제도로 전환하고 젊은 과학기술자들의 해외 유출 방지를 위해 '주니어 교수' 제도도 도입했다.

프랑스와 독일에서 교수가 되는 것은 미국과 비교할 수 없을 정도로 어렵다. 한국에서처럼 박사 학위만 갖고는 원칙적으로 교수가 될 수 없다. 하빌리타치온(Habilitation, 교수 자격)이라는 논문 심사 과정을 통과해야만 한다.

이 제도는 박사 학위를 가진 사람들이 오랫동안 경험을 쌓은 다음에 미래에 어떻게 하겠다는 청사진과 함께 연구 업적을 제출하여 평가를 받는 것이라 오랜 시간이 걸린다.

유럽 교수들의 명함에 'Dr.', 'Prof.' 외에 'Habilitation'이라는 단어를 함께 기재하는 것도 그런 과정을 통과했다는 학문적 및 사회적 권위 때문이다.

필자도 헝가리에 있을 때 이 제도에 관심이 있어 여러 가지로 문의하고 외국인으로서 이를 받을 수 있는지 문의해 본 바 있다.

외국인에게도 일정한 자격만 되면 하빌리타치온 학위를 준다.

철학, 문학 등 인문학 분야에서는 이런 제도가 학문의 깊이를 더하는 데 큰 역할을 해 왔으나 ICT 기반 지식경제에서는 젊은이들의 기발한 아이디어가 더 중요해진 것이다.

헝가리도 마찬가지이다. 필자가 2012년에 헝가리에서 연구년을 보낼 때, 헝가리 부다페스트 공대 교수 연구실에 'Dr. Prof'라는 명판과 'Habilitation' 명판이 두 개가 있어 처음에는 무엇인지 몰랐다.

나중에야 교수가 되는 길이 그만큼 어렵다는 것을 알았다.

따라서 교수 명판에 두 가지 이름을 가진 교수는 대개 한 학과에 한두 명뿐이고 이들이 학과장을 맡아 학과를 운영한다.

막스플랑크 양자광학 연구소에는 2014년도까지 18명의 노벨상 수상자가 기록되어 있다. 단일 연구소로서 노벨상 수상 숫자로는 가장 많다. 미국의 벨 연구소는 2위지만 2014년도까지 총 8명에 불과했다.

독일 대학 중 하나인 Technical University of Munich(TUM) 은 13명의 노벨상 수상자를 배출했다. 이 대학의 아시아 캠퍼스는 싱가포르에 있다.

그런데도 독일은 시대에 맞게 영어의 중요성을 강조하고 대학을 개혁하고 있다.

독일 유학에 대한 자세한 정보는 주한독일고등교육진흥원(DAAD)에 잘 나타나 있다.

이 기관은 독일의 350개 대학을 대표하는 공공기관으로 학생 및 학자의 교환, 국제적인 프로그램을 통해 독일 대학과 다른 국가와의 국제 관계를 연결하는 기능을 한다.

독일은 학위 제도도 미국이나 영국의 시스템과 달리 마지스터(Magister), 디플롬(Diplom) 등으로 구분되어 있었다.

그러나 유럽연합이 된 이후에는 다른 나라와의 연계가 어려워 2010년 이후부터는 독일의 학위 과정도 학부, 석사, 박사로 변경되었다.

글로벌 시대인 21세기에는 다른 나라와의 평형성도 고려하여 교육 정책도 추진하여야 함을 나타내 주는 사례이다.

이 대학도 2013년 4월부터 학기당 학생의 등록비로 129.40유로(한화 22만 원 정도)를 내야 하는데, 더 상세한 것은 다음의 대학 홈페이지를 들어가 보면 알 수 있다.

아직도 한국 대학보다는 매우 저렴하니, 노벨상 수상을 꿈꾸는 학생들은 한 번 도전해 보는 것이 좋다.

◎ 주한독일고등교육진흥원(DAAD)[27]

- 홈페이지 주소: https://www.daad.or.kr
- 주소: 04631, 서울시 중구 퇴계로 108(회현동 3가) 세대빌딩 6층 602호
- 전화번호: +82-2-324-0655
- E-Mail: info@daad.or.kr

◎ TUM의 노벨상 수상자 명단[28]

- Heinrich Otto Wieland(1877년 6월 4일~1957년 9월 5일), 1927년 노벨 화학상.
- Hans Fischer(1881년 7월 4일~1945년 3월 31일), 1930년 노벨 화학상.
- Rudolf Ludwig Mößbauer(1929년 1월 31일~2011년 9월 14일), 1961년 노벨 물리학상.
- Konrad Bloch(1912년 1월 21일~2000년 10월 15일), 1964년 노벨 물리학상.
- Ernst Otto Fischer(1918년 11월 10일~2007년 7월 23일), 1973년 노벨 화학상.
- Klaus-Olaf von Klitzing(1943년 6월 28일~), 1985년 노벨 물리학상.
- Ernst Ruska(1906년 12월 25일~1988년 3월 27일), 1986년 노벨 물리학상.
- Robert Huber(1937년 2월 20일~), 1988년 노벨 화학상.
- Johann Deisenhofer(1943년 9월 30일~), 1988년 노벨 화학상.

---

27 출처: http://www.daad.or.kr/ko/23434/index.html 2/2
28 출처: https://www.tum.de/en/about-tum/our-university/facts-and-figures/

- Wolfgang Paul(1913년 9월 10일~1993년 12월 7일), 1989년 노벨 물리학상.
- Erwin Neher(1944년 3월 20일~), 1991년 노벨 물리학상.
- Wolfgang Ketterle(1957년 10월 21일~), 2001년 노벨 물리학상.
- Gerhard Ertl(1936년 10월 10일~), 2007년 노벨 화학상.

냉전이 끝난 1990년대에
21세기를 준비한 핀란드

필자는 핀란드를 2005년 12월 학술대회 때 처음 방문하였다.

그 후 핀란드의 명문대학인 알토 대학을 여러 번 방문하면서 핀란드의 고등 교육에 대한 자료를 수집하였다.

이 대학과는 지금까지 협력해 오고 있다.

2013년도 12월에 노키아는 MS로 넘어갔다. 그러나 그런 노키아도 2008년도에는 세계 핸드폰 시장의 40%를 점유했을 만큼 명성을 날렸던 시절이 있었다.

그 막강한 노키아가 멸망한 것은 시장의 흐름을 파악하지 못했기 때문이다. 2009년에 시작된 스마트 혁명의 흐름을 간과한 것이다.

스페인이 기존의 전쟁 기법을 고수하다 영국에게 대패하여 세계 패권에서 밀려난 것이나 노키아가 시장을 잘못 읽어 망한 것은 결국 시대의 조류를 파악하지 못하고 종전의 방법을 고수한 데서 시작된다.

교육의 영역은 시대적 변화를 반영하여야 한다는 점은 마찬가지이고 인재를 육성한다는 관점에서 더욱 중요하다.

핀란드는 인재 관리를 통하여 국가 경쟁력 1위를 갖춘 국가이다. 이 나라는 스위스의 국제 경영대학원(IMD)이 해마다 발표하는 국가 경쟁력 지표에서 수년째 가장 높은 위치를 차지하고 있다.

특히 인재 양성 부분에서는 지난 1997년 이후 연속으로 1위를 차지하고 있다.

교육의 영역에서도 마찬가지이다. 이는 사람의 정신적 가치를 육성한다는 점에서 더욱 중요하다.

핀란드는 국토 면적이 약 33,840,000㎢, 인구는 약 5,560,000명(2015년 기준)의 작은 나라이다. 핀란드는 스웨덴의 지배를 받다가 1809년에 러시아 자치주로 편입된 후 1917년에 독립하였다.

그러나 1939~1940년 사이에는 두 번의 전쟁을 소련과 치르기도 했다.

핀란드가 국가의 생존을 위해 인재 관리에 국력을 기울이기 시작한 것은 1991년에 냉전 체제가 종식되면서부터다.

당시 이 나라는 펄프 공업 외에 이렇다 할 제조업이나 산업이 없었다. 적은 인구, 산업이 빈약한 국가가 살 수 있는 길은 미래의 지식기반형 사회에 필요한 인재 양성이라는 판단 아래 이에 적합한 인재 양성 시스템으로 개혁하였다.

핀란드는 풍부한 목재를 기반으로 펄프 공업이 발달한 나라이다. 노키아는 원래 펄프 제조회사에서 출발하여 전혀 관계도 없는 전자회사로 변모하여 전 세계 휴대폰 시장을 석권한 바 있다.

핀란드 정부는 경제 위기 상황일 때도 R&D 투자를 오히려 늘렸다. R&D 예산이 최우선으로 책정된다는 점이 우리와 다르다. 우리나라는 IMF 위기 때 제일 먼저 잘라낸 것이 연구 인력이었다.

핀란드는 초등학교부터 대학까지 전 과정의 학비를 국가에서 부담해 주는 나라로 유명하다.

교육은 외국인을 포함하여 무상 교육이고 석사 학위를 가져야 초등학교 교사가 된다. 그러나 교육 현장에서 교사의 권한은 절대적이다. 교과서 선택은 물론 평가, 교육 방법까지 교사의 권한으로 이뤄진다. 수준 높은 교사를 양성해 자긍심을 심어주고 자율권을 대폭 주어 효과적으로 교육이 이루어지도록 한다.

최근에 핀란드는 디자인 육성에 힘을 쏟고 있다.

1871년에 설립된 UIAH 대학의 경우 박사 학위를 딸 때까지 학비가 무료이다. 적은 인구로 살아남기 위해서는 첨단기술에 디자인을 접목한 고부가가치를 창출하여야 한다는 생각에서다.

또한, 대다수 핀란드 국민은 영어를 잘 구사할 수 있다.

필자가 핀란드를 방문할 때마다 놀라는 것은 TV에서 방영되는 모든 언어가 영어로 방영되고 핀란드어가 오히려 자막으로 처리되는 것이었다.

이는 국민들의 언어 능력을 길러주기 위해서이다.

한국의 교원 단체, 정부 관계자들이 핀란드의 교육 시스템을 벤치마킹하기 위해 많이 방문하기도 했다.

지금의 한국은 교권이 무너져 학부모가 교사를 평가하는 막무가내식 사건도 자주 등장하는 교육이 된 것 같아 안타깝다.

2019년도 OECD 자료에서도 핀란드는 국가 경쟁력이 1위로 나타나 있다.

저렴한 등록금, 복지가 잘된 국가로 유학을 하러 가서 삶을 설계해 보는 것도 좋다고 본다. 특히 디자인 계통은 미래 21세기에 인공지능과 함께 절대적으로 필요한 영역이자 부가가치가 높은 분야이다.

필자는 절대 후회하지 않을 것으로 판단한다.

다양한 언어 능력 인재를 육성하는 네덜란드

필자는 2005년에 학술대회 발표차 네덜란드에 방문한 적이 있다.

이들 대학의 교육 수준과 연구 실태를 파악하고 교육 시스템을 알 수 있는 좋은 기회이기도 하였다.

작은 나라가 어떻게 강한 복지 국가가 되었는가?

필자가 이곳에 방문할 때마다 갖는 의문이었다.

네덜란드는 국토 면적이 약 4,150,000㎡이고 인구는 약 17,130,000명 정도로 작은 나라이다.

한국과 마찬가지로 이렇다 할 부존자원이 있는 것도 아니다. 그런데도 가장 잘사는 복지 국가가 되었다.

그 비결은 네덜란드에 적합한 인재 양성 전략 덕분이다.

좁은 국토에 자원이 빈약한 국가는 대외 의존도가 높다. 네덜란드는 살아남기 위해서는 인재 양성이 필요하다는 것을 일찌감치 파악하고 교육에 적극적으로 투자하였다.

네덜란드의 외국어 교육은 어려서부터 체계적으로 이루어지는 것으로 유명하다. 그 결과 국민들의 외국어 구사 능력은 세계 어느 나라보다 뛰어나다.

기업이 원하는 다양한 언어를 구사할 수 있는 인재를 공급하겠다는 전략 때문이다.

무역은 대외 의존도가 높다.

부의 기반이 무역에 있기 때문에 국가 경쟁력을 위해서 기업이 원하는 다양한 언어를 구사할 수 있는 양질의 고급 노동력을 쉽게 구할 수 있도록 적극적으로 교육에 투자하였다.

네덜란드 대학의 학과 정원은 국가 전체의 노동 시장 상황과 국가의 인력 양성 수요에 맞춰 능동적으로 조절된다.

한 번 설립하면 절대 바꾸거나 없애는 것은 불가능한 한국 대학의 실정으로서는 도저히 이해할 수 없는 시스템이다.

네덜란드의 대학 교육에 대한 고민은 네덜란드 교육부 장관을 8년간 역임한 요 리츤이 지은 『유럽의 대학: 어디로 갈 것인가』에 잘 나타나 있다.

과거에는 유럽 대학들이 명성을 잘 지켰는데 최근에는 미국과 아시아 대학에게 밀리면서 어떻게 세계적인 대학으로 남을 것인가를 고민하여 저술한 책이다.

작은 국토, 인구 또한 약 17,130,000명이면 결코 많은 인구가 아니다. 그런데도 노벨상 수상자를 19명이나 배출한 네덜란드의 저력은 분명히 대학의 인재 양성 시스템이 우리와는 달랐기 때문이라고 볼 수 있다.

◎ 네덜란드 노벨상 수상자 명단

- Andre Geim, born in Russia, Physics, 2010.
- Martinus J. G. Veltman, Physics, 1999.
- Gerard't Hooft, Physics, 1999.
- Paul J. Crutzen, Chemistry, 1995.
- Simon van der Meer, Physics, 1984.
- Nicolaas Bloembergen*, Physics, 1981.
- Tjalling Koopmans, Economics, 1975.
- Nikolaas Tinbergen*, Physiology or Medicine, 1973.
- Jan Tinbergen, Economics, 1969.
- Frits Zernike, Physics, 1953.
- Peter Debye, Chemistry, 1936.
- Christiaan Eijkman, Physiology or Medicine, 1929.
- Willem Einthoven, Physiology or Medicine, 1924.

- Heike Kamerlingh Onnes, Physics, 1913.
- Tobias Asser, Peace, 1911.
- Johannes Diderik van der Waals, Physics, 1910.
- Pieter Zeeman, Physics, 1902.
- Hendrik Lorentz, Physics, 1902.
- Jacobus Henricus van't Hoff, Chemistry, 1901.

사막에 세계적인 명문대학촌을 건설하여 21세기를 준비한 두바이 국왕

두바이는 1971년 영국에서 독립한 아랍에미리트 연방 공화국(UAE)에 속한 7개 부족 국가 중 하나다.

인구수는 약 160만~170만 명(UAE 전체 인구수는 약 460만 명)이며, 이 중에서 80%가 외국인 노동자다.

1964년에 석유를 발견한 후 다른 석유 국가와는 달리 오일 달러를 이용해 장차 미래를 내다보고 지식산업 허브를 구축하고자 했던 두바이 국왕의 지도력에 대한 보도가 크게 나왔던 적이 있다.

사막에 800m 높이의 7성급 호텔, 야자수 모양으로 조성한 인공섬, 연간 7천만 명의 이용객을 수용할 수 있는 두바이 에어포트(Dubai International Airport), 사막에서 스키를 탈 수 있는 150만 평 부지의 두바이 스포츠 시티(Dubai Sports City), 초대형 쇼핑몰 등 세계적으로 불가사의해 보이는 일들이 그 예다.

그중에서도 가장 돋보이는 것은 세계적인 대학을 유치해 교육 허브 및 지식 기반 21세기 터를 만든 것이다.

최근에 두바이에서는 많은 학술대회가 열리는데, 이것은 인재를 모으는 허브를 구축했기 때문이다.

석유가 나오면 정치 자금을 만들거나 목돈을 챙기기에 바쁜 다른 아프리카나 중동 지도자들과는 달리 돈이 있을 때 국가의 미래를 위해 몇십 년을 내다보고 지식산업 허브를 구축한 그의 혜안은 두바이를 일약 세계적인 국가로 만들었다.

192~194페이지는 유치된 대학들의 명단을 나열한 것이다.

세계 각국의 대학들이 거의 나와 있다.

인도 대학들도 여러 개 진출해 있다. 인도를 저개발 국가가 아닌 교육 선진국으로 취급하는 이유다.

두바이 대학, 특히 아카데미 타운을 소개하는 것은 젊은 대학생들에게 좋겠다는 생각에서 필자는 2017년 11월경에 두바이에서 국제 학술대회를 조직하였다.

기조 강연과 행사를 마치고 여러 대학을 둘러보았다.

황량한 사막에 국제적인 대학들이 들어와서 터를 잡고 수업을 진행 중이었다.

어떻게 해서 여기에 대학을 설립했는지 물어보았다.

두바이 정부가 적극적으로 지원해 주었다는 대답이 돌아왔다.

10년 뒤 이 나라는 지식산업을 가지고 세계를 다시 한번 놀라게 할 것이라는 생각이 들었다.

이 대학촌에는 미국과 유럽의 명문대학들이 포진하고 있다.

그림 3-4.

두바이 사막에 건설된 대학촌의 일부(2017년에 필자가 촬영한 사진).

◎ Private universities and colleges
  - Al Dar University College
  - Al Falah University
  - Al Ghurair University
  - Allied Institute of Management Studies(AIMS), Dubai
  - American College of Dubai
  - American University in Dubai
  - American University in the Emirates
  - Amity University Dubai
  - Atlas Educational Institute - Karama, Dubai Campus
  - Biotechnology University College, Dubai
  - Birla Institute of Technology &Science, Pilani-Dubai
  - Birla Institute of Technology, International Campus-RAK
  - Brentwood Open Learning College
  - British University in Dubai
  - Canadian University Of Dubai
  - Capital Dubai Campus
  - Cass Business School
  - Centre for Executive Education, Dubai Knowledge Village
  - Dubai Medical College for Girls
  - Dubai School of Dental Medicine
  - Dubai School of Government
  - Dubai University College
  - The Emirates Academy of Hospitality Management
  - Emirates Aviation University(formerly Emirates Aviation College)
  - Emirates College for Management &Information Technology
  - Emirates Institute for Banking and Financial Studies(EIBFS)-
    Dubai branch

- European University College(formerly Nicolas&Asp University College)
- European University College Brussels(Hogeschool-Universiteit Brussel)
- Hamdan Bin Mohammed e-University
- Hawowid
- Heriot-Watt University Dubai
- Hult International Business School
- IIM Indore
- Institute of Management Technology, Dubai
- International Horizons College-Dubai
- Islamic &Arabic Studies College Dubai
- Islamic Azad University, Dubai
- Jumeira University
- London Business School, Dubai
- London College of Fashion-Short Courses in the Middle East
- London College of Make-up FZ-LLC
- London Human Resources Institute, Dubai Centre, Knowledge Village
- Mahatma Gandhi University
- Make-Up Atelier Paris school in Dubai
- Manchester University Business School
- Manipal University
- Middlesex University-Dubai Campus
- MODUL University Dubai-Dubai Campus of MODUL University Vienna
- Murdoch University Dubai
- Rochester Institute of Technology-Dubai(RIT Dubai)

- S P Jain School of Global Management-Dubai
- SAE Institute
- Shahid Beheshti University, Dubai
- Shaheed Zulfikar Ali Bhutto Institute of Science and Technology
  (SZABIST)
- Skyline University College
- Synergy University Dubai Campus
- Syscoms Institute
- Universal Empire Institute of Medical Sciences
- University of Atlanta Dubai
- University of Dubai
- University of Modern Sciences
- University of Strathclyde Business School-Dubai Campus
- University of Waterloo
- University of Wollongong in Dubai
- Wings University

인도는 인재 양성 교육 선진국이다 - 인도의 IIT는 어떻게 다국적 기업이 노리는 인재 양성의 메카가 되었는가!

인도의 IIT(Indian Institute of Technology)가 훌륭한 인재를 양성한다는 것은 정평이 나 있다.

GE, 인텔도 IIT 졸업생을 잡으려고 줄을 선다.

구글의 CEO도 인도 출신이다.

QS 2019 대학 순위 평가에서는 뉴델리 IIT가 172위에 올라와 있다.

인도에도 우리나라와 같이 대학(University)이 있다. 그러나 그동안 고질적인 문제점을 해결하려고 많은 노력을 하였으나 실패하자 그 대안으로 1951년에 당시 네루 총리가 MIT를 모델로 IIT를 설립했다.

그래서 IIT는 '인도의 MIT'로 불린다. 인도의 독립이 1947년도이니까 불과 4년 뒤 세계적인 교육 기관 설립을 추진했다는 점에서 네루가 얼마나 장래를 생각한 지도자인지 알 수 있다.

IIT는 인도 내 여러 곳에 있는데 각 IIT 캠퍼스 간 학사 일정이나 교육 과정이 모두 다르다.

필자가 2008년도 여름에 2개월간 방문하여 연구한 구와하티(Guwahati) IIT는 동부 지역에 있는 아삼(Assam)주 지방(방글라데시 부근)에 있는 것으로 1994년도에 설립되었으나 당시도 건설이 한창이었다.

시설부터가 방대하다.

교수와 학생 비율이 대략 8대 1로, 1대 1 수업과 토론을 중시하는 교육을 하고 있었다.

따라서 수강생이 1명이더라도 수업이 개설된다.

우리나라의 경우 수강생의 숫자가 일정한 수를 넘어야 수업이 개설되는 것이 일반적이다.

특이한 점은 그렇게 많은 교육 과정이 개설되더라도 일절 시간 강사를 활용하지 않고 전임 교수가 강의를 전담한다는 점이다.

실제 IIT 대학들은 거의 대부분 시 외곽에 멀리 떨어져 있어 시간 강사가 출근하는 것은 불가능하다.

IIT의 또 다른 특징은 학생과 교수를 포함한 전 교직원이 캠퍼스 내 기숙사에 거주한다는 것이다. 주택 단지의 경관도 빼어나다. 실험실과 강의실은 에어컨은 없어도 24시간 개방하기 때문에 학생들이 언제라도 실험하고 있고 늦게까지 실험실에 불이 켜져 있는 것은 물론이다.

IIT는 뉴델리를 비롯해 뭄바이(옛 봄베이), 카락푸르, 첸나이, 칸푸르, 구와하티, 루르키 등 여러 곳에 19개의 캠퍼스를 갖고 있다.

인도는 방대한 시장을 갖고 있고 영어 소통이 잘되는 나라이다. 또 민주화가 아주 잘된 나라이고 다양한 문화를 갖고 있다.

2019년 신문에는 인도에 한국 기업이 많이 진출해 있고 투자도 많이 하는 국가라고 기록되어 있다.

동남아와 함께 방대한 시장을 가진 나라에서 미래를 위해 이런 대학에 유학하러 가는 것은 청소년들로서는 좋은 기회를 만드는 것이라고 확신한다.

인도의 영향력은 막대하다.

스리랑카, 네팔은 인도인들이고 네팔과 인도는 비자 없이도 왕래가 가능하여 인도보다 더 넓은 시장으로 생각할 수 있다.

그림 3-5. 2005년 IIT 방문 당시 대학 전경

멀리 오른쪽이 기숙사 및 교수 주택. 앞쪽은 교수 주택이 건설 중임을 나타낸다.

그림 3-6.

강연을 마치고 교수 및 학생들과 함께 찍은 사진.

표 3-12. IIT 위치[29]

No	이름	표기명	설립연도	도시	주	Website
1	IIT Kharagpur	IITKGP	1951	Kharagpur	West Bengal	www.iitkgp.ac.in
2	IIT Bombay	IITB	1958	Mumbai	Maharashtra	www.iitb.ac.in
3	IIT Kanpur	IITK	1959	Kanpur	Uttar Pradesh	www.iitk.ac.in
4	IIT Madras	IITM	1959	Chennai	Tamil Nadu	www.iitm.ac.in
5	IIT Delhi	IITD	1963 (1961 설립)	New Delhi	Delhi	www.iitd.ac.in
6	IIT Guwahati	IITG	1994	Guwahati	Assam	www.iitg.ac.in
7	IIT Roorkee	IITR	2001 (1847 설립)	Roorkee	Uttarakhand	www.iitr.ac.in
8	IIT Bhubaneswar	IITBBS	2008	Bhubaneswar	Odisha	www.iitbbs.ac.in
9	IIT Gandhinagar	IITGN	2008	Gandhinagar	Gujarat	www.iitgn.ac.in
10	IIT Hyderabad	IITH	2008	Hyderabad	Telangana	www.iith.ac.in
11	IIT Jodhpur	IITJ	2008	Jodhpur	Rajasthan	www.iitj.ac.in
12	IIT Patna	IITP	2008	Patna	Bihar	www.iitp.ac.in
13	IIT Ropar	IITRPR	2008	Rupnagar	Punjab	www.iitrpr.ac.in
14	IIT Indore	IITI	2009	Indore	Madhya Pradesh	www.iiti.ac.in
15	IIT Mandi	IIT Mandi	2009	Mandi	Himachal Pradesh	www.iitmandi.ac.in
16	IIT(BHU) Varanasi	IIT (BHU)	2012 (1919 설립)	Varanasi	Uttar Pradesh	www.iitbhu.ac.in

////////////

29 설립연도가 다른 것은 기존의 국립대학을 IIT로 전환한 것임.

17	IIT Dhanbad	IIT DHN	2015 (1926 설립)	Dhanbad	Jharkhand	www.ismdhanbad.ac.in
18	IIT Palakkad	IIT-PKD	2015	Palakkad	Kerala	www.iitpkd.ac.in
19	IIT Tirupati	IIT-TP	2015	Tirupati	Andhra Pradesh	www.iittp.ac.in

싱가포르는 국가의 최우선 정책이 교육 허브 구축이다

싱가포르는 교육을 최고의 국가 브랜드로 키우는 나라이다. 따라서 외국계 명문대학은 물론 외국계 기술학교, 전문학교, 평생 교육 프로그램이 매우 잘되어 있는 국가이다.

정책이 일관성 있고 교육이 국가 최고의 핵심 정책이기 때문에 많은 것을 흔들림 없이 배울 수 있다. 따라서 지역적으로도 가까운 싱가포르에 유학할 것을 권장한다. 싱가포르에서 학위를 받을 경우 세계 어느 나라에서든지 인정을 받을 수 있고 특히 동남에 시장에서는 절대적이다.

싱가포르는 80년대까지만 해도 아시아에서 3마리의 떠오르는 용 중 한 마리로 한국, 대만과 함께 세계 언론에 자주 등장했던 나라이다. 하지만 지금은 한국이 도저히 따라갈 수 없는 나라가 되었다. 국민 소득 면에서도 2018년도 IMF 통계를 보면 한국은 32,700불이나 싱가포르는 63,000불로 두 배 가까이 차이가 난다.

무엇이 짧은 기간에 이토록 큰 차이가 나도록 했을까? 국가 경쟁력 지수, 부패 지수, 두뇌 유출 지수 등을 보면 더욱 차이가 난다.

공무원이 청렴하고 국가 경쟁력이 높으며 특히 두뇌 유출이 적은 나라! 앞으로는 더 격차가 날 것으로 필자는 판단한다. 지금의 청소년들은 이러한 점을 파악하여 대학을 선정할 것을 권한다.

싱가포르 국립대학은 『타임』지 조사 순위에서 매년 10위권을 유지한다.

지금은 금융 허브에서 바이오 허브로, 또 디자인을 도입한 혁신적인 프로그램으로 인재 양성을 주도한다. 즉, 인재 양성 전략도 시대적 변화에 맞춰 능동적으로 추진하는 나라이다.

싱가포르는 21세기 지식주도산업 시대에서 자국을 세계적 중심지로 만들기 위해 이미 1998년도에 '산업 21'을 수립하여 발표했다. 교육산업을 육성하기 위해 해외 대학을 유치한다는 전략이다. 이 계획은 성공하여 세계 최고의 명문대학들인 프랑스 인시아드 대학, 미국 MIT, 존스 홉킨스 대학, 조지아 공대 등이 싱가포르에 분교를 설립했다.

교육서비스를 국가의 차세대 성장 산업으로 보고 세계 명문 교육 기관을 국내에 유치해 아시아권의 유학 수요를 흡수함은 물론 싱가포르를 국제 교육 거점으로 만들자는 것이 이 나라의 핵심 정책이다.

표 3-13. 싱가포르에 개교한 외국 대학 분교(싱가포르에 있는 외국계 대학들. 이외의 기술학교. 학과 단위의 분교도 매우 많다)

설립연도	대학명	본교
1998	The University of Adelaide	Adelaide, South Australia
2000	INSEAD	Fontainebleau, France
2000	University of Chicago Graduate School of Business	Chicago, USA
2002	Queen Margaret University, Edinburgh	Edinburgh, UK
2003	James Cook University Singapore	Queensland, Australia
2004	S.P Jain School of Global Management	Mumbai, India
2005	ESSEC Business School	Cergy-Pontoise, France
2005	Cardiff Metropolitan University	Wales, UK
2006	University of Nevada Las Vegas Singapore	Nevada, USA
2007	New York University's Tisch School of the Arts	New York, USA
2008	Curtin University Singapore	Perth, Australia
2008	DigiPen Institute of Technology Singapore	University of Redmond, Washington, USA
2010	Temple University Singapore	Pennsylvania, USA
2011	Embry-Riddle Aeronautical University	Daytona Beach, Florida, USA
2011	Yale NUs College	Connecticut, USA

2017년에 필자가 베트남 호찌민에 방문했을 때, 시내 음식점에는 싱가포르 대학들의 유학생을 유치하기 위한 홍보물이 가득했다. 아시아권의 젊은 인재를 불러 모으기 위해서이다.

싱가포르는 교육 기관이 해외에 분교를 설립할 경우 국가 차원에서 지원한다. 한국의 교육법은 한 푼도 해외에 투자할 수 없도록 하고 있다. 구석기 시대의 유물을 아직도 고치지 않고 있다.

싱가포르의 교육 자료 공개는 더 파격적이다. 매년 8월에는 전체 중학교의 50위까지, 9월엔 고등학교의 전체 순위를 공개한다.

한국에서는 인권이니, 평준화니 하면서 도저히 있을 수 없는 일들을 시장 경쟁 원리로 추진한다.

유학하러 갈 것을 적극적으로 권하는 이유다.

좋은 것을 배우고 자기 인생을 설계할 수 있기 때문이다.

대학 교육 특화를 통해 글로벌 기업들이 모이도록 한 에스토니아

에스토니아를 소개하고자 하는 것은 4차 산업혁명, 지식산업 시대에 이 나라의 대학 교육이 주목받고 있기 때문이다.

에스토니아는 이미 한국 정부 관계자도 방문한 바 있고 한국 언론에도 많이 소개되었다.

필자도 2012년 7월 31일에 에스토니아 탈린에 있는 대학을 방문하여 실험실과 기타 시설을 살펴본 바 있다.

이 대학에 방문하여 교수들과의 대담하고 국제 학술대회를 개최하면서 얻은 지식과 자료를 바탕으로 그 사항을 소개한다.

에스토니아는 인구 약 1,310,000명, 국토 면적 약 4,520,000㎢의 작은 나라이다.

그림 3-7.

2012년 7월 31일, 필자는 국제 학술대회 참석차 에스토니아 대학을 방문하여 상호 협력 문제를 협의한 바 있다.

러시아로부터 1918년 2월 24일에 독립하였으나 승인은 1920년 2월 2일에 얻었고 1940년 6월 16일에 다시 점령당한다.

또 1991년 8월 20일에 재독립하는 등 작은 독립 국가로서 굴곡이 많다.

이 국가는 적은 인구로 산업 시설이 전무하여 경제 성장이 어려운 국가이다. 따라서 젊은 인력과 고급 인력들은 소련에서 독립 당시 일자리를 찾아 해외로 나갔다.

1999년도에는 국민 소득이 5천 불 정도였다.

이런 나라가 어떻게 국민 소득 3만 불대를 향해서 가고 있을까?

2018년도 10월 IMF 자료에는 에스토니아의 국민 1인당 소득은 약 29,500불로 나와 있다. 한국과 거의 같은 수준이다.

비결은 대학 교육 개혁이었다. 적은 인구, 작은 국토, 어느 것 하나 경제 성장에 여건이 유리한 것이 없었다.

에스토니아는 이를 극복하기 위해 대학 교육을 S/W에 특화시켰다.

학과를 방만하게 운영하거나 규모만 늘리지 않고 한 곳에서 적은 돈으로 교육이 가능한 S/W에 집중한 것이다.

시간이 지난 지금은 해외로 나가던 인력이 돌아와서 골라서 취업을 하고 유럽 사람들이 몰려든다.

유럽에서 취업 관문이 높은 것은 이곳에서는 남의 이야기이기 때문이다.

지금은 전 세계에서 교육 성공 모델로 주목받고 있다. 특히 창업 지원이 활발하고 기업을 운영하기에 좋은 국가로 알려져 전 세계로부터 다국적 기업이나 투자자들이 줄을 서고 있다.

일본은 2004년 4월 1일부터 국립대를 법인화시켰다.

국가의 보호 아래에서 안주하던 국립대를 기업처럼 경쟁 체제로 만들어 미국과 같은 세계적인 대학으로 만들겠다는 포부다. 예산 편성이 자율화됐고 학장(총장)의 권한도 커졌다.

동경 대학교는 7명의 부총장을 두고, 2015년도 예산으로 약 259,534백만 엔(한화 약 2조 6천억 원, 연구비 수입 5천억 원 별도)을 사용한 매머드 대학이다.

국가가 6년마다 대학 실적을 평가한다. 대학 순위가 순식간에 바뀔 수도 있기 때문에 사활이 걸린 경영 체제가 불가피하다. 그 때문에 경영의 노하우를 가진 경영 관계자들을 영입하는 추세가 급격히 증가하여 2015년에는 대부분의 대학이 경영 분야 관련 책임자를 두거나 적어도 해당 인물들을 부총장으로 두고 있다.

필자는 일본 동경 공업대학에 매년 2회 이상 연구차 간다. 국제 교류관에 1개월 정도 머무는데 법인화가 되기 이전에는 대략 1개월 사용료가 18,000엔, 즉 우리나라 돈으로 대략 18만 원 정도면 족했다.

그런데 법인화 이후에는 680,000엔, 즉, 68만 원 정도를 지불해야 들어갈 수 있게 되었다. 그리고 각종 전기료, 가스료, 수돗물 사용료 등도 현실화되어 더 지불하여야 한다.

동경 대학은 10명의 노벨상 수상자를 배출한 대학이다. 그런데도 신입생 모집에 늘 적극적이다.

우수한 입학생들을 유치하기 위해 해외에 43개의 사무소를 운영하고 있다. 그뿐만 아니라 총장이 중국, 기타 나라들을 두루두루 돌아다닌다.

일본은 우리나라보다 못한 것이 없다. 경제, 정치, 사회 기반, 대학들의 전문성, 노벨상 수상자 수 등…. 그래도 일본은 우수한 인재 확보를 위해 총장이 직접 이를 챙긴다.

중국에 연락 사무소를 세운 일본 대학은 교토 대학, 와세다 대학, 고베 대학, 히토쓰바시 대학 등 13개나 된다. 이외에도 동경 공업대학은 칭화대와 2004년 9월에 양 대학 대학원생을 대상으로 하는 '대학원 합동 프로그램'을 개설하였다. 학문적 공동 연구 외에 중국에 진출한 일본 기업에서 활약할 수 있도록 중국어·일어·영어 3개 국어를 할 수 있는 전문 인재를 키우기 위한 전략이다.

이처럼 각국은 교육 개혁을 통해 국가 생존 전략을 시도하고 있다.

더 좋은 교육 상품을 국내에서 제공하지 않는 한 교육 탈출은 계속된다.

필자가 알아본 바로는 서울대학교 홈페이지에 명시된 해외 사무소 설치 현황은 3곳이었다. 본인의 실수로 더 많이 찾지 못했기를 바랄 뿐이다.

동경 대학은 세계로부터 신입생을 유치하기 위해 전 세계 43곳에서 해외 사무소를 운영하고 있다. 한국의 대학 중에서 이렇게 적극적으로 우수 인재를 유치하는 대학이 있을까?

표 3-14. 동경 대학교 해외 사무소

Region	Location	Name	Department
Asia	Bangaluru, India	The University of Tokyo India Office	Division of International Affairs
Asia	Bangkok, Thailand	A Collaborative Research Office for Urban Safety (Asian Office, IIS, UT)	Institute of Industrial Science
Asia	Beijing, China	The University of Tokyo Beijing Office	Division of International Affairs
Asia	Beijing, China	China-Japan Joint Laboratory	The Institute of Medical Science
Asia	Beijing, China	University of Tokyo, Institute of Medical Science Beijing Project Office	The Institute of Medical Science

Region	Location	Name	Department
Asia	Dhaka, Bangladesh	Bangladesh Network office for Urban Safety(Branch Office, IIS,UT in BUET)	Institute of Industrial Science
Asia	Hanoi, Vietnam	Zensho-UT Japan Studies Program in VNU-Hanoi(JSPH)	Graduate School of Arts and Sciences
Asia	Harbin, China	Joint Research Program at HVRI	The Institute of Medical Science
Asia	Ho chi minh, Vietnam	Branch Office of Institute of Industrial Science, the University of Tokyo, in Hochiminh City University of Technology (Branch Office, IIS, UT in HCMUT)	Institute of Industrial Science
Asia	Kunming, China	Branch Office of Institute of Industrial Science, the University of Tokyo, in Kunming University of Science and Technology	Institute of Industrial Science
Asia	Nanjing, China	ZENSHO Nanjing Center for Liberal Arts, the University of Tokyo	Graduate School of Arts and Sciences
Asia	New Delhi, India	Underwater Technology Research Center India Office(Branch office, IIS, UT in WWF-India, New Delhi)	Institute of Industrial Science
Asia	Pathumthani, Thailand	Regional Network Office for Urban Safety(Branch Office, IIS, UT in AIT)	Institute of Industrial Science
Asia	Pathumthani, Thailand	Southeast Asian Center for Water Environment Technology(SACWET), the University of Tokyo	Research Center for Water Environment Technology, School of Engineering
Asia	Seoul, Korea	The University of Tokyo SNU Office	Division of International Affairs
Asia	Shanghai, China	National Institute for Advanced Humanistic Studies, Fudan University	Institute for Advanced Studies on Asia
Asia	Ulan Bator, Mongolia	Center for Biodiversity and Ecosystem Restoration in Mongolia, the University of Tokyo	Graduate School of Agricultural and Life Sciences
Asia	Vientiane, Lao PDR	The University of Tokyo Collaborating Research Center for Medical Education, the University of Health Sciences, Lao PDR	International Center for Medical Education, Graduate School of Medicine
Asia	WuXi, China	The University of Tokyo Wuxi Representative Office	Graduate School of Engineering

Region	Location	Name	Department
Asia	Yangbajing, Tibet, China	The Tibet ASgamma Laboratory, Institute for Cosmic Ray Research, the University of Tokyo	Institute for Cosmic Ray Research
Europe	Amsterdam, Netherlands	Data Reservoir Amsterdam Laboratory	Graduate School of Information Science and Technology
Europe	Cadarache, France	Data Reservoir ITER Laboratory	Graduate School of Information Science and Technology
Europe	Canary, Spain	CTA North Roque Muchachos Observatory for Gamma Ray Astronomy, Institute for Cosmic Ray Research, the University of Tokyo	Institute for Cosmic Ray Research
Europe	Geneva, Switzerland	CERN office and laboratory for ASACUSA collaboration, the University of Tokyo	Graduate School of Science
Europe	Geneva, Switzerland	CERN Office for Elementary Particle Physics, the University of Tokyo	International Center for Elementary Particle Physics
Eruope	Lille, France	SMMIL-E	Institute of Industrial Science
Europe	London, UK	The University of Tokyo London Office	Division of International Affairs
Europe	Naples, Italy	Research Unit for the study of Roman archaeological sites in southern Italy	Graduate School of Arts and Sciences
Europe	Paris, France	Paris Office, Center for International Research on Micronano Mechatronics(CIRMM), the University of Tokyo (Europe Office, IIS, UT)	Institute of Industrial Science
Europe	Villigen, Switzerland	PSI Office for Elementary Particle Physics, the University of Tokyo	International Center for Elementary Particle Physics
Middle and Near East	Kabul, Afghanistan	The University of Tokyo Collaborating Research Center for Medical Education, Kabul Medical University	International Center for Medical Education, Graduate School of Medicine
Central and South America	Mt. Chacaltaya, Bolivia	Chacaltaya Observatory of Cosmic Physics, Institute for Cosmic Ray Research, the University of Tokyo	Institute for Cosmic Ray Research

Region	Location	Name	Department
Central and South America	Santiago, San Pedro de Atacama, Chile	The University of Tokyo Atacama Observatory	Graduate School of Science
North America	Berkeley, California, USA	IPMU Berkeley satellite	Kavli Institute for the Physics and Mathematics of the Universe
North America	East Lansing, Michigan, USA	Exotic Femto Systems Overseas Laboratory at Michigan State University	Graduate School of Science
North America	Mauna Loa, Hawaii, USA	Ashra Mauna Loa Observatory , Institute for Cosmic Ray Research, the University of Tokyo	Institute for Cosmic Ray Research
North America	Millard, Utah, USA	Observatory for Highest Energy Cosmic Rays, Institute for Cosmic Ray Research, the University of Tokyo	Institute for Cosmic Ray Research
North America	New York, NY, USA	The University of Tokyo, New York Office	Institute of Industrial Science The Institute of Medical Science
North America	Princeton, New Jersey, USA	East Asian Studies Department &Programs, Princeton University	Institute for Advanced Studies on Asia
North America	Toronto, Canada	North American Office, IIS, UT	Institute of Industrial Science
North America	Washington DC, USA	U.S.-JAPAN Research Institute	Division of International Affairs
Oceania	Brisbane, Australia	Brisbane Office at QUT, IIS, UT	Institute of Industrial Science

◎ 동경 대학교 출신 노벨상 수상자 명단

- Sin-Itiro Tomonaga, 물리학.
- Leo Esaki, 물리학.
- Masatoshi Koshiba, 물리학.
- Yoichiro Nambu, 물리학.
- Takaaki Kajita, 물리학.
- Ei-ichi Negishi, 화학.

- Satoshi Omura, 생화학 또는 의학.

- Eisaku Sato, 평화상.

- Kenzaburo Oe, 문학.

- Yasunari Kawabata, 문학.

제4부

선진국들은
국가의 리더를
어떻게 육성하는가?

선진국들은 국가를 이끌어가는 리더를 전략적으로 육성해 왔다.

지식이 경제를 이끌어가는 핵심 방법이 됨에 따라 지도자의 역량은 더욱 중요해져 가고 있다.

각국이 교육을 국가 최우선 정책으로 정하고 대학을 개혁하는 이유다.

호주, 싱가포르, 두바이, 말레이시아 등은 국가의 가장 중요한 정책으로 교육을 선정하여 허브를 구축하고 있고 영국은 정권이 바뀔 때마다 국가 위기 차원에서 대학 개혁을 핵심 화두로 선정하여 이를 혁신적으로 추진했다.

한국에 대해서는 어떤 판단을 내리면 좋을까?

국가의 흥망성쇠는 곧
인재에 달려 있다

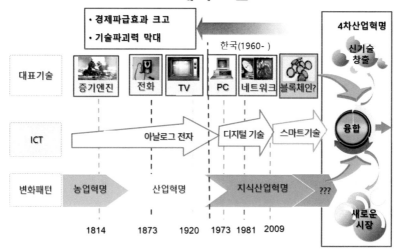

그림 4-1. 인류 역사와 함께 변해 온 기술 트렌드

[그림 4-1]은 인류 역사와 함께 변해온 기술의 트렌드다. 지금 우리는 4차 산업혁명 단계에 들어와 있다고 필자는 판단한다.

사람으로 치면 무릎 위치까지 와 있다고 볼 수 있다. 다만 우리가 못 느끼고 있을 뿐이다.

무인 주행 차는 기술력 테스트 5단계 중 지금 4단계에 도달했다.

4차 산업혁명은 모든 기술이 합해졌다 분할되는 과정을 반복하면서 진화하고 이런 과정에서 신기술과 새로운 시장이 창출된다. 그런 과정은 빨리 이루어지고 경제나 사회에 미치는 파급 효과가 막대하다.

이런 환경 변화를 리드하기 위해서는 그에 걸맞은 인재 양성 시스템이 필요하다. 그런데도 한국 대학의 인재 양성 패러다임은 제조업 시대나 정보통신 시대에 정체되어 있다고 필자는 판단한다.

시설이 좋다고 해서 그것이 곧 현대화를 의미한다고 볼 수는 없다. 대부분의 한국 대학의 시설은 호텔급이다. 그러나 그렇다고 해서 이곳에서 무조건 선진국 수준의 인재 양성을 한다고 판단할 수는 없다.

그 안의 사람들과 생산되는 콘텐츠, 운영 방식을 보아야 한다. 한국 대학에는 한국에서만 신입생 인재를 구하려 하고, 학과 간 장벽은 여전하며, 산업체 인사나 외부인이 교육 과정 개편에 참여하는 것은 불가능하고, 대학 총장은 오로지 학내 후보에 대해서만 교수들만의 패거리 문화로 뽑는 구시대적 발상이 남아있다.

대학의 환경도 급격히 변화했다.

[그림 4-2]는 필자가 대학 환경이 어떻게 변하고 있는지를 요약해서 나타낸 그림인데 그림이 나타내는 바와 같이 지금은 대학 교육이 전 세계적으

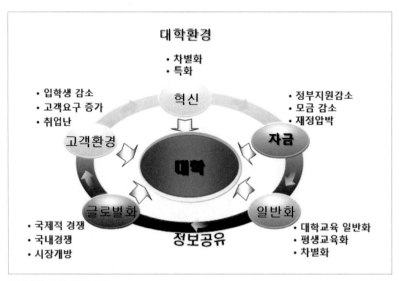

그림 4-2. 대학 환경 변화

로 시민 교육으로 변해 가는 추세이다.

대학 진학률이 급격히 증가하고 첨단기술의 발전 속도도 빨라져 대학의 역할도 변하고 있는 것이다.

그 대신 특화된 방법으로 국가나 지방 자치단체들, 기업에 인재를 공급하여야 하는데 한국의 대학들은 아직도 이런 역할을 제대로 하지 못하고 있다.

- 정주영 회장: 미국의 반대를 딛고 자동차를 생산(1985년)한 도전 정신 이야기, 정주영 회장의 "이봐, 해 봤어?"
- 오바마: "정적을 가리지 않고 인재를 발탁한다."
- 잭 웰치(회고록에서): "75%의 시간을 핵심 인재를 찾고 배치하는 데 사용한다."
- 앨런 구글 회장: "뛰어난 엔지니어 한 명이 평범한 엔지니어 300명보다 낫다."
- 빌 게이츠(어록): "핵심 인재 20명이 없었다면 오늘날의 MS도 없다."
- 마쓰시타 고노스케(어록): "'당신의 회사는 무엇을 하는 회사인가?' 하고 물으면 '사람을 만든다.'고 답한다."

이 같은 이야기는 요약하면 결국 인재의 중요성에 대한 이야기이다.

인재를 발탁해서 미래를 준비하지 않으면 기업이든 국가든 발전할 수 없다는 것을 말해 주는 내용들이다.

즉, 사람이 하지 않으면 아무리 좋은 환경이라도 그 환경은 쓸모가 없고 비전도 없다고 볼 수 있다.

특히 오바마 대통령의 내각 인선은 정적을 마다하지 않고 능력이 있으면 발탁하여 국가를 위해 일하도록 했다는 점에서 한국의 정치와 다르다.

한국의 정치는 한 번 정적으로 몰리면 영원히 화합하지 않고 퇴출하든가 퇴출당해야 한다.

이조 시대의 사화는 대부분 이런 원인으로 인해 발생한 참사다.

인재 패권은 곧 국력으로 연결된다.

인류의 역사를 보면 어떻게 인재를 활용하고 능력 있는 사람을 등용하느냐에 따라 국가의 흥망성쇠가 결정되었다.

가장 오랫동안 찬란한 문명을 이룩한 로마 제국은 타국을 정벌하면 유능한 인재가 자치권을 갖고 그곳을 통치하도록 하였고 정복당한 민족이라도 원로원이나 황제가 될 수 있는 길이 열려 있었다.

셉티미우스 세베루스(193~211년)는 북아프리카 출신의 첫 황제이다. 이런 사례는 원로원에서는 더 많았으니 굳이 정복당했다는 의식을 갖지 않고 주인 의식으로 통일된 로마를 위해 헌신할 수 있었다.

인재 등용문이 활짝 열려 있었던 것이다.

이것이 500년 동안 로마를 지탱한 가장 강한 원동력이었다.

중세기에 들어와서 칭기즈칸이 중국 동쪽 끝에서 폴란드까지 가장 넓은 면적을 지배할 수 있었던 원동력은 장수와 심복을 활용할 때 정복자, 피정복자라는 구분을 두지 않고 활용하였다는 점이다. 항복한 적에게는 재산과 후한 대접은 물론, 적장에게는 적절한 직위를 주었다.

적병의 아들을 자기 아들로 입양하는 경우도 있었다. 그러나 반항하는 적들은 애들을 포함하여 모조리 사살함으로써 공포심을 자아내게 하였다.

거대한 제국을 통치하기 위해서 인재 등용문을 활짝 열어둔 반면, 통합을 위해서는 종족을 모두 사살하는 일까지 서슴지 않았던 것이다.

지금 세계는 그보다 더 치열한 우수 인재 확보 패권에 사활을 걸고 있다. 인재 유치와 고급 인재 양성이라는 두 가지 방법을 다 동원한다.

한 가지로는 효과가 약하기 때문이다.

우수 인재라고 판단되면 각종 혜택과 지원을 아끼지 않는다. 그 인재 양성의 가장 큰 요람은 대학이다. 대학이 얼마나 경쟁력을 갖느냐가 곧 국력으로 직결된다.

최근 각국이 인재 유치나 양성을 하는 형태는 다음과 같은 특징을 갖고 있다.

- 국가나 지역을 초월하여 교수, 연구 인력 유치를 국제화하는 양상을 보이고 있다.
- 고급 인력에 주력하는 형태이다.
- 고급 인력 유치나 양성은 정부, 기업이 시간과 장소에 제한을 두지 않고 동시에 추진한다.

그중에서도 미국은 세계를 이끌어가는 국가답게 인재 양성에 막대한 돈을 투자한다. 미국의 인재 양성 패권의 원인은 〈표 4-1〉을 보면 잘 알 수 있다. 대학 순위를 50위까지만 나타낸 표인데 이 중 12개가 미국이고 싱가포르도 2개 대학이 10위권대에 있다.

표 4-1. 대학 평가 기관 QS에서 발표한 2019년도 대학 순위[30]

순위	대학명	국가
1	Massachusetts Institute of Technology(MIT)	United States
2	Stanford University	United States
3	Harvard University	United States
4	California Institute of Technology(Caltech)	United States
5	University of Oxford	United Kingdom
6	University of Cambridge	United Kingdom
7	ETH Zurich – Swiss Federal Institute of Technology	Switzerland
8	Imperial College London	United Kingdom
9	University of Chicago	United States
10	UCL(University College London)	United Kingdom
11	National University of Singapore(NUS)	Singapore
12	Nanyang Technological University, Singapore(NTU)	Singapore
13	Princeton University	United States
14	Cornell University	United States

///////////////

30 독자들의 이해를 돕기 위해 영문 대학명을 따로 번역하지 않았다.

순위	대학명	국가
15	Yale University	United States
16	Columbia University	United States
17	Tsinghua University	China
18	The University of Edinburgh	United Kingdom
19	University of Pennsylvania	United States
20	University of Michigan	United States
21	Johns Hopkins University	United States
22	EPFL - Ecole Polytechnique Federale de Lausanne	Switzerland
23	The University of Tokyo	Japan
24	The Australian National University	Australia
25	The University of Hong Kong	Hong Kong

80년대에 3마리의 용으로 불리며 비슷하게 출발했지만, 싱가포르는 국가 경쟁력 1위, 국민 소득 6만 3천 불(IMF, 2018년 기준)로 선두 국가를 달리는 반면, 한국은 국가 경쟁력 하위권, 국민 소득 3만 3천 불(MF, 2018년 기준), 대만은 2만 5천 6백 불(MF, 2018년 기준)이다.

대만 국립대는 최근 급격히 경쟁력이 떨어져 QS 2018 대학 순위 평가에서는 72위까지 올랐으나 그동안에는 150위권에 머물렀다.

대만 신문에 의하면 대만 정부가 대학을 2015년도부터 서둘러 통폐합하게 된 직접적인 동기도 대만 대학들의 경쟁력이 저하되면서 해외로 유학 가는 학생들이 급증하고 국가 브랜드마저 서서히 내려가는 상황에서 위기를 탈출하고자 했던 것으로 보도되고 있다. 대학 경쟁력이 얼마나 중요한지 간단한 비교를 통해 알 수 있는 대목들이다.

미국의 패권은 가만히 앉아서 이루어진 것이 아니다.

세계의 하이테크 패권은 인재 패권이다. 실리콘 밸리는 고급 두뇌들이 모여 창업하거나 꿈을 펼치는 집단 과학기술의 산실이자 세계의 첨단기술 개발 단지다.

4차 산업혁명 시대는 공유 경제 시대이다. 실리콘 밸리는 오래전부터 이를 구현해 왔다.

　서로 도와주고, 도움을 받으면서 새로운 생태계를 끊임없이 창출해 나간다. 이처럼 핀란드, 말레이시아, 한국 대덕단지, 스웨덴 등 세계의 모든 나라가 발전을 위해 과학 단지나 창업 단지를 건설하고 운영 중이다.

　그러나 어느 나라도 미국의 실리콘 밸리와 같이 성공한 나라는 없다. 제한적인 영역에서 성공했을 뿐이다. 인재가 모이는 등급이 다르기 때문이다.

　최근 중국은 나라를 개방한 뒤 인재 사냥을 하여 과학기술을 건설하고 경제 부흥을 일으켰다. 좋아진 경제를 바탕으로 외교, 군사 분야에서 공격적인 자세를 취한다.

　중국의 핵 개발에 있어 주도적인 역할을 한 사람들은 파리 대학 연구소 출신의 체산창, 미국 미시간 대학 출신 주관야, 미국 퍼듀 대학 출신 덩자센, 소련 원자력 연구원 출신 저우광자우 등의 인재들이었다. 즉, 인재 없이는 불가능한 이야기이다.

　중국이 세계의 공장을 넘어 세계의 R&D 센터가 되어 가는 것은 인재들이 많이 배출되었기 때문이다.

　인도의 벵갈로도 이미 미국의 실리콘 밸리와 같이 명성이 나 있다. 필자는 지난 2014년 7월 7일부터 17일까지 첸나이 대학들을 돌면서 강연한 적이 있다.

　이때 첸나이의 건설 현황, 대학들의 사활을 건 고급 인재 교육 상황 등을 피부로 느낄 수 있었다.

　이곳은 우리나라의 70~80년대 개발 붐과 같이 건설 붐을 타고 있었다. 이 주에만 6,000여 개의 대학이 있다니, 그 방대함이란 이루 말할 수 없다.

　대부분의 대학은 모두 MBA 과정을 갖추고 있었다. 다국적 기업들의 생산 라인 및 연구소들도 많았다. 한국의 강남과 같은 고층 빌딩에서 수많은 IT기업이 연구를 하고 있었다. 모두 다국적 기업들의 연구소라고 안내를 맡은 인도 과학자가 말해 주었다.

　인도의 대졸자 평균 임금은 월평균 20만 원대로, 인재들을 쉽게 활용할 수 있다. 특히 인도는 공식적으로 영어를 사용하기 때문에 의사소통이 자유로워 필자가 활동하는 데도 전연 무리가 없었다.

한 사람을 회사 환경에 적합한 핵심 인재로 양성하기 위해서는 환경에 적응하도록 훈련하고 많은 투자와 시행착오를 거듭하게 되는데 회사에 맞는 인재를 고르기 위해 실리콘 밸리의 기업들은 내부 직원들의 추천에 의해 인원을 충원하는 경우가 많다.

미국의 기업들은 M&A를 할 때 인재를 구하기 위해 하는 경우도 많다. 통째로 회사를 사서 인재도 구하고 노하우도 얻는 것이다.

인재가 있는 곳으로 회사를 옮기는 사례도 많다. 보스턴에 다국적 바이오 기업이 모이는 것도 이러한 이유에서다.

근무 조건을 아예 우수 인재들의 조건에 맞추는 회사도 많다. 틀에 박힌 행정과 규제 속에서는 자유분방하고 맘껏 꿈을 펼치고자 하는 좋은 인재를 유치하기 어렵기 때문이다.

좋은 인재는 대학에서 더 필요하다. 좋은 인재라야 좋은 인재를 양성할 수 있기 때문이다. 잘못 만들어진 공산품은 폐기하고 다시 만들면 된다. 잘못 만들어진 음식은 버리면 동식물이 먹을 수 있다.

그러나 잘못 육성된 사람은 버릴 수도, 활용할 수도 없고 오히려 사회악으로 남는다.

한국이 이제 남의 것을 모방해서 경제를 발전시키는 단계를 넘어섰다는 것은 누구나 다 아는 사실이다.

바야흐로 한국적 인재 양성 모델이 절실할 때이다.

한국의 대학은 어떤 대학이 무언가에 성공했다면 따라 하고, 입학생 유치나 정원을 채우는 데만 급급하다. 모든 대학이 규모를 키우는 데만 정신이 팔렸고 2년제 대학은 4년제 대학과 같이 총장 이름을 얻는 데 필요한 요건만 채우기 위해 대학 규모를 개편하고 있다.

입시에서는 점수만 중요시하고 대학에서 한국의 철학, 역사관, 민족관, 자긍심을 길러주는 교육은 없어진 지 오래다.

사회적 부패 규모는 커지고 흉폭화되고 있다. 지도층이라는 사람들은 자기 아들을 군대에 보내지 않으려고 애를 쓴다. 권력욕은 있으나 진정으로 한국을 위하는 정치가는 찾기 어렵고, 존경할 만한 사람은 우리 주위에서 사라졌다.

교육이 방향을 잃었기 때문이다.

인재는 하루아침에 길러지지 않는다. 아시아 지역의 인재 패권은 이미 일본, 인도, 중국, 싱가포르, 말레이시아를 중심으로 이루어지고 있다. 그리고 이 영향을 받아서 동남아 국가들이 고급 인재 육성, 첨단기술 개발에 필요한 인프라 구축을 위해 노력하고 있다.

선진국들은 국가의 리더를
어떻게 육성하는가?

미국이나 영국, 프랑스, 일본 등 선진국들은 어떻게 국가의 지도자나 리더를 육성할까?

기업의 인재도 중요하나 국가를 이끌어가야 할 인재는 더더욱 중요하고 기업에서보다도 많은 능력과 리더십이 필요하다.

국가의 흥망성쇠가 달려있기 때문이다.

따라서 선진국들은 국가 지도자 양성에 있어 각별한 전략을 가지고 인재를 체계적으로 육성한다.

선진국의 대학들은 고등학교에서부터 철저히 철학, 국가관, 글쓰기, 국제화 등을 가르친다. 대학에서는 대부분의 교과목에서 수필을 써 오도록 한다. 자기가 쓴 글을 동료나 교수에게 평가받아야 자기 전공을 인정해 주는 대학도 많다.

방학 때는 다른 나라를 보고 오도록 적극적으로 권장하고 경비를 지원하는 대학들이 많다. 지도자가 되기 위해서는 문제 해결의 핵심 방법과 사람들의 다양성을 보라는 뜻이다.

일본이나 영국은 오랜 경험을 바탕으로 독특한 인재 육성 시스템을 갖추고 있다. 이는 도제식 교육에 뿌리를 두고 있다.

조금은 수정되었다지만 지금도 그 방법은 변함이 없다. 교육 정책은 정당, 정권이 바뀌어도 변함이 없다.

미국의 대학들은 어느 대학인지에 상관없이 인성 교육, 자질 향상, 창의력, 토론, 비판적 사고력, 국제관, 사회경험 등을 바탕으로 교육하고 글쓰기 공부는 필수로 철저히 시킨다. 미래에 지도자로 성장했을 때 필요하기 때문이다. 그러나 한국의 대학들은 수필 하나 제대로 쓰도록 교육하지 않는다.

사실 한국의 서당 학습도 도제식 교육의 한 방법으로 볼 수 있다. 좋은 점도 많은 도제식 교육을 우리만의 것으로 왜 발달시키지 못하고 남의 것을 표방하기에만 급급했을까?

아직도 우리의 인재 양성은 독특한 전략 없이 정권과 장관, 지자체장들에 따라 이것저것 헤맨다. 교육부의 정책들도 그와 같은 연장 선상에서 볼 수밖에 없다. 이는 고급 인력을 내쫓는 결과가 된다. 리더 육성 정책은 들어 보질 못했다.

한국의 대학들은 외우는 기술을 통해 객관식형 단편적인 지식은 가르치나 미국의 대학이나 프랑스의 지도자 양성처럼 심도 있는 창의력을 가지면서 국가관을 가질 수 있는 교육을 하지는 않는다.

본인도 초·중·고를 거쳐 대학 교육, 유학도 한 사람이지만 그 어느 과정에서도 한국인으로서 한국관, 한국인의 자긍심 등을 심층적으로 교육받은 적이 없다.

오히려 일본 유학 시절 지도 교수가 일주일에 한 번씩 하는 세미나 시간에 사무라이 정신으로 우리는 열심히 해야 한다는 소리만 많이 들어 일본 사람들의 사무라이 정신만 알 뿐이다.

대학에서 지도자 양성 프로그램이나 이를 지향하는 교육도 없기에 한국관, 미래관, 국제 동향을 체계적으로 공부하고 역량을 갖출 기회가 없다.

따라서 선진국들과 같이 국가를 어떻게 어떤 방법으로 이끌어 갈지 그 정책과 미래 전략을 수립할 수가 없다.

다만 구의원, 시의원, 국회의원 등의 선거를 거쳐 당권을 쥐거나 대표가 되는 등의 과정으로 국가를 관리하는 그룹으로 들어가는 시스템이다.

당연히 4년 뒤의 선거만을 생각해 표와 인기에 초점을 맞춰 정책을 입안하고 그에 적합한 인재를 발탁할 수밖에 없다.

표와 관계된 정책과 님비(NIMBY)가 우선이 될 수 있다.

좋은 대학은 수능을 잘 치를 수 있다면 들어갈 수 있고, 유학을 다녀올 만한 여유가 있다면 학업은 더 잘할 수 있다.

선거 캠프에서는 대중을 모으는 방법이나 술수 등을 배울 수 있다.

그러나 국가를 관리하는 노하우는 철학, 민족관 등을 바탕으로 경험과 사례를 통해 철저히 배워야 한다.

국가 지도자 양성 프로그램 없이 정치판에서 순간순간 잘하다 요행히 표를 많이 얻어 지도자가 되는 무 전략 지도자 시스템으로 미래 국가를 관리하는 데는 한계가 있을 수밖에 없다.

일본은 국가의 리더를
어떻게 육성하는가?

일본의 교육 시스템은 철저한 도제식이다.

대학교수 구조도 피라미드식 구조이다. 교수가 정년이 되거나 중도에 그만두어야 그 밑의 부교수가 교수로 승진할 수 있다.

일본의 사무라이 정신도 마찬가지이다. 각 계파는 피라미드 구조로 되어 있기 때문에 그 조직 내에서 철저한 도제식 학습을 통해 지도자가 탄생한다. 따라서 철저하게 스승이나 상사, 선배의 명령에 복종하는 사회이다. 한국의 조선 시대 세자 교육과 같다.

일본 사회는 조직문화 사회다.

현대적으로 운영한다지만 지금도 조직문화에 뿌리를 두고 있다.

필자는 동경 공업대 대학원에 다닐 때 대학원생들의 행사 시 시작 단계에서 이를 겉으로만 보면 처음에는 아주 시시해 보여서 참석해야 하나 할 정도로 의구심을 가질 때가 많았다.

그런데 행사 일정이 정해지면 아무리 시시해도 누구도 빠지지 않는다. 조직 활동의 한 형태이다. 한국 같으면 이 핑계, 저 핑계로 학생들이 빠지고 행사는 취소되는 경우가 허다하다.

조직을 위해서는 목숨도 초개처럼 버리는 사무라이 정신이 오늘의 일본을 버티게 하는 핵심 정신이다.

예비 지도자도 이러한 사무라이 도제식 교육을 바탕으로 지도자로 성장한다. 일본을 거침없이 전쟁 국가로 끌고 가는 아베 신조의 경우를 예로 들수 있다. 그의 아버지는 신타로 전 외부대신, 할아버지는 기시 노부스케 전수상, 증조부는 사토 에이시쿠 전 수상, 그리고 그의 일가친척 중에도 정치인이 많다.

일본을 위해 어떻게 일하고, 전략은 어떻게 수립하고, 국제 관계는 어떻게 다루며, 일본의 미래를 위해 어떻게 끌고 가야 하는지 갓난아기 때부터 오랫동안 몸으로 배워 온 것이다.

국제사회에서 아베 신조는 매우 능력 있고 부드러운 정치인으로 인정받고 있다.

체계적으로 접근하기 위한 전략 없이 단편적인 반일 감정만 내세워서는 대일 관계를 풀 수 없는 이유다.

일본의 다른 정치인들도 집안에서 대물림하거나 학습을 한다. 일본 사회는 전통적으로 가업을 물려받는 전통이 강해 한 분야에서 최고의 전문가가 되는 것이 일반화되어 있다. 일본의 정치도, 일본 국가를 관리하는 지도자도 마찬가지이다.

아버지의 선거구를 물려받는 일이 허다하다. 세습 정치의 본산이다. 30여 년간 총리 19명이 정치 세습 집안에서 탄생했다.

각료의 절반, 의원의 절반 가까이가 정치 가문 출신이다. 오랜 학습과 몸에 밴 체험으로 국가라는 구성체에 대한 애국심은 물론 관리 노하우를 배우게 된다.

한국은 이러한 국가 관리 노하우 프로그램이 없다.

대학이나 다른 기관에서 배울 기회도 없다. 대한민국이라는 국가를 관리하기 위한 노하우의 전수, 국가 전략, 외교 문제, 국제화, 연설문을 잘 쓸 수 있는 철저한 수필 공부, 이런 것들을 모두 배울 기회가 없이 그냥 정치권에 진입하는 시스템이다.

국가 경쟁력을 어디서 찾아야 할까?

일본 사람들은 돈을 벌면 국가와 인재 양성에 투자한다. 대표적인 것이 마쓰시타 고노스케와 도요타 자동차이다. 마쓰시타 고노스케는 정경숙을, 도요타 자동차는 미국과 일본에 도요타 공업대와 대학원을 설립했다.

일본이 잘되는 길은 전통적인 대물림의 부조리를 없애고 지도자를 양성하는 길이라는 생각으로 1979년에 설립된 것이 마쓰시타 고노스케가 설립한 정경숙이다. 그는 당시 7천억 원의 모든 사재를 털어 일본을 이끌고 가야 할 차세대 지도자를 양성하고자 했다. 이곳에서는 소지일관(뜻을 세우면 실천한다), 자주자립(스스로 한다), 만사연수(모든 것을 배운다), 선구개척(앞서 실천한다), 감사협력(감사하고 협력한다)의 5가지 맹세를 하면서 현장과 인간을 배운다.

그림 4-3.

일본을 걱정하며 1979년 당시 금액으로 사재 7천억 원(한화 기준)을 털어 정치 사관학교를 세운 마쓰시타 고노스케.

한국에는 그렇게 돈 많은 사람들이 많은데 왜 한국을 위해 이런 학교를 세운 사람들이 없을까? 두 민족 간에 돈을 쓰는 방법이 너무 많이 다르다.

정경숙은 미래의 리더를 꿈꾸는 만 22~35세의 지원자를 연수생으로 받아 철저하게 일본식으로 교육한다.

2019년은 정경숙이 설립된 지 40년 되는 해이다. 2018년도 자료를 보면 총 274명이 졸업했고 이 중에서 정치인이 110명(40%), 기업인 109명(39%), 연구 교육자 41명(15%), 기타 19명(6%)인 것으로 나타나 있다.

중앙 정부에서만 총리 1명, 장관 11명, 차관 20명, 정무장관 23명 등을 배출했고 국회의원 35명, 지방의원 24명, 지사 및 기초자치단체장 9명이 이곳 출신이다.

정경숙은 일본을 움직이는 힘이다. 이곳 출신 상당수는 대신이나 국회의원으로 활동 중이기 때문에 정경숙은 일본 지도자 양성소인 셈이다.

한국의 돈 많은 사람들은 이를 자식에게 물려줄 생각만 하는데 미래의 일본을 걱정하며 사재를 털어 정치학교를 세운 마쓰시타 고노스케가 존경스럽다.

95대 총리를 지낸 노다가 총리(2011년 9월 2일~2012년 12월 26일)가 자신이 총리가 된 것은 '마쓰시타 정경숙' 출신이었기 때문에 가능했다고 말한 것이 보도된 바도 있다.

노다 총리는 정경숙 1기생으로 와세다 대학 정치경제학부를 졸업했다. 정경숙의 재학 기간은 2년으로, 이 기간 동안 일본을 배우고, 미래를 걱정하면서 오로지 일본만을 생각하며 공부하는 것을 생각하면 결코 짧은 기간이 아니다.

전 외무장관을 지낸 마에하라 외무대신도 노다 총리의 정경숙 8년 후배이다. 1기생인 노다 의원은 총리, 8기생인 마에하라 세이지(前原誠司) 의원과 겐바 고이치로(玄葉光一郎) 의원은 외상, 2기생인 마쓰바라 진(松原仁) 의원은 국가공안위원장을 지냈다.

신사 참배를 빼먹지 않았던 다카이치 사나에(高市早苗) 총무상은 5기, 오노데라 이쓰노리(小野寺五典) 방위상은 11기, 일본군 위안부 문제를 사죄한 고노를 끊임없이 공격했던 야마다 히로시(山田宏) 차세대당 간사장은 2기 정경숙 졸업생이다.

위안부 문제를 거부하고 태평양 전쟁을 미화하는 그들은 일본 정신으로 무장한 정경숙 출신이다. 이것을 한국 정치인들은 알고 있을까?

회기 중 해외 탐방이나 할 생각으로 나가는 그들은 무엇을 생각하고 있을까?

그들이 그 자리에 오르게 된 과정을 일본과 비교해 보면 국가 경쟁력을 어디에서 찾을 수 있을까?

안타까울 뿐이다.

그러나 시대의 흐름은 막을 수 없는 것 같다.

일본의 대표적인 정치 리더 양성학교인 마쓰시타 정경숙(松下政經塾)도 기울고 있다고 전해지고 있다.

2015년 1월 정경숙 홈페이지에 따르면 현재 4년 과정의 정경숙에 재적 중인 연수생은 12명(32~35기)으로 기수마다 2~4명에 불과하다.

1기 졸업생이 노다 전 총리 등 19명이었고 10기까지 매년 10명 이상이 졸업하던 것에 비해 크게 줄어든 것이다.

지원자 수도 300명을 넘어서던 과거와 달리 최근에는 평균 150~200명 정도이고 2013년도부터는 더 크게 줄었다고 『산케이신문』이 보도하고 있다.

2019년도 자료에는 39기생은 5명이 연수받는 것으로 나타나 있다.

그러나 분명한 것은 일본은 국가를 움직이는 인재의 양성을 위해 여야가 늘 고민하고 이를 실천한다는 것이다.

한국처럼 늘 권력이나 잡으려고 여야가 입씨름이나 하고 국정 교과서 문제로 당의 대표라는 사람들이 피켓이나 들며 항의하는 모습, 걸핏하면 장외로 나가 시민들을 상대로 사생결단을 낼 것처럼 말하는 모습 등은 없다는 것이다.

일본의 인재들은 싸우더라도 적어도 일본이라는 배가 미래를 순항할 수 있도록 같이 숙의한다.

여기서 소개한 것은 극히 일부분이다.

일본의 대학들이 일본 지도자 양성 프로그램을 운영하고 있고 일본 문화의 한 틀에서 연구실 차원에서 인재 양성을 하고 있기 때문에 이를 여기서 다 소개할 수는 없다.

이미 언급했지만, 필자가 동경 공업대에서 박사 공부를 할 때, 지도 교수는 전 세계로부터 유학 온 박사 과정 학생들 앞에서 매주 세미나를 열 때 사무라이 정신으로 공부를 열심히 하자고 첫마디를 하고 세미나를 시작했다. 필자는 그 사무라이 정신이 무엇인지 몰랐지만, 관심을 갖고 차츰 그 정신을 알게 되었다.

일본의 큰 그릇을 생각하고 공대 교수가 전 세계 학생들을 지도한다는 점에서 크게 감명받았던 기억이 난다.

일본의 노벨상 수상자 24명은 그냥 배출된 것이 아니다.

프랑스는 국가의 리더를
어떻게 육성하는가?

프랑스는 국가를 책임질 인재를 어느 나라보다도 더 철저하게 별도로 엘리트 교육을 하는 나라다.

그 중심 역할을 하는 곳이 그랑제콜이다.

그랑제콜은 그 역사도 매우 길다.

국립 토목학교가 1747년도에 설립되었으니 2019년으로 치면 272년째이다. 당시 설립 목적은 프랑스혁명 이후 나폴레옹이 중앙 집권을 위해 체계화된 국가 엘리트 양성의 필요성을 느껴 시작된 것이다.

따라서 초기에는 주로 군사, 공학 분야의 국가 고위 관료들을 양성하였으나 19세기에 들어와서는 분야별로 좀 더 세분되고 전문화된 그랑제콜들이 설립되었다.

현재는 파리 정치대학(정치 분야), 국립 행정학교(Ecole Nationale D'Administration, 행정 분야), 파리 경영대학(경영 분야), 고등사범학교(Ecole Normale Superieure, 인문학과 자연학 분야)로 세분되었다.

그랑제콜은 프랑스의 대학 입학시험인 바칼로레아 성적 우수자 중 상위 4%의 우수한 학생들에게만 입학 기회를 준다. 선진국답지 않게 국가 인재 양성 시스템은 교육 기회 불평등이라 할 수 있다.

상위 4%의 우수한 학생들을 그랑제콜 준비반에서 2년 동안 특수 교육을 한 후 입학시험을 통해 선발한다.

시험 기회는 한 번만 주어진다.

불합격하면 다음에는 기회가 없기 때문에 평생에 한 번만 볼 수 있다. 3수, 4수를 해서라도 일류 대학에 들어가고 거기서 여러 번의 재수 끝에 사법시험을 통과하여 공직이나 다른 일을 하다 발탁되거나 돈을 많이 모아 국회의원에 당선되어 당권을 쥐는 등의 방법을 통해 지도자 라인으로 들어가는 우리와는 다르다.

루이그랑제 고등학교는 프랑스에서도 가장 명문 학교다.

1560년에 설립된 이 고등학교는 프랑스 인재 양성의 최고 엘리트 과정으로 훌륭한 인재를 발굴하기 위해 지방은 물론 해외에도 교사를 파견한다.

그뿐만 아니라 장학금을 주어 경제적인 어려움 때문에 공부를 못 하는 인재를 없애는 정책을 펴고 있다.

루이그랑제 고등학교 학생 2,000여 명 중 1,000여 명이 그랑제콜을 준비하고 있고 이 중 145명이 외국인이라고 보도되고 있다.

그랑제콜을 나오면 프랑스 사회의 중심 엘리트로 자리 잡는다. 프랑스의 정부나 은행, 기업의 주요 간부들 대부분이 그랑제콜 출신이다.

하지만 이런 현상에 대해 사회적으로 불만이 거의 없다는 것이 우리와 다르다.

주목할 만한 것은 엘리트 양성 코스로 운영 중인 170여 개 그랑제콜(Grandes Ecoles)의 80%가 이공계 학교로 운영되고 있다는 점이다.

1794년에 세워진 이공계 대학인 에콜 폴리테크닉은 지금까지 3명의 대통령을 배출한 데 이어 이 대학 출신자가 국가 고급 공무원이나 대기업 간부를 지낼 정도로 부와 명예의 상징으로 각광받고 있다.

프랑스는 그랑제콜 출신자들이 국가 지도자는 물론 학계, 경제계를 이끌어간다. 그 명단을 보면 다음과 같다.

고등사범학교 출신으로는 루이 파스퇴르, 에밀 피카르(수학자), 자크 라캉(철학자), 장 폴 사르트르(철학자), 토마 피케티(경제학자) 등이 있다.

에콜 폴리테크닉 출신으로는 니콜라 카르노(열기관, 열역학의 아버지), 세르쥬 닷소(닷쏘항공 설립자), 앙드레 시트로앵(시트로앵 자동차 설립자), 앙리 베크렐(물리학자. 핵물리의 아버지), 앙리 루이 르샤틀리에(화학자), 앙리 푸앵카레(수학자), 에밀 클라페이롱(화학자. 열역학의 클라이페이롱-클라우지우스 방정식의 원조), 오귀스탱 코시(수학자. 고등학교 수학에 나오는 코시-슈바르츠 방정식의 원조),

카미예 조르단(수학자. 조르단 행렬 창안자), 페르디낭 포슈 등이 있다.

국립행정학교 출신으로는 자크 시라크, 프랑수아 올랑드(24대 프랑스 대통령), 플뢰르 펠르랭(한국계 인사인 중소기업청 장관) 등이 있다.

이 명단을 보면 프랑스의 세계적인 학자는 모두 그랑제콜 출신이고, 현직 대통령도 행정학교 출신이라는 것을 알 수 있다.

프랑스로 입양되어 중소기업청장을 지낸 한국계 여성도 그랑제콜을 나왔다. 즉, 그랑제콜은 국민들의 기대만큼 훌륭한 인재를 많이 배출하여 프랑스 국민들이 이 제도에 대해 불만이 없다는 것이 우리와 다르다.

그러나 그랑제콜은 이러한 엘리트 교육 기관이지만 프랑스 엘리트만 육성하다 보니 국제화에 밀려 프랑스 안에서만 안주하게 되어 국가 경쟁력에 문제가 있다는 판단에 따라 과감하게 미국과 같이 4년제로 개편하고 다른 나라 입학생들을 받기 위해 적극적으로 홍보하고 있다.

국립 행정학교의 경우 프랑스어를 가르치는 2명만이 정규직으로 있고 나머지 1,000명 이상의 교수진들은 매년 다른 영역에서 초빙한다.

기초 공부를 거쳐 유럽, 국제, 일반 업무, 실무 연수 등의 교육을 통해 철저히 국가를 위해 일하는 데 필요한 사항만 집중적으로 교육한다.

우리나라는 이와 같은 우수한 국가 지도자를 위한 인재 양성 기관이 아직 없다.

국제화가 필수가 되는 4차 산업혁명 시대!

공유 경제 시대!

한국의 경쟁력을 어디에서 찾고 지금의 청소년들은 어디서 희망을 찾을 수 있을까?

다음에 그랑제콜의 원문을 그대로 일부 인용한다.

국립 행정학교는 1945년 10월 개교하여 국가에서 일하는 사람을 양성하는 데 목적을 두고 있다(Created by General de Gaulle in October 1945, the founding principles of the Ecole nationale d'administration are to broaden access to the highest executive levels of government service, and to provide professional training for senior civil servants).

약 1천 명 이상의 교수진이 있다*(ENA has a permanent teaching staff of only 2, in French as a foreign language and in sports. More than 1,000 other teachers are recruited each year for all of the school's different educational programs, coordinated by the educational directors).*

행정학교는 훈련 단계, 유럽, 국제 교류, 일반 업무 5개 영역을 교육한다*[ENA has 5 divisions, each headed by a director: studies, outside on-the-job training(stages), European affairs, international relations, a general secretariat].*

싱가포르는 국가의 리더를
어떻게 육성하는가?

싱가포르의 국가 리더 인재 양성도 매우 유명하다.

싱가포르는 경제협력개발기구(OECD)의 국제 학업 성취도 평가(PISA)에서 매년 핀란드와 1, 2위를 다툰다.

한국도 PISA에서 높은 성취를 자랑해 왔으나 싱가포르는 수학, 읽기, 과학 등 대부분의 영역에서 한국보다 상위를 기록한다.

이것은 초·중등학교의 경우를 비교한 것이다.

한국이 초·중등학교에서는 국제적으로 우수한 평가를 받지만, 대학에 가면 상황이 달라진다.

그러나 싱가포르, 핀란드의 경우는 다르다. 세계적인 인재가 대학에서 배출되기 때문이다. 초·중등에서는 같이 선두 그룹에 있는데 한국 대학에서 배출되는 인재는 이들 나라보다 훨씬 못하다.

또 한국의 인재들은 유학으로 빠져나가는 것이 일반화되어 있는데 핀란드, 싱가포르는 우수한 인재가 배출되고 유학생들이 온다면 분명히 한국 대학에 문제가 있다고 생각해 볼 수 있다.

싱가포르는 매년 스위스 국제경영개발원(IMD)이 발표하는 국가 경쟁력 순위에서도 대학 경쟁력 부문 1위에 오른다.

싱가포르는 교육을 국가 최우선 순위 정책으로 추진한다.

이 점이 한국과 다르다.

싱가포르는 인구 약 5,860,000명, 국토 면적이 서울 면적의 1.13배에 불과한 작은 도시국가이다. 자원은 물론 국토도 좁아서 오랜 시간 동안 생존이 가능할 것이라고는 세계의 누구도 믿지 않았다.

싱가포르가 1965년에 말레이시아 연방으로부터 독립할 당시, 세계 언론들은 이 작은 섬나라는 생존 자체가 어려우리라 전망하였다. 실업률은 10%를 넘고, 고정 수입원은 전무하며 무역항도 변변치 못하니 당연한 결론이었다.

그러나 이 나라를 세계 일류 국가로 이끈 것은 바로 강력하고 지속적인 교육 정책이었다. 싱가포르는 인구 구성이 중국계 약 74%, 말레이계 약 13%, 인도계 약 9% 등으로 구성된 다인종, 다언어, 다문화 국가이다.

따라서 갈등이 많고 의사 결정 시 복잡한 이해관계가 많을 수밖에 없다.

그런 연유로 싱가포르는 교육을 통한 국민 통합을 추진하였다. 헌법에 각 인종 간의 평등함을 규정하고 영어, 중국어, 말레이어, 타밀어 등 4개 언어를 공용어로 채택했다. 영어를 기반으로 이중 언어 정책을 추진한 결과, 전체 국민의 영어 구사력은 90%를 넘고, 정상 교육을 받은 층은 영어 활용력이 100% 가까이 된다.

글로벌화 및 지식기반경제에 적응할 수 있는 인적 자원을 육성하기 위해 초등학교 과정부터 대학교 과정까지 과정마다 경쟁을 통해 소수 정예만이 대학 과정을 마칠 수 있는 교육을 실시하고 있다.

싱가포르의 학제는 유치원 3년, 초등 교육 6년, 중등 교육(4~5년), 고등 교육(주니어 칼리지 2년, 직업 훈련 3년), 대학교 4년이다.

초등학교 190개, 중등학교 168개, 주니어 칼리지 22개, 직업 훈련원 1개, 리테크닉 5개, 인터내셔널 스쿨 40개, 대학은 5개가 있는 것으로 집계되고 있다. 원하는 학교로 진학하기 위해서는 국가에서 주관하는 초등학교 6년 과정 이후부터 PSLE(Primary School Leaving Examination), 중학교 4년 과정 후로는 GCE O Level, 고등학교 2년 과정 후에는 GCE A Level 시험을 치러야 한다. 즉, GCE A Level 시험을 친 후에 대학교로 진학할 수 있다.

싱가포르는 국가를 관리할 수 있는 인재를 육성하기 위해 초등학교 때부터 경쟁을 통해 인재를 양성하고 있다. 초등학교 5학년 때부터 세 등급의 우열반을 편성하여 운영하고 초등학교 6학년 때 치르는 졸업 시험 결과에 따라 중학교에 차등 진학한다.

초등학생이 졸업 시험에서 일정한 기준에 도달하지 못하면 졸업을 하지 못하고 유급하여야 한다.

초등학교를 2년 더 다닌 후 졸업 시험에 합격하면 중·고등학교에 진학하며, 불합격자는 직업 훈련원에서 직업 교육을 받는다.

초등학교 때부터 학생들은 자신의 능력에 따라 진학하고, 적성에 맞는 직업을 가져야 한다는 것을 배우게 된다.

한국처럼 능력이 안 되는 학생이 모두 대학을 가려고 하고 대학을 나왔으니 화이트칼라로 일해야 한다는 거품 가득한 생각에 빠지지 않는다.

싱가포르에서는 일단 상급학교에 진학하게 되면 진로를 바꾸기가 상당히 어렵다. 그러나 적성에 맞는 교육과 직업을 갖게 되므로 싱가포르의 교육은 세계 최고를 자랑한다.

싱가포르의 엘리트 양성 정책은 총리가 언급한 시장 경쟁 원리에 의해 추진된다(획일적 평등주의 환상에 사로잡혀 엘리트 교육을 포기하고 교육 평준화를 고집한다면 국가는 열등화, 사회의 하향 평준화를 초래하여 결국은 망국의 길로 접어들게 된다).

싱가포르의 영재 교육은 생후 6개월의 유아부터 시작된다. 초등학교 입학 대상 아동의 100%가 국가의 지원을 받아 사립 교육 기관이 교육을 실시한다.

교육 내용과 운영 실태는 정부가 감독한다. 영어, 출신 민족 고유 언어, 공동생활에 적응하기 위한 자제력 교육, 청소, 정리정돈, 창조력 향상 등의 내용이 교육에 포함된다.

초등교육은 4년의 기본 과정과 2년의 적응 과정으로 나뉘는데 과정이 끝나는 6학년 말에 국가시험(PSLE)을 치른다. 시험 성적에 따라 상급학교 진학 예정자와 예비 취업자로 구분된다.

시험 과목은 영어, 수학, 과학, 제2외국어인데, 언어 능력이 가장 중요하다. 상급학교 진학 대상자는 중등 교육 4년 과정과 고등 교육 2년 과정을 거친 후 대학에 진학하게 된다. 예비 취업자들은 기술 학교로 진학하여 직업 교육을 받는다.

대학 진학자들 중에서 엘리트 코스에 편입된 인재들은 대통령 장학생, 군 및 경찰 장학생으로 선발되어 하버드, 예일, 옥스퍼드 등 세계 유수의 대학에서 학위를 받을 수 있도록 지원한다. 귀국 후에는 정부 고위직에 임명하여 40대의 젊은 나이에 정부 부처 또는 군 수뇌부 등 국가 핵심으로서 국가를 운영한다. 정부 장학생 출신인 리셴룽 총리 등 이들 우수한 엘리트 공무원(Administrative Service)들 집단이 싱가포르를 이끄는 것이다.

이들은 애국심이 강하고, 세계적인 대학에서 공부했기 때문에 국가를 어떻게 체계적으로 관리할지 잘 아는 지도자가 된다.

정치권을 맴돌다 국가 경영 라인에 들어가는 한국과는 다르다. 싱가포르 국립대는 대학 평가 기관들이 시행하는 평가에서 매년 10위권에 드는데 이는 우연히 이루어진 것이 아니다.

〈표 4-1〉에서 나타난 것처럼 세계 15위까지 대학 순위에서 싱가포르는 2개가 10위권에 들어 있지만, 한국 대학들은 없다.

일본의 교수들이 정년 후 대거 싱가포르 국립대로 이전한다는 것은 잘 알려진 사실이다. 평생을 연구하여 자기 분야에서 최고를 자랑하지만, 일본은 대학교수의 정년이 한국과 같이 65세로 한정되어 있다.

연장해 줄 것을 건의한 적이 있는데 받아들여지지 않아 많은 교수가 싱가포르 국립대로 이직했다.

우수한 인재는 국적과 나이를 불문하고 받아들여 활용하는 싱가포르의 정책 때문이다.

잘사는 나라, 복지 국가는 저절로 이루어진 것이 아니라 이처럼 인재를 적재적소에 활용하기 때문에 만들어진 것이다.

한국은 말로만 교육을 부르짖을 뿐 실제로는 다른 정책에 밀린다. 창조 경제 등이 그것이다. 박근혜 정부에 들어서서도 일자리 창출 등 눈에 보이는 정책만 나올 뿐 인재 양성에 대한 이야기는 한 번도 들어보질 못했다. 창조 경제, 일자리 창출을 하기 위해서는 사람 교육을 잘해야 하는데 초점이 잘못되었다고 본다.

문재인 정부에서는 한 번도 인재 양성이라는 단어조차 들어보질 못했다.

오로지 저임금 인상, 소득 주도 성장이라는 단어만 들어 익숙할 뿐이다.

미래전략 없이 단발식 인기전략만 생산하는 행정!

당권과 권력 투쟁만 하는 정치권!

국가의 보조금을 타기 위해 사활을 거는 대학들!

한국호가 갈 길은 뻔하다.

메르켈 총리는 물리학 과학자 출신이다.

그녀가 처음 총리가 되었을 때 많은 사람이 우려하였다. 그녀가 과학자 출신으로 외교 경험은 전무한 데다 물리학과 출신이니 원칙 등을 따질 것으로 걱정하였다.

그러나 당시 국민들의 만족도는 80% 정도였고 추진력이 좋으며 그녀가 모를 법한 외교도 매우 잘하고 있다고 각종 매체가 보도하였다.

이후 메르켈 총리는 2013년 9월 22일 당시 치러진 선거에서 3년 연임에 성공하였다. 야당을 설득하기 위해 직접 총리가 찾아가 설득하는 그녀의 통 큰 정치는 한국의 정치가들이 두고두고 본받아야 할 일이고 지도자가 할 일이 무엇인지를 말해주고 있다.

2015년 3월 9일에 일본을 방문한 메르켈 총리는 "독일은 역사를 직시했고, 이웃 나라들은 인내해 줬기 때문에 2차 세계대전 후 화해할 수 있었다."고 말했다.

이는 일본에 대해서는 과거에 대한 반성을, 주변국들에 대해서는 관용을 촉구한 말이라고 보도된 바 있다.

메르켈 총리는 남부 유럽의 금융 위기에서 사실상 유럽연합을 이끄는 여성 정치 지도자이다.

독일에서 대학교수가 되는 일은 엄격하고 검증된 학술 결과를 바탕으로 국가고시를 보아야만 가능하기 때문에 메르켈 총리와 같은 교수가 정치 지도자가 되어도 지도자적인 철학과 안목을 가질 수 있다.

메르켈 총리는 국가를 효율적으로 이끌기 위해 연정을 마다하지 않고 인재를 끌어안았다. 한국에서는 있을 수 없는 현상이다.

우리는 언제쯤 되어야 그런 통 큰 정치인, 한국을 위해 일하는 사람을 만날 수 있을까?

270여 년의 전통을 지닌 독일의 국립대학 프리드리히-알렉산더 대학교 (FAU)의 부산 캠퍼스가 2015년도 봄 학기에 화학생명공학부 대학원생 모집 포스터를 내걸었다. 독일 대학인 FAU는 첫 아시아 지역 캠퍼스를 부산에 설립했다. 생명공학, 화학반응공학, 기계공정공학, 환경공정공학, 유체역학, 열역학 등 6개 전공과목, 총 25명으로 구성된다.

모든 과정은 독일 본교와 동일한 커리큘럼으로 운영되고 100% 영어 수업으로 진행된다고 홍보했다.

인재를 위해서는 어느 곳이든 간다는 독일의 전략 중 하나이다.

한국 대학들의 이런 포스터는 언제쯤 세계 곳곳에서 볼 수 있을까?

영국은 국가의 리더를 어떻게 육성하는가?

영국의 지도자 양성 기관으로서 빼놓을 수 없는 학교가 이튼 칼리지 (Eton college)이다. 1440년 헨리 6세 왕에 의해(King Henry VI) 세워진 사립 중·고등학교 시스템인데 칼리지라는 이름이 붙여졌다.[31]

이곳에서는 1,300여 명의 학생이 기숙사에서 생활하면서 전인 교육을 받는다. 종교, 음악, 예술, 리더십, 문학은 물론 승마, 수영 등 모든 분야에서 지도자로서 성장하기 위한 교육을 받는다.

이튼 칼리지는 20명의 총리와 문학, 예술가 등 기라성 같은 세계적인 리더를 양성했다.

동료 학생들 간에는 물론 선후배 간 윤리, 전통 및 격식은 사회를 움직이는 하나의 큰 힘과 전통으로 작용한다.

특히 지도자로서 자긍심, 도덕, 윤리, 대인관계, 남을 배려하고 사회에 어떻게 봉사해야 하는지 등 모든 것을 배운다.

이들은 대부분 세계적 명문대에 입학하여 지도자로 성장한다. 한국의 고등학교들은 대부분 수능 준비, 혹은 어떻게 하면 속칭 'SKY 대학'에 들어갈 수 있는지 등에만 신경을 쓰지, 미래 지도자로서 성장하기 위한 덕목을 가르치지는 않는다.

이튼 칼리지의 교사들은 거의 모두가 옥스브리지 출신들로 박사 학위 소지자들이 대부분이다. 그만큼 자부심이 대단하다.

따라서 교사들 역시 학생 지도를 위해서는 개인 시간과 휴일을 반납하는

---

31 출처: http://www.etoncollege.com/about,eton2.aspx

일 등을 기꺼이 한다. 교사의 자긍심과 학교의 오랜 전통 등이 어울려 세계 적인 인재를 양성한다.

오래전 삼성이 이튼 칼리지와 같은 고등학교를 세우기 위해 준비했으나 서울 교육청이 위화감을 조성한다는 이유로 만류하여 포기한 적이 있다.

그런데 1440년도에 인재를 양성하기 위해 왕이 이튼 칼리지와 같은 교육 정책에 직접 나섰다는 데서 영국인들의 미래상을 볼 수 있다.

세계의 지도자들은 어떤 대학에서 공부할까?

영국이 단연 많은 지도자를 배출했다.

〈표 4-2〉를 보면 세계의 지도자 중에서 영국에서 공부한 사람이 많다. 이들이 성장해서 귀국한 후 영국에 대해서 어떤 정책을 펼칠 것인지는 생각해 보지 않아도 잘 알 수 있다.

영국은 자국은 물론 세계 지도자 양성의 산실이다. 패권 국가의 국제적 위상 중에서 저절로 형성된 것은 하나도 없다.

작은 섬나라가 세계를 제패한 원동력은 인재를 육성하는 데 있었음을 알 수 있다.

표 4-2. 영국 대학들의 세계 인재 양성 현황

옥스퍼드 대학	국가	직위
Malcolm Turnbull	호주	수상
Jigme Khesar WangChuck	부탄	왕
Epeli Nailatikau	피지	대통령
Viktor Orban	헝가리	수상
Abdullah II	요르단	왕
Philipe	벨기에	왕
Abdul Hamlim Kedah	말레이시아	왕
브리스톨 대학	국가	직위
Letsie III	Lesotho	왕
Joseph Muscat	몰타	수상
Albert II	모나코	수상

런던 경제대학	국가	직위
Lionei Zinsou	Benin	수상
Juan Manuel Santos	콜롬비아	대통령
Anote Tong	Kiribati	대통령
케임브리지 대학	**국가**	**직위**
Lee Hsien Loong	싱가포르	수상
Margrethe II	덴마크	여왕
Letsie III	Lesotho	왕
버밍험대		
Perry Christie	Bahamas	수상
Kenny Anthony	St Lucia	수상
맨체스터대		
Olafur Ragnar Grimsson	아이슬란드	대통령
Haider Jawad Kadhim Al-Abadi	이라크	수상
Michael D. Higgins	아일랜드	대통령
FIllipe Nyusi	모잠비크	대통령
Rami Hamdallah	팔레스타인	수상
Ralph Gonsalves	St Vincent	수상
Ahmed Mohamed	소말리아	대통령
Gaston browne	Antigua	수상
브리스톨 대학	**국가**	**직위**
Letsie III	Lesotho	왕
Joseph Muscat	몰타	수상
Albert II	모나코	수상
런던 경제대학	**국가**	**직위**
Lionei Zinsou	Benin	수상
Juan Manuel Santos	콜롬비아	대통령
Anote Tong	Kiribati	대통령
케임브리지대	**국가**	**직위**
Lee Hsien Loong	싱가포르	수상
Margrethe II	덴마크	여왕
Letsie III	Lesotho	왕

버밍험대	국가	직위
Perry Christie	Bahamas	수상
Kenny Anthony	St Lucia	수상
맨체스터대		
Olafur Ragnar Grimsson	아이슬란드	대통령
Haider Jawad Kadhim Al-Abadi	이라크	수상
Michael D. Higgins	아일랜드	대통령
FIllipe Nyusi	모잠비크	대통령
Rami Hamdallah	팔레스타인	수상
Ralph Gonsalves	St Vincent	수상
Ahmed Mohamed	소말리아	대통령
Gaston browne	Antigua	수상

출처: UK universities that have educated more than one leader(https://www.
timeshighereducation.com/news/where-do-world-leaders-study-oxford-and-
manchester-are-top-uk-destinations).

미국은 국가의 리더를
어떻게 육성하는가?

뭐니 뭐니 해도 패권 국가답게 미국은 인재 양성의 패러다임이 다양하고 대학이 이를 책임진다.

2014년 10월 25일 자 『문화일보』 'Life & Story'에는 조지 프리드먼의 인터뷰 기사가 신문 전면에 양면으로 실렸다. 인터뷰의 요지는 21세기에도 미국의 절대 패권은 더 강해질 것이고 2020년에는 소련이, 2030년에는 중국이 갈라지거나 망한다는 내용이었다.

미국이 이처럼 절대 왕자로 군림하게 된 이유는 대학 교육의 시스템에 있다. 세계적인 대학, 노벨상 수상자 배출 수 등에서 미국은 다른 나라의 추종을 불허한다.

노벨상 수상은 대부분이 대학에서 받은 것들이다. 그만큼 대학의 학문이 혁신적이고, 창의적이며 늘 미래를 향해 질주한다.

학문과 사회가 움직이는 데 필요한 다양한 이론과 근본적 대안을 제시하는 곳이 대학이다. 학생들이 지도자로서 성장할 수 있는 근본적인 자질을 대학에서 충분히 공부하고 나온다고 볼 수 있다.

미국 대학들은 각 대학이 세계관, 미국 시민으로서의 자존심 등을 학부에서 철저히 가르친다. 미국의 어느 대학이라도 글로벌한 생각을 갖도록 가르치지 않는 대학이 없다.

예를 들면 에머스트 대학의 경우, 2천 명이 채 안 되는 학부 중심의 작은 대학이다. 그러나 학생들에게는 미국 시민사회, 국제사회의 리더로서 활동할 수 있도록 철저한 소양과 자질을 가르친다.

이들이 미국의 하버드나 예일대 등에 진학하여 대학의 명성을 날린다.

이 대학도 대통령을 탄생시킨 대학이다.

부시 대통령의 부인과 힐러리 클린턴이 나온 웰즐리 대학도 학생 수가 2천여 명밖에 안 되는 작은 대학이다.

그러나 학부의 철저한 리더 교육은 이미 명성이 나 있다.

대학에서 대학 특징에 따라 다양한 방법으로 자질을 가르치는 것이 미국 대학의 교육 방법이다.

서재필, 이승만 대통령이 졸업한 조지워싱턴 대학의 스티븐 드래챈버그 총장은 재임 시 다른 나라에 가서 보고, 듣고, 친구들을 사귀라고 학생들을 지원하였다. 다른 각도에서 미국을 보고 세계를 배우라는 것이다.

다른 미국의 작은 대학들도 학생들이 해외에 나가서 배운다면 교통비와 체류비까지 지원해 주는 곳이 수두룩하다. 지도자 양성을 위해 대학이 이렇게 투자한다. 그로 인해 얻는 다양성은 이루 말할 수 없다.

근본적으로 미국의 대학들은 학부에서 철학, 국제 활동, 사회학, 글쓰기, 자기표현, 교양, 봉사활동 등 지도자로 성장하는 데 필요한 모든 것을 철저하게 가르친다.

미국 대학들의 또 하나의 공통점은 글쓰기를 철저히 가르친다는 점이다.

대학에 따라서는 매주 자기가 쓴 글을 동료 학생들과 교수들에게 평가받아야 할 정도로 철저히 가르친다.

공대의 경우에도 대부분의 대학이 2~3페이지 분량의 수필 숙제를 매주 학생들에게 내준다.

필자가 2000년도에 캐나다 앨버타 대학으로 연구년을 보내러 갔을 때의 일이다. 당시 필자 가정의 막내 아이가 초등학교 3학년이었는데, 거의 매일 신문 사설을 교사가 오려 주고 이것을 읽고 수필을 써 오도록 숙제를 내주는 것을 본 적이 있다.

당시 둘째 딸은 이것이 인연이 되어 캐나다에서 고등학교에 다녔는데 교과목이 화학인데도 고등학교에서 매주 수필을 써내도록 하는 숙제를 내주는 것도 본 적이 있다.

나중에 성인이 되었을 때 글쓰기, 자기표현을 잘할 수 있도록 초등학교는

그림 4-4.

인재 양성에서 다양한 지원 역할을 하는 미국의 AAAS 2006년 최대의 포럼이 샌프란시스코에서 열렸을 때 필자가 방문해서 찍은 사진이다. 청소년에서부터 원로까지 다양한 사람들이 전 세계에서 모여든다. 현장에서 만난 영국의 한 고등학교 교장은 전교생을 이끌고 매년 이 대회에 참석한다고 말했다. 무엇이 이러한 원동력을 제공할까? 한국의 행사는 공금을 활용해서 치르는 행사로 어느 행사나 판에 박힌 행사가 되었고 기조 강연, 인사말 등으로 지루하기 짝이 없다. 결국 이러한 차이점은 대학의 교육 방법이 다르고 창의력이 다르기 때문이다. 한국도 이처럼 역동성 있는 행사를 구성할 수는 없을까?

물론 대학에서 철저히 교육하고 봉사활동을 통해 사회를 보도록 교육한다. 다른 사람을 배려하고 어렵게 사는 사람들을 보라는 뜻이다.

지도자로서의 소양 교육이라고 할 수 있다. 한국 대학들이 교양을 가르친다고 해 놓고 출석만 하면 점수를 주는 것과는 비교도 할 수 없다.

한국 학생들이 제아무리 봉사 활동을 한다지만 엄마들의 치맛바람으로 성적 처리를 한다는 것은 이미 알 만한 사람들은 다 안다.

성인이 된 다음 국가 지도자로서 활동할 때 어떤 인재가 제대로 세상을 볼 수 있고, 어떤 외교를 해야 하며, 어떻게 국가를 끌고 가야 할지 그 능력을 놓고 보았을 때 경쟁은 이미 결판 난 것이다.

세계를 움직이는 리더!

세계의 다국적 기업!

늘 혁신과 창조적인 아이디어로 신생 기업을 창출하는 미국의 힘은 대학 교육의 혁신에서 나온다.

미국 패권의
원동력은 무엇일까?

미국 사람들의 창의 정신, 도전 정신은 세계 최고다. 철저한 시장 경쟁 원리에 의해 개성을 잘 살릴 수 있도록 교육 시스템을 구축하고 최고의 인재를 양성한다.

미국은 고급 인재를 통해 세계 최고의 첨단기술을 개발한다.

어떻게 고급 인재가 모이도록 하고, 육성해 가는가?

첫째는 대학 총장 시스템이다. 미국 대학들은 총장을 세계적인 관점에서 발탁한다. 총장 선출 위원회에서 미국은 물론 전 세계에서 후보자를 물색해서 총장을 선발한다.

미국 대학의 총장들은 우리나라처럼 선거에 의해 인기에 영합하는 사람들은 될 수 없다. 능력과 리더십을 겸비한 사람들만이 될 수 있다.

또한, 총장이 되기도 어렵지만, 한 번 총장으로 임명되면 장기적으로 소신껏 일할 수 있다. 드래챈버그 총장은 30년 동안 총장을 역임하였고 300년 된 예일대의 총장은 고작 13명으로 평균 14년의 임기를 가졌다.

엘론 대학의 영 총장은 1973년 32살에 총장에 취임하여 1998년까지 만 25년 동안 총장을 역임했다.

한국 대학의 총장들은 직선이든 간접선거든 한 번 되면 4년 단임으로 끝난다. 장기적인 포석에서 대학을 운영할 수 없다.

한국이 아직 세계적인 명문대학을 보유하지 못하고 노벨상을 탈 수 없는 가장 큰 이유다.

둘째는 미국은 근본적으로 교육에 시장 경쟁 체제를 도입하여 운영한다는 것이다. 학문에 대한 열정과 창조적인 아이디어를 가진 교수들에게 나이와 연공서열에 관계없이 공정한 평가를 통해 지원한다.

대학 운영도 능력 위주로 인재를 발탁하여 효율적으로 한다.

학연, 지연, 혈연에 연연하지 않고 공정하게 교수 업적을 평가하고 합리적으로 의사 결정을 하는 시스템이야말로 미국 대학을 최강으로 만드는 가장 큰 원동력이다.

학생들에 대한 교수들의 평가 또한 공정하게 이루어진다.

미국 사회에서 취업이나 사람을 등용할 때는 교수의 추천서를 받는 것이 필수이다. 채용하고자 하는 사람에 대해 교수만큼 잘 아는 사람은 없고 또한, 교수의 평가가 가장 공정하기 때문이다.

한국에서는 기업에서 교수 추천서를 요구하지도 않지만 일반화되지도 않았다. 있다 하더라도 공정한 평가라고 보기는 어렵다. 그저 제자니까 일상적으로 써 주는 정도이다.

나이, 연공서열, 인맥 중심으로 운영되는 한국의 대학 시스템이 세계적인 대학이 될 수 없는 이유다. 우리나라에도 정부에서 연구를 지원하는 기관들이 많다. 그러나 지원하는 방식과 평가 형태는 비슷하다.

필자는 2005년도에 인도 IIT의 대학교수를 초빙하여 1년간 함께 연구한 바 있다. 그는 미국 마이크로소프트사에서 연구비를 받아 국제적인 연구를 해 본 경험이 있는 교수였다. 두 쪽 분량의 연구 계획서를 제출해 2억 원의 연구비를 지원받았다고 한다.

필자가 그를 초빙하여 연구하는 동안에 그에게 연구 계획서 작성을 부탁하면서 최소한 20쪽을 채워 달라고 요구했다.

그의 대답이 재미있었다. "많이 쓰면 지원금이 더 큰가 보죠?"

또한, 필자는 2000년도 캐나다 앨버타 대학 연구년 기간 중 가족들과 함께 로키산맥을 넘는 여행을 한 바 있다. 캐나다의 밴프-재스퍼-로키산맥으로 이어지는 여행 코스는 아름답기로 유명한데, 이와 더불어 자연을 배울 수 있는 학습 장소이기도 하다.

로키산맥 정상에는 한 과학자가 40년 동안 로키산맥의 기상을 관측할 때 사용하였던 움막과 자료들이 보관되어 있었다.

제주도 한라산과 백두산의 기상을 관측하겠다고 연구 계획서를 낸다면 과연 받아들여질까?

셋째는 대학이 기업에 줄 수 있는 핵심 기술을 연구하고 가르친다는 것이다. 대학의 교육 과정이 시장의 기술 동향을 반영하여 편성되고 운영되기 때문이다.

교수 전공 중심으로 교육 과정을 편성하지 않는다. 학·석·박사 과정을 굳이 구분하지 않고 능력에 따라 교육 과정을 마칠 수 있도록 한 점도 세계적인 인재를 유인하는 역할을 한다.

또한, 연구 과정에서 학생들이 연구원으로 참여하여 활동하게 되므로 자연스럽게 사회에서 필요한 기술을 파악하고 연구하게 된다.

우리처럼 재교육이 필요 없다.

미국의 2015년도 예산은 총 3조 9,010억 달러인데, 과학기술 예산은 1,354억 달러로 전체 예산의 3.5% 수준이다.

이 자금은 연구 프로젝트비로 지원할 때 대개 프로젝트에 참가하는 연구원들의 인건비로 지원된다. 많은 연구비를 지원한다는 의미는 고급 인재 양성을 한다는 것과 같다.

따라서 미국의 우수한 공과대학 주변에는 항상 첨단 기업들이 인력을 찾아 모이는 선순환 생태계가 이루어진다. 실리콘 밸리도 스탠퍼드 대학과 캘리포니아 대학 부근에 기업들이 모여 형성된 집단촌이다.

하버드, MIT, 보스턴 대학과 같은 대학에 우수한 바이오 인재가 많아 바이오 기업들이 모여드는 것과 같은 이유다.

필자도 연구 발표차 이곳에 방문한 적이 있는데 보스턴 대학도 세계적인 연구 성과를 내놓고 있어 기업들로부터 연구비를 지원받고 있었다.

학연을 찾아 멀리 떨어져 있는 모교만을 선호하는 방법으로는 효과적인 기술이 개발되지 않는다.

후진국들의 경우는 대학과 기업의 유기적인 관계도 없다.

기업은 독자적인 개발 체제를 운영하고 대학에서는 교육 과정 편성 시에 산업계 동향을 반영하지도 않는다. 교수 전공에 맞춰 교육 과정을 편성하고 한물간 지식을 가르치는 대학에 기업이 투자할 리 없다.

돈을 버는 것이 기업의 생리다.

기업은 자선단체도, 교육 기관도 아니다.

돈이 벌리지 않으면 투자하지 않는 것은 당연하다.

미시간 주립대 보고서에 나와 있는 2015년도 미국의 이공계 임금 구조를 보면 대졸 초임의 경우 5만 7천 달러로 전기공학이 가장 높다.

4만 7천 달러 이상의 상위 연봉자는 모두 공대 출신들이다.

미국은 9·11 테러 이후 대학원생이나 대학생의 학업 비자 발급을 엄격히 제한하였다.

그 결과 우수한 두뇌가 유입되지 않아 미국 과학자 협회는 정부에 미국 비자의 제한을 풀어 줄 것을 강력하게 요구하였다.

그래서 미국 정부는 우수 두뇌를 적극적으로 유치하기 위해 비자 제한 철폐를 한 바 있다.

미국의 3대 학술원(국가 과학원, 국가 공학원, 미 의학연구소)은 미국의 경쟁력은 인재 양성뿐이라는 보고서를 내기도 했다.

지식을 선도하기 위한 미국 대학들의 변신은 지금도 끊임없이 이루어지고 있다.

미국을 현재와 같은 패권 국가로 만든 것은 대학이고 그 원동력은 창조적 발상과 능력에 따라 대접받고 지원해 주는 시스템에 있다.

독특한 학제를 다양하게 운영하는 대학을 많이 가진 미국은 앞으로도 패권을 계속 쥘 것이다

미국 대학들은 설립 당시의 핵심 가치에 기반을 두고 독특한 인재를 양성한다. 쉽게 말하면 다양한 대학들이 설립 당시의 가치관에 따라 차별화된 학제를 운영한다.

이처럼 설립 당시의 정신을 흔들림 없이 유지하며 지속해서 인재를 공격적으로 양성할 수 있는 것은 대학 운영에 필요한 막대한 재원을 기부를 통해 모을 수 있기 때문이다.

돈이 있어야 교육도 제대로 할 수 있다. 20013년도 하버드 대학의 기부금은 327억 달러, 예일 대학 207억 달러, 프린스턴 대학 188억 달러, 스탠퍼드 대학 187억 달러, MIT 109억 달러였다.

미국인들은 대학을 위해서 기부금을 내는 것을 영광으로 생각한다. 많은 부자나 기업들이 조건 없이 흔쾌히 자선단체나 대학에 기부한다.

필자는 2006년도부터 2007년도까지 과학문화재단 과학문화연구소장으로 있으면서 예술과 과학의 만남, 과학과 종교의 만남, 과학과 철학의 만남, 과학과 인문의 만남, 과학과 사회의 만남 등을 주제로 연속해서 포럼을 진행한 바 있다.

당시만 해도 이러한 화두로 포럼을 진행하거나 학과를 설립한 대학이 거의 없었다.

그러나 최근에는 대부분의 대학들이 융합이라는 화두를 강좌에 도입하고 있다. 국내의 거의 모든 대학이 융합학과 또는 학부, 더 크게는 융합대학을 설립했다. 어느 대학이 선수를 치고 좀 이상한 학과나 제도를 만들면 유행병처럼 전국에 퍼진다.

특징 없이 판박이가 될 가능성이 크다.

처음에는 한두 개 학과로 시작하거나 전문대로 시작해 점점 외형과 규모를 키우고 다른 대학들이 하는 것을 따라 하기 바쁜 것이나 자식에게 물려줄 돈은 있어도 대학에 흔쾌히 기부금을 내지 않는 전통은 한국이 훌륭한 인재를 양성할 수 없는 치명적인 구조로 되어 있다는 점과 일맥상통한다.

정부의 한정된 재원으로는 한계가 있기 때문이다.

대학들도 교육에 대한 비전과 패러다임을 국민과 지역민들에게 공유하고 윈윈하기보다는 등록금으로 운영을 유지하고 투명하게 그 기부금들을 어떻게 사용했는지를 발표하지 않아 기부금에 대한 선순환 구조가 형성되지 않는다.

표 4-3. 미국 대학들의 기부금 현황(2017 회계연도)

대학명	2017 기부금	순위
Harvard University(MA)	$37,096,474,000	2
Yale University(CT)	$27,216,639,000	3(공동)
Stanford University(CA)	$24,784,943,000	7
Princeton University(NJ)	$23,353,200,000	1
Massachusetts Institute of Technology	$14,832,483,000	3(공동)
University of Pennsylvania	$12,213,207,000	8(공동)
Texas A&M University—College Station	$10,808,501,077	66(공동)
University of Michigan—Ann Arbor	$10,777,563,000	27(공동)
Columbia University(NY)	$9,996,596,000	3(공동)
University of Notre Dame(IN)	$9,684,936,000	18

출처: US news education(http://www.usnews.com/education/best-colleges/the-short-list-college/articles/2015/01/13/10-universities-with-the-largest-financial-endowments).

하버드 대학의 2013년도 기부금은 327억 달러로 전년도 307억 달러보다 증가하였다고 이 자료는 언급하고 있다(Harvard's financial endowment grew to $32.7 billion at the end of fiscal year 2013, up from $30.7 billion the previous year), 2017년도는 37,096,474,000달러로 2013년도 대비 13.4% 증가하였다.

하버드 대학의 기부금인 372억 달러를 환율 1,000원으로 계산해도 어림삼아 37조 원이다. 예산의 42% 정도를 기부금으로 충당한다고 하면 하버드 대학의 예산은 90조 원 규모다. 서울대의 1조 원과는 비교할 수 없는 천문학적 규모다. 이런 예산으로 인재를 다양하고 공격적으로 양성한다. 미국 패권의 핵심적인 원동력이 된다는 것을 알 수 있다.

미국 국민들이 흔쾌히 대학에 기부하는 문화가 보편적으로 형성되어 있고 이 기부금을 이용해 차별화된 교육 시스템을 지속해서 유지 및 발전시킬 수 있는 미국이야말로 세계 패권을 쥐고 있는 것이다. 그 패권은 계속 이어질 것으로 본다. 〈표 4-4〉는 미국 교육 기관 현황을 나타낸 것으로, 이 많은 교육 기관이 각자 독특한 교육을 실시한다.

표 4-4. 미국 교육 기관 현황

미국 학위 과정 대학 수				
	2007-2008	2008-2009	2009-2010	2010-2011	2011-2012
Degree-granting institutions	4,352	4,409	4,4,95	4,599	4,706
2-year colleges	1,677	1,690	1,721	1,729	1,738
4-year college	2,675	2,719	2,774	2,870	2,968

출처: U.S. Department of Education, National Center for Education Statistics. (2015). Digest of Education Statistics, 2013(NCES 2015-011) Chapter 2.

제5부

**탐방을 통해 살펴본
특성화된
외국 대학들**

필자는 그동안 대학 교육에 대해 각별한 애정을 가져왔다.

세계의 수많은 대학을 현장 방문하면서 한국 대학들의 문제점과 현주소를 늘 애석하게 생각해 왔다.

늘 비판만 하지, 변하지 않으려는 대학 문화!

학문과 대학에 충실하기보다는 정치적으로 변해가는 대학교수들!

내 사람 심기!

패거리 문화를 조성해야만 대학에서 살아남을 수 있는 환경!

이런 환경에서 학문은 늘 뒷전에 밀려있을 수밖에 없다.

그래서 한국에서보다 외국에서 수학하면 미래를 위한 청소년들에게는 더 나을 것이라는 판단하에 이 책을 썼고 또 유학을 추천했다.

여기에서 추천하는 대학들은 한국에서 보통 언급하는 예일 대학, 하버드 대학, MIT 등을 언급하고자 하는 것이 아니다.

그런 대학들은 대부분의 사람이 너무 잘 알고 있기 때문에 언급할 필요조차 없다.

실력이 있는 우수한 학생들은 그런 대학을 갈 수 있다.

그러나 보통의 학생들은 그런 대학에 등록하기가 쉽지 않다.

보통의 학생들이 기를 펴고 살 방법은 없을까?

그런 고민을 가지고 많은 대학에 직접 방문하였다.

이들 대학 중 어떤 대학들은 한국 대학만 못할 수도 있으나 해당 국가에서는 명문대학이다.

졸업하면 그 나라의 전문가로 활동할 기회가 있을 수 있고 장래 그 나라의 지도층과 인맥을 구축할 수 있는 기반이 된다.

즉, 한국에서는 요긴한 인재가 될 수 있다.

미래 한국을 위해서는 다양한 국가에서 활동하는 인재가 필요하다.

미국의 대학들

　필자가 방문한 미국 대학들은 올리언스 대학, 하버드 대학, MIT 대학, 시카고 대학, 포틀랜드 대학, 보스턴 대학, 존스 홉킨스, 라스베이거스 대학 등이다.

　이들 대학은 명문대학들이다. 많은 유학 전문 기관과 졸업생이 있어 굳이 필자가 더 소개할 필요가 없다.

　포틀랜드 대학은 한국에서는 잘 알려지지 않았으나 필자가 여러 번 방문

그림 5-1. 포틀랜드 대학 정문

하고 이 대학의 교수인 퍼트로우스키 교수도 필자의 연구실에서 3개월간 공동으로 연구한 바 있어 그 내용도 잘 안다.

퍼트로우스키 교수는 방학 때면 포틀랜드시 초·중·고등학생들을 위해 무료로 실험실을 개방하여 로봇 캠프를 열어 학생들을 가르칠 만큼 열정적인 교수다.

하회탈춤 로봇도 필자의 연구실에 있을 때 안동 하회마을에 가서 같이 생각해 낸 아이디어였다.

한국 문화에 푹 빠져 필자와 같이 템플 스테이도 하고 영어로 된 불경을 구하기 위해 조계사 등 한국 각처를 돌아다니면서 법품도 팔았다. 참으로 존경스러운 교수이다.

지금은 정년이 되었으나 미국 사회는 정년과 관계없이 일할 수 있기 때문에 계속 연구 활동을 하고 있다.

캐나다의 대학들

캐나다는 가장 살기 좋은 국가이다. 넓은 국토에 범죄도 없고, 환경이 쾌적하여 전 세계 사람들이 가장 이민 가고 싶어 하는 나라이다.

캐나다는 오랫동안 교육에 투자하여 미국 못지않게 명문대학이 많다. 최근 화두가 되는 4차 산업혁명의 핵심 기술인 인공지능은 캐나다가 가장 앞서 있다.

삼성은 2017년도부터 매년 20억 원씩 5년간 맥길 대학과 토론토 대학에 지원하여 인공지능을 연구할 정도로 이 분야에서 앞서있다.

필자의 경우 여러 번 캐나다를 방문하였고 대학에서 실제로 연구해 본 경험이 있다. 본인이 직접 방문한 대학들만 소개하고자 한다.

앨버타 대학(University of Alberta)

미국과 같은 대륙인 캐나다에도 명문대학들이 많다. 앨버타 대학은 캐나다 중서부에 있는 대학으로 캐나다의 명문대학이다.

필자가 1999년부터 2000년까지 1년간 연구년으로 가 있었던 대학이다.

당시 필자는 인공지능을 연구하고 있었는데 선진국에서 좀 더 연구하고 싶어 이 대학을 선택했다.

이 대학의 W. pedrycz 교수는 본인의 지도 교수인 일본 동경 공업대학의 히로다 교수와 함께 당시 세계의 인공지능 분야를 이끄는 석학이었다.

앨버타 대학은 143개국에서 유학 온 37,830여 명의 학생과 1만 5천여 명의 교직원들이 있는 매머드 대학이다.

그림 5-2.

캐나다 앨버타 대학의 W. Told 교수. 인공지능 퍼지 분야의 세계적인 석학이다.

1년 예산은 1,840만 달러(2017년 기준, 한화로 약 2조 원)로 연방정부 기금 62%, 등록금 18%, 기타 후원비 20% 구성되어 있다.

등록금은 전공별로 다르기 때문에 일률적으로 언급하기는 어려우나 공대의 경우에는 2017년도를 기준으로 $27,697.07(캐나다 달러, 한화 약 2천 3백만 원)이다.[32]

브리티시 컬럼비아 대학(The University of British Columbia)

브리티시 컬럼비아 대학은 밴쿠버에 있는 대학이다. 토론토 대학, 오타와 대학, 퀘벡주에 있는 맥길 대학과 함께 최고의 명문대학이다.

---

32 http://apps.admissions.ualberta.ca/costcalculator/static/public/index.html#에서 예상 등록금을 계산해 볼 수 있다.

밴쿠버는 캐나다 서해안 연안의 도시로 해양성 기후 덕분에 연평균 기온이 5°C에서 22°C 내외로 온화하고 아름다운 도시다.

UBC(University of British Columbia)는 이 도시에 캠퍼스를 가진 대학교이다. 2005년에는 내륙 쪽인 오카나간(Okanagan)에도 캠퍼스를 열었다.

현재 6만여 명의 학생이 수학하고 있는 UBC는 연구 중심의 공립대학이며 100년이 넘는 역사 동안 10명의 노벨상 수상자, 70개의 로즈 장학 제도, 65개의 올림픽 메달, 200명의 캐나다 왕립 학회 멤버, 4명의 캐나다 수상 등을 배출한 최고의 명문대학이다.

필자가 이 대학을 방문하게 된 계기는 1999년에 앨버타 대학에서 연구년을 보낼 때 감성 연구를 하는 내 연구 주제와 같은 분야를 연구하는 교수와 메일을 주고받으면서 알게 되어 방문하였다.

아름다운 캠퍼스!

완벽한 연구 시설!

우수한 학생들!

교수로서 한번 머물고 싶은 대학으로 부러워했던 기억이 난다. 특히 아름다운 도시는 또 하나의 매력이다.

오타와 대학(University of Ottawa)

오타와 대학(The University of Ottawa)은 1865년도에 세워진 대학으로 캐나다의 수도인 오타와에 있다. 캐나다의 명문대학 중 하나이다.

2015년도를 기준으로 학부생 3만 5천여 명, 대학원생 6천 2백여 명, 교직원만 4만 2천여 명에 이른다. 2014년도 예산은 1,444.1백만 달러(한화 약 1조 5천억 원)이다. 2016년도 서울대 예산이 대략 7천 8백 40억 원가량이었으니 그 규모를 가늠할 수 있다.

필자가 이 대학을 찾은 것은 1985년도부터 1986년도까지 오타와 근처의 캐나다 원자력 연구소에서 연수하면서 인연을 맺은 것이 그 계기였다. 1988년도의 한국의 국민 소득은 대략 4천 불 정도였으니 1985년도는 대부분 시내버스를 타고 출퇴근하는 것이 일반적이던 시절이다. 가장 인기 있는 직장이 출퇴근 버스가 있는 직장이었고 그런 회사도 극히 드물었던 시대였다.

당시 필자는 한국 원자력 연구소에 근무했다. 컴퓨터도 잘 다루지 못했는데 컴퓨터를 이용한 원자로 자동화 시스템 분야에서 당시 세계 최고의 기술을 가진 캐나다로 연수를 갔다.

이후 틈틈이 시간을 내어 캐나다 동부 지역의 대학들을 답사하였다.

그 후 대학으로 직장을 옮기면서 이곳을 여러 번 방문하였고 방문할 때마다 대학과 오타와, 온타리오주의 절경에 감탄을 금할 수 없었다. 캐나다는 최근 창업자를 위한 특별 비자를 내주는 등 고급 인력 유치에 많은 공을 들이는 나라다. 세계에서 복지가 가장 잘되어 있고 범죄가 없는 나라이기도 하다. 오히려 미국보다 캐나다로 유학 가기를 권장하고 싶다.

맥길 대학(McGill University)

맥길 대학은 캐나다 퀘벡주 몬트리올시에 위치한 연구 중심 대학이다. 1821년 스코틀랜드 출신의 영국 상인인 제임스 맥길의 기부에 의하여 최초로 설립되었다. 300여 개의 건물, 40,000여 명의 학생과 직간접적으로 250,000여 명이 근무하는 대학으로, 국제적으로도 우수한 대학으로 평가된다.

의과대학은 캐나다는 물론 세계적으로도 가장 좋은 대학으로 이름나 있다.

대학 평가 기관인 QS에서는 2016/2017년도 평가에서 이 대학을 30위로 기록하고 있다. 300개가 넘는 프로그램, 25%가 넘는 국제 학생을 보유하고 있고 23%가 대학원생이다. 142개의 장학 제도, 12명의 노벨상 수상자를 배출한 명문대학이다.

필자가 이 대학을 방문한 것은 1999년도에 캐나다에서 연구년을 보낼 때 대학의 면모를 살피기 위해서였다. 퀘벡주는 북쪽에 있어 춥고 프랑스어를 사용하나 이 대학에서는 영어와 프랑스어를 자유롭게 구사할 수 있다.

프랑스보다 더 프랑스답다는 퀘벡주에서 프랑스와 캐나다의 문화를 알고 싶은 학생들에게 권하고 싶다. 삼성이 인공지능 분야 연구를 위해 지원하는 대학이다.

삼성이 인공지능 연구를 위해 2018년도 토론토 대학과 함께 이 대학에도 센터를 설립할 정도로 맥길 대학은 인공지능 분야에서 세계적인 연구 대학이다.

구엘프 대학(University of Guelph)

한국 사람들은 이 대학을 잘 모를 수도 있다.

구엘프 대학은 캐나다 온타리오주 5대호 주변에 있는 인구 약 12만 명(2017년도 기준)의 작은 도시 구엘프에 있는 대학으로 토론토에서 서쪽으로 100㎞ 정도 떨어진 곳, 시간상으로는 약 1시간 20분 정도 걸리는 곳에 있다. 2002년도에 세워졌다.

이 도시는 캐나다에서 실업률이 가장 낮고, 범죄율도 가장 낮다.

필자와 이 대학의 인연은 1999년도에 필자가 앨버타 대학에서 연구년을 보낼 때 컴퓨터 공학과의 인공지능 분야에서 세계적인 석학인 W. told pedrycz 교수가 필자와 공동으로 연구를 진행할 때 박사 과정에 있던 학생이 박사 학위를 마치고 이 대학에 교수로 가면서 시작되었다.

중국인이었는데 같은 동양인으로서 서로 이야기를 많이 나누었던 기억이 난다.

그 후 필자는 귀국하여 서로 메일을 주고받았고 이 교수를 본인 연구실에 초청하여 약 1주일간 세미나도 연 바 있다.

아주 조용하고 정서 있는 도시에, 대학도 작지만 알찬 교육과 연구를 한다. 2016년을 기준으로 학생 수는 28,000여 명 정도이다.

이 대학은 등록금이 매우 저렴하다. 2019년도 등록금은 14,000불 정도이고 기숙사도 약 6,000달러 정도면 가능하다. 한국의 수도권 대학과 비슷한 수준으로 보면 된다.

발전 가능성이 무궁하고 한국인도 적어 영어를 배우고 캐나다를 알고 싶어 하는 젊은 사람들에게 적극적으로 권하고 싶다. 특히 안전하기로 유명하다.

캄루프 대학(Thomson Rivers University)

캄루프 대학(Thompson Rivers University)은 1970년대에 설립된 대학으로 학생 수는 28,000여 명(2018년 기준, 캠퍼스 등록자 13,443명, 오픈 등록자 13,471명, 양쪽 등록자 1,160명)이고 캄루프시에 있는 대학이다.

유학생도 약 4,500여 명이 있다.

그림 5-3.

캄루프 대학 앞에서 찍은 사진.

학과는 예술 관광, 경제 비즈니스, 교육, 간호 과학, 무역 등이 있다. 등록금은 학부생 기준 2학기에 5만 불 정도인데 약 3만 불 정도의 각종 장학금이 있다.

캄루프시는 밴쿠버에서 동쪽으로 로키산맥을 넘어 355㎞ 떨어진 곳에 있는 인구 약 9만 명(2016년도 기준) 정도의 작은 도시로 자동차로 약 4시간 정도 걸린다.

필자는 1999년 봄에 UBC 대학을 방문하고 돌아오는 길에 이 대학에 방문하였다. 미리 연락해 놓았기 때문에 교수가 마중 나와 있었다. 교수의 안내로

그림 5-4. 캄루프 절경

© Peter Olsen Photography

대학 곳곳을 둘러보면서 유익한 이야기를 나누었다.

방문했을 당시 한국 학생은 하나도 없었다. 도시도 작고 조용하여 이곳에 터를 잡고 싶을 정도였다.

한국 사람이 없어 영어를 배우고자 하는 학생들에게는 가장 좋다. 도시가 작아서 생활비도 저렴하고 기후도 온화하다.

대학 주위는 경관이 빼어났다는 사실이 유달리 기억에 남는다. 또한, 밴쿠버와 에드먼턴의 중간 지점이어서 어느 곳에서도 접근이 용이하다.

매니토바 대학(University of Manitoba)

매니토바 대학교는 캐나다 매니토바주 위니펙에 있는 대학교로 1877년경에 매니토바주에서 설립하였다. 당초 설립 취지는 1818년에 프랑스어로 강의할 수 있는 교사를 양성하기 위해서였다.

2018년 기준으로 학생 수는 29,620명이고 교수진은 5,461명, 교직원을 합하면 9,412명인 매머드 대학이다.

이 대학은 농대에 특화된 대학이다. 매니토바주는 광활한 평야에 밀, 목축 등 농수산물이 많이 생산되는 지역이다. 따라서 이들 지역의 농산물을 효율적으로 연구하기 위한 학과가 많다.

필자는 1999년 여름에 여행을 겸해서 이 대학에 방문하였다.

그림 5-5. 매니토바 대학

출처: 매니토바 대학 홈페이지

앨버타 대학의 W. told pedrycz 교수는 필자와 메일을 주고받을 당시는 이 대학 소속이었다.

그런데 출국 일자를 얼마를 남기지 않고 이 교수가 에드먼턴의 앨버타 대학으로 옮기게 되었기 때문에 필자도 앨버타 대학으로 가게 되었다.

광활한 평야 지대에 거대한 대학이 서 있어 매우 인상적이었던 기억이 난다. 이때는 4차 산업혁명 위에 6차 혁명(생명, 농학)이 있다고 할 정도로 3차 혁명 당시에 천대받던 농업이 지금은 금값과도 같은 학문이 되었다.

농업, 생명공학에 특화된 미래를 설계하고자 하는 학생들에게 가기를 권장한다.

뉴브런즈윅 대학(UMB, University of New Brunswick)

뉴브런즈윅 대학은 1785년 12월 13일 당시 주지사였던 Thomas Carleton에 의해 세워진 대학으로 만여 명의 학생과 3천여 명의 교직원으로 구성된 대학이다.

뉴브런즈윅주는 캐나다 동쪽의 북대서양과 접해 있고 약 1,500여 개의 섬으로 이루어져 있다.

이곳은 경관이 아름답기로 유명하여 사우전드아일랜드(Thousand Islands) 지역이라 부른다. 뉴브런즈윅 대학은 이곳에 자리 잡고 있다.

뉴브런즈윅 대학(프레더릭턴 대학교, Fredericton), 뉴브런즈윅 세인트존 대학, 뉴브런즈윅(콘퍼런스 서비스 대학) 등으로 캠퍼스가 분산되어 있다.

이 대학 역시 1999년도에 필자가 연구년을 보낼 때 여행 겸 방문하였다. 캠퍼스가 아름답기로 유명하다. 당시 필자 가족의 막내 아이가 초등학생이었기 때문에 대학들을 많이 방문하여 간접적으로 교육 효과를 얻기 위해서 많은 대학을 시간을 쪼개어 방문하였다.

단순 관광보다는 대학을 방문하는 과정에서 시간이 있으면 주변을 잠시 들러서 보는 방식이었다.

아름다운 경관과 그곳에 자리 잡은 대학! 캐나다의 대표적인 브랜드라 할 수 있다. 해양과도 가까워 4차 산업혁명의 한 축인 해양 관련 전공을 하고 싶은 학생들에게 좋은 대학이라 생각된다.

이외에도 캐나다에는 토론토 대학, 캘거리 대학, 빅토리아 대학 등 명문대학이 많이 있고 이들 대학도 방문한 바 있으나 본 책에서는 생략한다.

토론토, 캘거리 대학은 캐나다는 물론 세계적으로도 이름나 있는 명문대학들이다.

캐나다는 완전한 영어권이고, 불어도 같이 사용하는 대학이 많다. 그중 오타와 대학은 영, 불어를 공용으로 사용하는 대학 중 전 세계에서 가장 큰 대학이다.

영국의 대학들

워릭 대학(University of Warwick)

이 대학은 1961년경에 영국 정부에 의해 설립되었다.

2018년은 이 대학이 57년이 되는 해이다. 워릭 대학교는 학부생 11,400여 명, 대학원생 5,300여 명, 29개 학과와 50개 연구 센터를 가진 한국의 중간급 대학 규모로 영국 잉글랜드 코번트리에 위치한 공립 종합 대학교이다.

이 대학을 소개하고자 하는 것은 짧은 역사에도 불구하고 설립 50년 만에 가장 성공한 국립대학이기 때문이다.

2000년경에 토니 블레어(Anthony Charles Lynton Blair, 1953년~) 영국 총리가 이 대학을 방문한 빌 클린턴(Bill Clinton, 1946년~) 미국 대통령에게 "워릭 대학교는 역동성과 질(質), 그리고 기업가적 열정을 가진 영국 대학의 표상"이라고 극찬했을 정도이다.[33]

영국 『가디언』지의 2011년 대학 랭킹에서는 종합 3위에 랭크되었으며, QS 2011 대학 순위 평가(QS World University Rankings)에서는 종합 50위에 랭크되었다.

종합 순위와 별도로 고용 평판 부문에서는 1위 하버드, 2위 옥스퍼드, 3위 케임브리지에 이어 MIT 대학과 함께 공동 4위를 기록한 바 있다.

워릭 대학교 워릭 경영대학원(WBS, Warwick Business School)은 영국에서 LBS, LSE, MBS, Judge, Said 경영대학원 등과 더불어 3대 최고 경영대학원

///////////

[33] 출처: http://ko.wikipedia.org/wiki/%EC%9B%8C%EB%A6%AD_%EB%8C%80%ED%95%99%EA%B5%90

으로 평가받는다.

또한, 워릭 대학교는 영국 내 대학 중에서 가장 넓은 캠퍼스를 보유하고 있다.

이곳에서는 약 120개국으로부터 유학 온 학생들이 수학하고 있다. 짧은 기간에 이처럼 혁신적으로 성공할 수 있었던 것은 기업처럼 효율성을 두고 운영했기 때문이다.

등록금의 경우 외국인에 대해서는 비싸다. 2016~2017년도를 기준으로 인문·사회·과학 영역은 19,620파운드(한화 약 3천 5백만 원, 2015년 10월 기준), 의대, 예술대의 경우는 3천 8백만 원 정도 된다. 워릭 대학교가 추구하는 8가지 핵심 가치(Our values)는 최고의 추구, 지역 공동체, 야망과 추진력, 관용, 기업가 정신, 글로벌, 차별화, 독립 정신이다. 대학의 핵심 가치는 매우 중요하다. 대학에서 배운 사람은 평생 그 대학의 핵심 가치를 지니고 살아가게 되기 때문이다. 따라서 대학을 선택할 때는 매우 신중해야 한다. 건물만 웅장하다고 그 대학이 좋은 핵심 가치를 갖는 것은 아니다.

옥스퍼드 대학(University of Oxford)

옥스퍼드 대학의 명성은 이미 잘 아는 바와 같다. 2차 세계대전 전까지만 해도 세계의 모든 인재가 이곳 출신이었다고 해도 과언이 아니다. 지금은 미국 대학들이 워낙 공격적으로 투자하기 때문에 다소 열세인 듯하나 아직도 그 명성은 세계 정상을 달린다.

지금의 한국 젊은 세대들은 미국식 영어를 좋아하나 20세기까지 영국이 세계를 제패했을 때는 한국의 영어 교재는 모두 영국식이었다.

필자는 옥스퍼드 대학을 두 번 방문하였다. 첫 번째는 영국의 인명사전 회사인 IBC가 주관하고 본인이 부회장으로 있는 과학과 인문학의 융합 포럼 개최를 위해 2005년에 1주일 동안 방문한 적이 있다.

옥스퍼드가 행사를 주관하였기에 대학 내부도 소상하게 소개해 주어 자세히 볼 수 있었다. 두 번째는 한인 과학자들이 주관하는 국제 학술대회

행사에 참석하는 동안 방문하였다.

옥스퍼드 대학교는 런던에서 북서쪽으로 약 1시간 반가량 걸리는 곳에 위치해 있다. 대학의 홈페이지 원문에 의하면 1096년도부터 교육이 시작되었으며 1167년도에는 당시 헨리 2세가 영국 학생들이 파리에서 교육받는 것을 금지하기 위해 갑자기 이 학교를 개발했다고 소개하고 있다.

한국의 자료들에서는 1167년도부터 대학이 시작되었다고 소개하기도 한다. 그러나 대학 홈페이지 원문에서는 대학으로서의 면모가 시작된 것은 1201년이라고 소개하고 있다.

필자가 방문한 2001년도에는 런던과 옥스퍼드 거리 일대에 800주년 기념식 현수막이 걸려 있었다. 즉, 대학의 실질적인 역사는 1201년부터 시작된 것이라고 볼 수 있다.

이 대학은 토니 블레어 전 영국 수상(Tony Blair), 빌 클린턴 전 미국 대통령(Bill Clinton), 헤럴드 노르웨이 왕(Harald V) 등 세계적인 지도자와 과학자, 시인 등 기라성 같은 인재를 배출하였다. 굳이 이 대학을 소개하는 것은 군더더기를 입히는 것 같아 자세한 것은 생략한다.

현재(2018년 기준) 2만 3천여 명의 학생들이 이곳에서 수학하고 있다.

케임브리지 대학(University of Cambridge)

케임브리지 대학교는 2009년에 800주년 기념식을 개최하였다. 즉, 역사가 1209년부터 시작된 셈이다. 그만큼 인류 역사상 가장 오래된 전통을 가진 대학 중 하나이며 연구 중심 대학이다.

수많은 세계적인 인재를 배출하였고, 1904년에 최초로 노벨상을 받은 것을 시작으로 96명의 노벨상 수상자들을 배출하였다. 합격률은 2018년 기준으로 21%로 입학이 어렵다.

앞서 언급한 옥스퍼드는 입학 합격률이 17% 정도로 더 낮다. 약 2천여 명의 학생들이 수학하고 있다.

그림 5-6.

옥스퍼드나 케임브리지 대학의 공통점은 1208년, 1209년으로 각각 1년의 기간 차를 두고 허허 벌판에 대학을 세웠다는 것이다. 이 대학들이 세계적인 대학으로 성장하면서 오직 대학 하나를 보기 위해서 1년 내내 관광객이 모여든다.

그림 5-7.

강연을 마치고 참가한 교수들과 함께 찍은 사진. 가운데 있는 교수가 본인을 초청해 준 영국 교 수, 그 옆의 키 큰 사람이 미국 대학 학장이다.

케임브리지 대학은 본인에게 각별한 의미가 있는 대학이다. 2001년 옥스 퍼드 대학 방문 시에 잠시 방문했던 것을 시작으로 3번 방문하였다. 2013 년 3월에는 케임브리지 대학에서 주최한 과학문화 행사에서 발표하기 위해 세 번째로 방문하였다. 이 행사는 대중들에게 과학을 알리는 행사이다.

최근 미국이나 한국이 과학의 중요성을 알리기 위한 행사를 적극적으로 개최하고 이 활동을 할 수 있는 전문가를 양성하고 있는데 이를 처음으로 시작한 나라가 영국이다.

영국은 왕립학회 주관으로 1800년대에 이미 대중들에게 과학문화 활동을 하였다. 대중들이 과학의 중요성을 깨닫도록 하고 정부의 정책을 이해하며 재능 있는 사람들을 과학 계통에 진학시키기 위한 활동이다. 기라성 같은 현대 문명의 창시자들이 영국에서 많이 탄생한 것은 결코 우연이 아니다.

이 행사에서 필자도 짧게 발표를 한 바 있는데, 그 후 2014년 3월에는 본인의 왕복 항공권과 케임브리지 대학 내 게스트하우스에서 머물 수 있는 호텔 비용까지 지불하면서 강연 초청을 해 주었다.

이에 필자가 연구한 것 외에도 한국의 연구 동향, ICT가 발전하게 된 이유 등을 간략히 소개하여 참가자들로부터 많은 호응을 얻은 바 있다.

이때 미국 및 다른 유럽 국가들의 교수들도 참가하여 본인에게는 큰 영광이 되었다. 강연을 마치고 나니 발표 내용을 보내 달라는 요청이 쇄도하였다.

케임브리지 대학은 런던에서 북동쪽으로 약 2시간 반가량 걸리는 위치에 있다. 옥스퍼드와 반대 방향에 있다. 삼성전자는 2018년도에 이곳에도 인공지능 연구 센터를 설립했다.

러프버러 대학(Loughborough University)

러프버러 대학은 1909년에 작은 기술학교로 시작하였다.

2017년도에는 17,672명의 학생이 다니고 있고 교직원 수는 3,500여 명이나 되는 큰 대학이 되었다. 이 학교는 의대를 제외한 대부분의 학과를 보유하고 있으나 공대가 강한 공대 중심 대학이다. 영국에서는 명문대학 중 하나이다.

러프버러 대학은 필자가 연구 재단의 에너지 전시회 시찰단 방문 시 그 일원으로 참가하면서 시간을 내어 방문하게 되었다.

오래전부터 알고 지내던 한국인 교수에게 부탁하여 실험실, 학생 현황, 기타 등등 대학의 전반적인 것을 자세히 볼 수 있었다.

러프버러 대학은 옥스퍼드 대학에서 자동차로 1시간 반가량 걸리는 북쪽에 위치해 있다.

임페리얼 대학(Imperial College London)

임페리얼 대학은 런던 시내에 있는 대학으로 굳이 필자가 소개하지 않아도 된다. 너무나 유명한 대학이기 때문이다.

공학, 자연과학, 의학 분야 등에 특화된 최고의 명문대학이다.

1907년에 설립된 대학으로, 합격률은 2015년을 기준으로 14.3%로 옥스퍼드나 케임브리지 대학보다도 낮다.

학생 수는 14,700여 명, 교직원 수는 8,000여 명이다. 2017년까지 14명의 노벨상 수상자를 배출했을 만큼 명문대학이다.

이 대학은 필자가 2007년도에 영국에서 개최되는 에너지 관련 엑스포 참가차 방문하게 되었다. 대학의 명성을 잘 아는 터라 별도의 시간을 할애하여 방문하였다. 입학은 어렵지만, 각종 장학금이 많고 졸업하면 취업이 보장된다.

일본에는 많은 대학이 있다. 한국의 학제는 일본의 것을 모방한 것이 많고 지금도 많은 유학생이 대한해협을 건너 일본 대학에 유학하러 간다. 한 대학에만 수백 명 또는 수천 명의 한국 유학생이 수학 중인 명문대학이 많다.

일본의 대학 교육은 도제식 교육으로 노벨상 수상자 24명을 배출한 나라이고 유학생보다는 일본 국내 대학에서 공부한 사람이 대접받으며 세계 최고의 학문을 이끌고 있다.

필자도 일본 동경 공업대에서 박사 공부를 한 사람으로서 일본 학제를 비교적 잘 안다고 볼 수 있다.

본 책에서는 필자가 직접 방문한 일본의 특화 대학들만 소개한다.

아이즈(AIZU) 대학

이 대학은 원전 사고로 유명해진 후쿠시마현에 있는 대학이다. 일본의 광역 지방 자치단체인 후쿠시마(福島)현이 1993년도에 설립한 대학으로 컴퓨터 프로그램에만 특화된 작은 대학이다.

설립 당시에 보통 대학의 두 배가 넘는 4백 엔을 투자해서 화제가 되기도 했다. 캠퍼스 면적은 200,000㎡(6만 평) 정도이다. 입학 전형료는 1만 7천 엔, 등록금은 1년에 56만 4천 엔이나 후쿠시마 시민권자는 28만 2천 엔만 내면 된다.

입학 정원은 학부생 240명, 대학원 석사 과정 100명, 박사 과정 10명의 작은 대학이다.

1995년에 마이크로소프트는 운영 시스템(OS)인 윈도 NT를 개발할 때 세계의 여러 기관(연구소, 대학, 기업)과 공동으로 연구를 추진하였다.

이때 미국의 MIT, 카네기멜런 대학 등과 함께 설립 2년 차인 이 대학이 10개 기관에 선정되어 화제가 되기도 했다. 단기간에 국제 사회로부터 실력을 인증을 받은 셈이다. 아이즈 대학은 첫 졸업생이 나온 1996년에 취업률 100%를 기록한 이후 매년 97~100%대의 취업률을 보이는데 대부분 개인 회사로 가고 있다.

◎ 아이즈 대학의 설립 목적

- 지식 기반 사회에 필요한 리더십(Nurtures talent who will exercise leadership in the knowledge-based society)
- 새로운 시대에 필요한 지식을 창조하고 개척할 수 있는 컴퓨터 과학 및 기술자 양성(nurtures computer scientists and highly-skilled computer engineers who will create and exploit "knowledge" for the new era)
- 전 세계 10개국 이상으로부터 최고 수준의 교수진(has first-class faculty members from over ten countries around the world)
- 다른 대학에 비해 현저한 컴퓨터 환경 제공(provides an outstanding computer environment unparalleled by other universities)
- 영어를 잘할 수 있는 대학원 설립(established the graduate school open to the world, where English is used as the common language)
- 호기심을 인정하고 무한한 창조적 능력을 갖춘 인재 양성(fosters students' latent limitless creativity by training critical thinking and appreciating their curiosity, free from preconceived ideas)

아시아 태평양 대학(APU, Asia Pacific University)

이 대학은 필자가 여러 번 방문한 적이 있다.

그 설립 취지와 운영 방식이 독특하여 대학을 운영하는 데 참고가 될 것으로 생각했기 때문이다.

이 대학의 설립 취지는 일본인들의 미래를 내다볼 수 있는 좋은 사례라 하겠다.

이 대학의 설립 시기인 2000년도는 지식 경제가 막 시작되는 시점이다. 지식 경제의 핵심은 사람과 국제화이다.

아시아 태평양 대학은 이러한 패러다임을 읽고 이에 맞는 인재를 육성하여 아시아 태평양 시대를 주도하겠다는 취지로 설립되었다.

이 대학은 사립대학으로 학과 및 재학생은 아시아태평양학부(College of Asia Pacific Studies) 2,525명, 국제경영학부(College of International Management) 2,517명으로 합계 5,042명이다. 전체 재학생 5,796명 중 일본 내국인은 3,137명, 외국 학생은 2,659명(75개국)으로 국제화 비율이 45.9%로 매우 높다.

석사 과정 대학원생은 아시아태평양학부(Graduate School of Asia Pacific Studies student capacity) 120명(아시아연구 30명, 국제협력정책 90명), 비즈니스경영연구(Program in Business Administration) 80명으로 합계 200명이다. 박사 과정은 아시아연구 30명으로 대학원생은 모두 230명이다. 대학원생을 포함한 총인원은 5,272명이다.

전공도 그 취지에 맞는 것만 개설하였다. 또, 그 위치도 태평양을 바라볼

그림 5-8. 아시아 태평양 대학 캠퍼스 위치

출처: http://www.apumate.net

수 있는 위치이자 일본에서 유명한 온천 휴양지인 벳푸에 설립하였다.

APU의 2030 비전을 소개한다. 원문을 보면 일제 강점기 시대 침략을 위해 미사여구를 사용했던 것과 같아 섬찟한 생각이 든다.

◎ **APU 졸업생들은 세상을 바꿀 것이다**(APU Graduates possess the power to change our world).

　- 글로벌한 사회에서는 많은 다른 문화와 가치로 갈등과 마찰이 일어난다. APU는 문화와 역사의 다름을 인정하고 평화를 구축하기 위해 글로벌한 시민을 양성하는 데 혼신을 다한다. APU의 핵심 가치는 '자유, 평화, 인성, 상호 이해, 아시아 태평양 지역 미래 구축'이다. APU 졸업생들은 사려 깊이 인간을 존중하는 것을 바탕으로 평화 자유를 추구하게 될 것이다. 개인과 사회 모두를 위해 일하게 될 것이며 그들은 세상을 바꿀 것이다.

그림 5-9.

2010년 2월 한국의 대학교수, 신문사 기자, 산업체 인사들을 초청해 방문한 아시아 태평양 대학에서 찍은 사진. 이곳을 보고 그 실상을 한국 대학에 제대로 알리려는 취지였다.

- 세상을 바꿀 수 있는 개인
  - 사회 이익을 위해 대화를 통해 갈등을 극복하고 협력한다.
  - 문화의 다름과 예기치 못한 도전을 인정한다.
  - 다양한 미래를 위해 새로운 가치를 창출하고 아이디어를 개발한다.
  - 평생 배움으로써 지속해서 성장해 가는 것을 지표로 삼는다.
- 개인을 개척하기 위해 APU는
  - 학생들이 글로벌 사회를 이해하고 성장할 수 있도록 다양성 있는 캠퍼스를 제공하고 인재를 육성한다.
  - 국제적 교육과 연구를 통하여 국제 교육에 대한 새로운 표준화 방안을 제시한다.
  - 지역 사회, 세계의 같은 분야, 대학 및 교육 프로그램과 강한 연대를 구축한다.
  - 다가오는 변화하는 세계에 대처할 수 있는 힘을 개발하는 데 APU의 글로벌 학습 경험이 기여하도록 한다.

아시아 태평양 대학은 기존의 일본 대학 시스템과는 달리 영어만 알면 입학이 허용되고 영어로만 강의하는 등 파격적인 시스템으로 운영되고 있다.

이 대학은 장학금도 차별화하여 아프리카, 동남아의 저개발 국가 학생들은 무료로 초청하여 교육을 해 주지만 한국, 중국 등 부유한 국가 출신의 학생들에게는 고액의 수업료를 받는다.

일본어, 영어는 필수이고 전교생이 2인 1실의 호텔 같은 기숙사에서 생활한다. 행정실도 운영이 독특하여 체육관 같은 공간에 칸막이를 하지 않고 모두 공개된 형태에서 직원들이 일한다.

효율성은 높이되 직원들이 헛된 일을 할 수 없도록 한 것으로 보인다. 자리를 비우면 금방 표시가 나고 2층에서 일하는 광경을 다 볼 수 있도록 사무실을 배치하였다.

이러한 교육과 조직을 통해 세계를 일본화하겠다는 전략이다. 대학이 일본화의 전진기지 역할을 하는 것인데 한국의 어느 대학도 이러한 미래를 보는 철학을 가지고 대학을 운영하지는 않는다.

이 대학은 동경에서 멀리 떨어진 남단의 한적한 섬의 산 중턱에 자리 잡고 있다. 지리적으로나, 환경적으로 보더라도 우리의 생각으로는 상식을 벗어난다. 가능하면 수도권과 가까운 곳에 정하든가 아니면 지방에 있는 대학을 수도권으로 이동시키려고 하는 한국인으로서는 이해가 가질 않는 대목일 것이다. 그러나 일본인들은 긴 안목에서 보기 때문에 이러한 위치를 선정한 것이다.

본인은 대학 재직 시 교수 몇 명을 데리고 그 운영 방법을 파악하기 위해 이곳에 여러 번 방문한 바 있다.

학과 없이 운영하여 기초를 튼튼히 한 이들 학생이 외국의 유명한 대학원으로 진학하여 그 역할을 잘하면서 짧은 기간 내에 명성을 날리게 되었다. 2008년에 필자가 방문했을 당시에는 한국 유학생들이 약 600명 정도 있는 것으로 파악되고 있었다. 당시 학비가 기숙사비를 포함해서 약 3천만 원 정도였다.

2017년도 등록금은 한 학기에 약 3백 7십만 원 정도인데 학생 조건에 따라 달라진다. 한국에도 사무실이 있다. 전 세계 452개 대학과 교류하면서 150여 명의 학생을 내보내고 있다.

도요타 공업대학(TTI, Toyota Technological Institute)

이 대학은 1977년에 일본 도요타 자동차가 40주년을 맞이했을 당시에 회장이던 기치로가 기업을 운영해서 번 돈으로 사회에 크게 기여할 수 있는 유일한 길은 인재를 양성하는 길이라는 생각을 바탕으로 설립되었다.

4년의 준비 기간을 거쳐 1981년에 나고야시에서 개교하였다. 초기에는 직장인들만 받아들였으나 1993년도부터는 고교 졸업자도 받았다. 현재는 재학생의 90% 정도가 고교 졸업자이다.

학생 수는 497명(학부생 380명, 석사 과정 94명, 박사 과정 3명, 2018년 기준), 교수 수는 모두 합해 102명(2018년 5월 기준)의 작은 대학이지만 현장과 같은 장비와 실습을 하여 100% 취업률을 달성함으로써 주목받게 되었다.

2011년도에는 친환경, 첨단 운영 시설을 갖춘 캠퍼스로 다시 오픈하였다. 소수 정예화를 지향하되 현장에 특화된 교육 프로그램으로 운영된다.

이 대학 역시 일본 기업이 전적으로 지원하는 대학이다. 기업이 돈을 벌면 사회 환원 차원에서 인재 양성을 하는데 한국은 이러한 풍토가 조성되지 않은 것이 차이점이다.

2003년도에는 고급 인재를 양성하기 위해서 시카고에 분교를 설립하여 운영 중이다. 최고급 인재를 육성하기 위해서는 최고급 교수가 필요하고 최고 교수진을 초빙하기 좋은 미국에 분교를 설립한다는 전략으로 세웠다.

동경 공업대학(TIT, Tokyo Institute of Technology)

필자에게 일생에서 가장 잘한 일, 가슴 벅찬 일을 말하라면 첫 번째로 동경 공업대(TIT, Tokyo Institute of Technology)에서 박사 공부를 한 것이고 그 다음이 세계적 석학으로부터 인공지능을 공부한 것이다.

당시는 세계적으로 인공지능에 대한 정확한 산업도, 인지도도 없었던 때였다.

한국은 더 말할 나위도 없었다.

그러나 동경 공업대학은 이미 1987년대에 대학원 과정에 이러한 학과(Computational Intelligence and Systems Science)를 개설하여 인재를 양성해오고 있었다.

일본 대학들이 얼마나 미래를 보고 인재 육성을 하는지 알 수 있는 대목이다.

동경 공업대학은 1881년에 직업 교육을 위해 세워진 대학이다.

2차 세계대전 시절에는 학생들이 비행기를 만들었던 대학이기도 하다. 최근에 노벨상 수상자를 배출한 대학이다.

동경 공업대학은 여러 명의 장관과 세계적인 연구 업적을 생산하는 일본 최고의 명문대학 중 하나이다. 한국 유학생도 매년 수십 명씩 이곳으로 간

그림 5-10.

동경 공업대학 학생 연수 당시의 사진. 한밭대 3학년 학생들을 약 1개월간 필자의 연구비를 이용해 동경 공업대학에 기숙시키면서 해외 대학을 견학시킨 것은 참으로 잘한 것이었다. 이 학생들은 대부분 다른 대학의 대학원에 진학하여 사회에서 성공 모델이 되었다. 가르치는 방법에 따라 젊은이들은 무한히 성장한다는 것을 보여 준 것이다.

다. 치밀하게 가르치는 교수들의 성실함은 정말 두고두고 존경해도 부족하다. 이러한 것들이 일본으로 유학생을 끌어들이는 원동력이 된다.

이 대학은 학부생보다 대학원생이 더 많은 연구 중심 대학이다. 2018년 5월 통계에 따르면 학부생 4,800여 명, 대학원생 5,350여 명, 연구원 230여 명이 있다. 전임 교원 수는 1,090여 명, 교직원은 611명이다. 2017년도에는 학부생에 5,660명이 지원하여 1,100명만 합격하였다.

2018년도 유학생 수는 중국이 548명, 인도네시아 167명, 태국 135명, 한국 126명이다. 본인도 동경 공업대학에서 박사 공부를 한 사람으로서 이 대학을 적극적으로 추천하고 싶다.

이 대학을 졸업하면 자부심이 대단하다. 입학도 어렵지만, 졸업 또한 적당히 할 수 없기 때문이다. 학문적 성과가 있을 때만 박사 학위를 준다.

필자가 박사 과정을 할 때 히로다 교수 연구실의 박사 과정 학생만 해도 전 세계에서 온 43명의 학생이 있었다. 학과가 아닌 한 교수 연구실의 학생

수가 이렇게 많다. 남미를 비롯해 유럽이나 미국에서도 유학생이 많다. 일주일에 한 번씩 하는 세미나는 전 세계에서 모인 석학들의 국제 학술대회와 같다.

발표는 당시 일본어나 영어로만 할 수 있었다. 따라서 언어에 대한 불편이 없었고 난상 토론을 하므로 많은 학문적 성과를 얻을 수 있었다.

한국에서 화두가 되는 인공지능을 일본은 이미 70년대부터 연구해 왔다.

히로다 교수는 당시 인공지능 분야에서 세계 최고의 석학이었다. 이러한 것들이 전 세계로부터 유학생들을 모이게 하는 가장 큰 원동력이다.

한국이 유학생들을 끌어들이고 진정 선진국으로 진입하기 위해서는 세계에 내놓아도 손색없는 교수들이 대학에 많이 포진하고 있어야 한다.

일본은 어느 대학에 가도 그런 교수들이 많다. 그런 힘이 일본을 강국으로 만들고 있다.

쓰쿠바 대학(University of Tsukuba)

쓰쿠바 대학은 일본 대학이지만 한국어로 된 홈페이지도 있을 만큼 학생들 유치에 적극적이다. 쓰쿠바 대학은 한국의 연구단지처럼 쓰쿠바 과학단지 내에 있는 대학으로, 필자는 이곳에서 3개월간 머물면서 연구를 하였다.

1962년 9월에 준비하여 1972년 5월에 정식으로 개교하였다. 지금까지 4명의 노벨상 수상자를 배출한 대학이다.

노벨상 수상자가 연구했던 연구실, 의자 등은 그대로 보존하여 관광객들에게 기념 촬영을 할 수 있도록 한다.

이 대학은 설립 당시에는 국립대학이었으나 지금은 일본 대학들이 모두 법인화를 하였기 때문에 법인 대학이다.

쓰쿠바 대학은 일본 대학 중 9위에 오를 만큼 명문대학이다. 기숙사도 있어 한국 학생들이 많다.

대학교가 쓰쿠바 연구 단지 내에 있어 여러 연구소와 공동 연구를 하고

그림 5-11. 쓰쿠바 대학 노벨상 수상자가 앉았던 의자에서 찍은 사진

있다. 유학생들로서는 이런 연구소들의 상황을 알 기회도 된다.

이 대학은 8개의 해외 사무소(베이징, 상해, 쿠알라룸프르, 튀니지, 타슈켄트, 알마티, 호치민)를 해외에 두고 전 세계로부터 유학생들을 유치하고 있다.

필자가 동경 공업대학에서 박사 공부를 할 때 박사 과정인 학생이 박사 학위를 마치고 이 대학교의 교수로 재직하면서 본인을 초청하였다.

또한, 일본 문부성에서 주관한 외국 교수 초청 프로그램에 의해 3개월 동안 이곳을 방문하여 공동 연구를 한 바 있다.

필자가 방문자인데도 불구하고 일본에서 열리는 국제 학술대회에 참가하고 싶다고 했더니 교통비와 숙박비 모두를 문부성에 신청해서 지원하여 주었다. 일본의 과학자 지원 시스템에 대하여 감탄하지 않을 수 없었다.

유성에서 본인이 국제 학술대회를 열 때 물론 자기 연구비로 참가하여 발표도 해 주었다.

유학은 이렇게 평생을 두고 연계되어 학문적 성과는 물론 다양한 분야에서 협력할 수 있다.

나고야 대학(University of Nagoya), 그 외 호세이 대학, 주오 대학, 큐슈 대학, 홋카이도 대학, 교토 대학, 히로시마 대학, 오사카 대학, 도카이 대학

필자는 필자의 동경 공업대학 지도 교수이신 히로다 교수의 친구인 후쿠다 교수가 나고야 대학교수로 재직하는 바람에 오랫동안 그분과 함께 친구처럼 학술 활동을 하였다.

그는 나고야 대학을 무(無)에서 로봇 강자 대학으로 키운 장본인으로 교수가 무슨 일을 해야 하는지 그를 보면 또 한 번 깨닫게 된다.

이렇듯 필자는 나고야 대학에 여러 번 방문하여 발표하고 그의 연구 현황을 본 바 있다. 한국을 내 집 드나들 듯이 다닌 교수이다. 한글로 된 명함도 가지고 다닌다. 그분은 유성에서 국제 학술대회를 할 때도 참가하여 좋은 발표를 해 준 바 있다. 필자는 한국 교수가 일본 명함을 가지고 다니는 것을 본 적이 없다.

나고야 대학은 인구 약 2,200,000명의 나고야시에 있는 국립대학이었으나 지금은 법인 대학이다. 1871년에 세워진 대학으로 1881년에는 의대도 설

그림 5-12.

필자가 유성에서 개최한 국제 학술대회에 참가했을 때 찍은 사진. 필자 옆의 인물이 지도 교수인 히로다 교수, 그 옆이 후쿠다 교수다.

립되었다. 전임 교수만 3,300여 명이다. 2008년도에 이 대학 출신으로 2명의 노벨 물리학상 수상자가 탄생했으며, 이 대학에 재직했던 교수가 노벨 화학상을 받았다. 일본에서 3대 노벨상 수상자 배출 대학이다.

2017년 통계에 따르면 이 대학에는 97개국으로부터 온 2,460여 명의 유학생이 있고 한국인 학생 수는 2014년에는 229명이었으나 2017년도 자료에는 195명으로 나와 있다. 도서관 등은 일반 주민들에게도 개방하여 주민들과 호흡을 같이하고 있다.

한국의 대학들이 폐쇄적인 것과는 대조적이다.

필자는 이외에도 일본의 대학들을 많이 방문하였다.

그중에서도 도카이 대학(Tokai University)이 가장 기억에 남는다.

도카이 대학은 일본 내 8개 지역에 캠퍼스를 가진 매머드 사립 대학이다. 1942년 12월에 설립된 대학이다.

교수 수는 1,645명, 병원 인력은 4,000여 명, 학부생 30,000여 명, 대학원생 600여 명, 유학생 수는 846명이다.

한국인 유학생 수는 2017년을 기준으로 82명이다. 해외 5개 지역(서울, 빈, 방콕, 유럽, 하와이)에 해외 사무소를 두고 있다.

그만큼 지명도도 상당히 높은 대학이다.

이 대학은 교수가 아예 별도의 독립적 연구실을 갖지 않고 실험실에 상주하도록 하였다. 학생들과의 소통, 지도를 위해서 그렇게 한 것으로 본다. 또 특이한 것은 실험 실습 부분인데, 한 번 하고 끝나지 않고 선배들이 만들어 놓은 장치나 시설에 자기 아이디어나 실험한 내용, 과정 등을 덧붙이도록 하여 처음 실험 장치가 만들어졌을 때부터 현재까지의 진행 과정 모두를 볼 수 있도록 하였다.

자원 낭비를 줄이고 학생들에게는 선배들이 어떤 일을 했는지를 보여주자는 뜻이다. 교육 내용도 중요하지만, 선배들의 결과를 봄으로써 자긍심을 갖도록 하자는 취지다. 한국 대학에도 이런 독특한 교육 방법이 있었으면 한다.

일본은 세계에 미치는 영향력이 막강하다. 선진국임이 틀림없다. 어느 대학을 가든 일본의 교육은 잘 이루어지고 있기 때문에 일본 유학을 추천하고 싶다. 유학을 통해 필자는 평생 일본을 마음속에 간직하게 되었고 많은 것을 배웠다.

필자는 일본 동경 공업대학에서 박사 학위를 공부하는 동안 일본 대학들을 배우기 위해 많은 대학을 방문하였다.

일본 동경 대학, 나고야 대학, 쓰쿠바 대학, 아시아 태평양 대학, 호세이 대학, 주오 대학, 큐슈 대학, 홋카이도 대학, 교토 대학, 히로시마 대학, 오사카 대학, 도카이 대학 등 모두 추천하고 싶은 대학들이다.

일본은 우리나라와는 그야말로 멀고도 가까운 나라이다. 역사적으로는 원수이지만 지리적으로는 1시간 반이면 가는 나라로, 웬만한 나라의 국내선보다도 거리가 가깝다.

현재는 학문적 수준이 차이가 덜 난다지만, 80년대까지만 해도 학문적, 경제적, 문화적 차이가 하늘과 땅 차이 수준으로 컸다.

따라서 우리 입장에서는 배울 것들이 매우 많았다. 필자는 당시 대학을 방문할 때마다 외국인들에 대한 일본의 지원 시스템을 보고 감탄하지 않을 수 없었다.

아주 간단한 서류만을 가지고 명분이 되면 교통비, 출장비, 숙비를 지원해 주었기 때문이다. 한국은 아직도 서류가 너무 많다.

정치인들이나 공무원들은 사람과 사회를 다루는 분야라 다양한 것들을 접하게 된다. 그러다 보니 비용을 사용할 곳도 많고 유혹에 휘말려 간혹 공금을 사사로이 이용하는 일이 있게 된다.

매년 신문을 장식하는 기사 내용이 있다. 구청 의원 및 공무원, 국회의원 및 공무원들이 해외 시찰 명목으로 해외에 갔다가 현지답사는 잠깐만 하고 관광만 하고 오는 일이 그것이다. 이러한 일들이 늘 신문을 장식한다는 것은 아직도 한국이 후진국 행태를 못 벗어났다는 것을 잘 말해 준다.

보고서는 더 말할 나위도 없이 형식적이고 여행사가 알아서 대필해 주는 경우도 많다. 최근에는 이런 것들만 대행해 주는 회사까지 생겼다. 참으로 어처구니없고 이상한 나라이다.

국회의원들은 더하다. 참석한다고 하고 오지 않고, 오프닝만 거창하게 하고 나가고….

일본에서는 있을 수 없는 일이다. 모든 규칙을 그런 맥락에서 취급하다 보니 연구비 사용, 외국인 과학자 지원 등도 복잡하게 한 것이라 판단된다.

국제 학술대회에 가면 일본 사람들(교수, 학생)은 항상 철저히 준비해 온다. 영어를 못 할지언정 발표 자료는 정말 성실히 준비해 온다. 그러한 점들이 국제 사회에서 일본을 존경하는 이유다.

우리나라처럼 학술 현장에는 나오지도 않고 골프장에 가는 것은 상상할 수도 없다.

필자가 일본 유학을 추천하는 이유는 평생을 살아야 할 젊은이들이 이런 것들을 배우기를 바라는 마음에서이다.

인생을 헛되지 않게, 그리고 본연의 임무를 망각하지 않고 살아야 하는데 이런 것들을 일본에서는 잘 배울 수 있다.

평생 인연을 맺고 삶의 설계에 크게 보탬이 될 것이다.

한국의 대학들은 지식은 배울 수 있고 적절히 대응하는 것은 배울 수 있을지 모르나 삶을 바르게 사는 방법은 배우기 힘들다.

교수와 학생들 간의 관계도 소원하고 교수들이 학생들 지도에 그리 신경을 쓰지도 않는다.

대학의 권위가 사라져 가고 정치화되면 고급 인력에 대한 매력이 생길 수 없다.

한국이 선진국으로 거듭나기 위해서는 대학이 거듭나야 하고 이를 교수들이 지켜야 한다고 생각한다.

외국인 교수들이 자유롭게 활동하고 고급 인력이 모이는 풍토에서만 진정한 선진국으로 거듭날 수 있다.

중국의
대학들

베이징 대학, 칭화 대학, 연변 과학기술대학, 헤이안 대학

중국의 베이징 대학, 칭화 대학은 세계적인 명문대학이다. 필자도 여러 번 이곳을 방문하였다.

방문 때마다 느끼는 것은 대형 건물이 하나씩 늘어난다는 것이다. 2004 년경으로 기억한다. 베이징 대학에서 개최하는 국제 학술대회 참석차 베이 징 대학을 방문하였는데 숙소는 그 대학의 호텔이었다.

그림 5-13.

헤이안 대학 국제 학술대회에서 찍은 사진

우리나라 5성급에 해당하는 고급 호텔이었다. 당시는 핸드폰 화면이 대부분 흑백이었다. LG에서 처음으로 나온 컬러 휴대폰을 가지고 갔는데 호텔 방에 놓고 학회 참석 후에 돌아와 보니 없어졌다.

당시 중국인들 한 달 치 봉급보다 비싼 최신형 휴대폰이었다. 그래서 유달리 기억이 난다. 그 후 여러 번 베이징대를 방문하여 숨 가쁘게 변하는 모습을 보고 향후 베이징 대학이 세계에 미칠 위력을 실감하였다.

아나나 다를까, 현재는 이미 중국이 우리나라의 거의 모든 것을 따라잡았고 어떤 면에서는 앞서고 있다. 칭화 대학도 베이징 대학에서 그리 멀지 않아 택시를 타고 여러 번 방문하였다. 이들 두 대학은 방대한 캠퍼스가 참으로 인상적이다.

우리나라의 미래가 걱정되는 면이 한둘이 아니다. 헤이안 대학은 남쪽에 있는 대학으로 이 대학은 학술대회차 방문하였다.

중국의 대학들을 방문하면서 느낀 것은 아무리 대학의 재정이 어려워도 회의실은 잘 갖추어 놓았다는 것이다.

공산국가 시절 회의를 많이 해야 했기 때문이었는지는 몰라도, 원탁 회의실을 잘 갖추어 놓은 곳이 많다.

연변 과학기술대학은 연변에 있는 대학으로 한국 사람이 세운 대학이다. 이곳은 국제 학술대회 때 두루 살필 수 있는 기회가 있었다. 규모는 컸지만 모든 교수진을 봉사 활동자로 채우기 때문에 학문적 성과나 교육은 한계가 있다고 생각한다.

교육도 반드시 동기 부여가 되어야 잘할 수 있다는 것이 본인의 의견이다. 베이징 대학이나 칭화 대학을 자세히 언급하는 것은 지면만 허비할 뿐이라 생각하여 더 이상의 기술은 피한다.

중국 과학기술대학(East University of S&T)

이 대학은 상하이에 있는 대학이다. 행정 구역상으로는 상하이에 속하나 외곽에 있어 어촌의 시골 풍경을 볼 수 있다.

필자는 2016년도에 중국의 학술 단체와 함께 제주도에서 국제 학술대회를 개최한 적이 있다. 이때 상하이에서 국제 학술대회를 같이 개최하기로 이야기하고 날짜는 중국 측에 일임하였다.

중국 측은 여러 가지를 생각했는지 2017년 12월 29일부터 2018년 1월 2일까지 개최하는 것으로 알려 왔다. 연말을 상하이에서 보내는 것도 좋을 듯하여 허락하고 이 기회를 이용해 대학을 방문하였다.

개최 장소는 중국 과학기술대학 강당으로 되어 있었다. 중국이 발전한다는 소리는 들었으나 막상 직접 가서 보니 상상을 초월할 정도였다.

거리의 모든 오토바이는 전기식이고 상하이 전통시장의 작은 포장마차도 QR 코드로 결제하면 확인하고 바로 먹을 것을 주었다.

한국도 IT가 발전되었다고는 하나 전통시장의 포장마차는 아직 멀었다. 명동의 거리에 있는 먹거리 포장마차도 현금만 받는다. 구멍가게에서 천 원짜리 물건을 카드로 사려면 눈치를 봐야 한다.

놀라지 않을 수 없었다.

상하이 과학기술대학은 매우 큰 대학으로 건물은 다소 노후화되었으나 연구, 인력 등에서는 한국 대학을 능가한다. 인공지능 분야를 들어가 보니 연구 인력이 매우 많았다.

중국 광저우 과학기술대학(Gaungzhou University of S&T)

이 대학은 설립된 지 60년 되었다. 이 대학을 방문하게 된 것은 2018년 11월 17일부터 광저우시 호텔에서 광저우 과학기술대학 교수, 홍콩 과학기술대학 교수, 싱가포르 난양 고대 교수와 같이 국제 학술대회를 조직하여 개최하였는데 이 행사가 끝나고 방문하게 되었다.

광저우 과학기술대학은 중국 정부가 중점을 두고 육성하는 대학이다. 중국 정부는 고급 두뇌를 유치하기 위해 한국이 70년대에 했던 것과 유사한 고급 두뇌 유치 프로그램을 운영하고 있다.

미국 등에서 활동하는 중국인은 물론 외국 국적을 가진 사람도 파격적인 대우를 해서 유치한다. 이 대학은 이 계획에 의해 유치된 교수가 많다.

이번 국제 학술대회에서도 이 프로그램에 의해 유치된 교수가 나왔는데, 100인 유치 과학자에 들어가는 석학이다.

광저우에서 중국의 실리콘 밸리로 불리는 선전시까지는 최근 초고속 전철이 완공되어 운영 중이다. 시속 300㎞가 넘는 속도로 달려 전전까지 30분이 채 안 걸린다. 선전시는 홍콩과도 가까워 고속철로는 불과 10여 분 정도밖에 안 걸린다.

중국의 실리콘 밸리를 보기 위해 시간을 내어 고속철을 타 보았다. 한국의 KTX보다도 훨씬 안락하고 쾌적하였다. 운전 시스템도 최신식이었다. 중국이 발전하는 것이 부러운 것이 아니라 두려움이 앞섰다.

홍콩 과학기술대학(HKUST)

홍콩 과학기술대는 1991년 10월에 개교한 신흥 명문대학으로서 당시 한국의 포항공과대학을 벤치마킹해서 설립한 대학이다.

짧은 역사에도 불구하고 『타임』지에서 선정하는 대학 순위에서 항상 상위권에 있다. 2012년도에는 QS 아시아 대학 랭킹 1위를 한 바 있다. QS 2019 대학 순위 평가에서는 37위에 올라와 있다.

2019 『타임』지 평가에서도 서울대는 63위, 홍콩 과학기술대학 41위, 성균

그림 5-14. 홍콩 과학기술대학 건물

출처: http://www.ust.hk/about-hkust

관대가 82위이고 벤치마킹 대상이 되었던 포항공대는 142위이다. 카이스트가 102위라면 이 대학이 얼마나 명문대학인지 가늠이 간다.

이 대학의 평판도는 한국 대학들처럼 들쑥날쑥하지 않고 언제나 상위권을 지속해서 유지하고 상승 중이다.

포항공대를 벤치마킹해서 설립한 대학이 이를 능가했다. 오래된 대학도 아니다. 이를 어떻게 받아들여야 할지! 우리 아이들이 대학을 선택할 때 고민해야 하는 이유다.

특히 홍콩 과학기술대학의 MBA 과정은 항상 최상위권을 유지하고 있다.

다른 대학들은 취업이나 학부 중심 대학으로서 분야별로 최상위권을 차지한다. 그러나 이 대학은 설립된 지는 얼마 되지 않았으나 혁신적인 대학 운영으로 매년 최상위권 대학의 평판도를 유지하고 있다.

이 대학은 필자가 방문하여 국제 학술대회에서 강연을 한 적이 있어 비교적 소상히 내용을 잘 알게 되었다. 늘 관심을 가져왔던 대학이기도 했다.

중국이 부상하면서 한국 젊은이들이 대거 중국으로 유학을 하러 가고 있다. 편중된 역사관, 왜곡된 이념으로는 젊은이들의 판단 능력이 흐려질 수 있다. 홍콩도 중국이긴 하나 영국의 영향을 받아 보통의 중국인들과는 생각하는 면이 좀 다르다.

또 영어 수업을 하므로 미래를 살 젊은이들은 앞으로 100년 정도 살 것을 생각한다면 홍콩 과학기술대학과 같은 곳이 더 공정한 생각을 갖추도록 배울 수 있다고 본다.

대학이 흥한 시대에는 해당 국가는 부강국이 되었고 대학이 제 역할을 하지 못하는 국가는 쇠퇴하거나 망했다.

이는 국가 흥망성쇠의 인류 역사에 잘 나타나 있다.

홍콩 시민대학(City University of Hong Kong)

필자가 2014년 8월 20일부터 몽골을 방문하기 위해 비행기를 예약하였는데 갑자기 8월 26일경에 홍콩 시민대학에서 강연해 줄 수 없냐는 메일을 받

그림 5-15.

인공지능에 대해 필자가 강연하는 모습

았다. 검토해 보겠다는 메시지를 보냈는데 왕복 항공료와 호텔을 예약하겠다는 독촉 회신이 왔다.

한 번 가 보고 싶었던 대학이고 경비까지 지원되는데 마다할 이유가 없었다. 몽골 방문 일정을 축소하고 틈새 일정을 잡아 방문하였다.

홍콩 시민대학(City Polytechnic of Hong Kong, 설립 당시의 이름)은 1984년도에 세워진 특성화 공과대학으로 국제 대학평가 기관에서 언제나 상위 그룹에 드는 좋은 대학이다. QS 2017 대학 순위 평가에서는 4위를 기록했을 정도이다. 작지만 강한 대학이다.

본인을 초청한 교수는 인공지능을 연구하는 교수인데 세계적으로 이름이 나 있는 교수이다.

학술대회에서는 쑤저우 대학의 영국인 교수의 대학 소개가 기억에 남는다. 그와는 지금도 매우 자주 연락을 주고받는다.

쑤저우 국제대학은 중국과 영국이 공동으로 투자하여 7년 전에 설립한 대학으로 학위는 중국과 영국에서 공동으로 받는다. 모든 강의는 영어로만 하고 등록금은 1년에 약 3백만 원 정도로 상당히 비싼 편이다.

더운 지역에 왜 대학을 설립하였는지 문의하니 이 지역에는 세계의 다국적 기업이 많이 들어와 있어 이들을 겨냥한 교육이라고 했다.

다국적 기업을 유치한 중국의 의중을 잘 알 수 있다. 이들에게 인재를 공급하기 위해 대학을 설립한 것이다.

핀란드 최고 대학, 알토 대학(Aalto University)

2014년 8월 22일 자 전자신문에는 '노키아 몰락에도 끄떡없는 핀란드'라는 내용으로 알토 대학에 대한 특집 기사가 전면에 나왔다.

본인도 이 대학의 초청을 받아 여러 번 방문하여 강연을 한 바 있어 기사가 특별히 눈에 띄었다.

알토 대학은 21세기 융합형 인재에 맞는 인재를 육성하기 위해 헬싱키 기술대학(Helsinki University of Technology, 1908년 설립), 경제 대학(Helsinki School of Economics, 1911년 설립), 디자인 예술 대학(School of Arts and Design, 1871년 설립)이 통합되어 2010년에 알토 대학이라는 이름으로 재탄생했다.

알토 대학은 공부를 많이 시키는 대학으로 정평이 나 있다. 산·학·연 시스템이 잘 되어 있어서 우리나라 대학, 정부, 연구소에서 산·학·연 연구를 위해 많이 방문했던 곳이기도 하다.

특히 디자인 교육은 세계 최고 수준을 자랑한다.

핀란드는 숲이 전 국토의 70%를 차지한다. 그런데도 그 숲을 지키기 위해 친환경 정책을 추진하고 있다.

이 대학은 공학을 넘어선 창조적 아이디어를 얻을 수 있도록 교과 과정도 대폭 수정하였다. 산업 정책도 디자인 거리, 독특한 가구 디자인 등과 같이 디자인에 중점을 둔 정책을 펴 산업이 경쟁력을 갖도록 하고 있다. 대학이 왜 새롭게 거듭나야 하는지를 보려면 이 알토 대학을 꼭 방문해야 한다.

필자는 이 대학의 교수와는 지금도 논문 심사와 논문도 공동 집필하는 등 연구 활동을 같이한다.

2015년 5월에도 필자가 몽골에 있는 동안 논문 심사를 의뢰해 왔을 정도이다. 알토 대학은 많은 자회사를 운영하면서 수익 창출을 통해 이를 장학금, 교육에 투자하고 있다.

디자인 특화 대학으로 등록금이 저렴하여 적극적으로 유학을 추천한다. 필자는 2019년 2월에 핀란드 헬싱키에서 북쪽으로 기차로 4시간 정도 걸리는 도시인 쿠오피오(Kuopio)시에 있는 이스턴 대학(Eastern University)에서 4일간 머물며 세미나와 강연을 하였다. 4차 산업혁명 시대의 패러다임에 대해 강연을 하는 과정에서 학생들과 교수들의 반응이 뜨거웠다. 이 대학교 교수와의 오랜 인연으로 연결된 협력 때문에 방문하게 되었다. 방문 기간 동안 확인한 것은 확실히 선진국의 나라이자 디자인이 우수하다는 점이었다. 교수 식당, 거리의 패션, 쇼핑몰의 물건들도 디자인이 독특하였다.

터키 빌켄트 대학(Bilkent University)

명문대로 가기 위해서는 어떻게 해야 하는지 이 대학을 보면 잘 알 수 있다. 필자는 유럽에 있을 때 관심이 있어 방문하게 되었다.

터키는 우리나라보다 국민 소득이 낮다. 2018년도 10월 IMF에서 발표한 자료에서 한국은 3만 2천 불, 터키는 1만 1천 불 정도로 국민 소득이 기록되어 있다. 2013년도 통계청 자료에는 1만 1천 불로 되어 있었는데 5년이 지난 지금도 국민 소득은 제자리걸음인 것으로 나타나 있다.

국민 소득으로 보면 훨씬 못살고, 생각하는 것도 우리만 못 할 것으로 생각할 수 있으나 이 대학을 보고 나면 그 생각은 완전히 달라진다.

한국의 부호 중에는 아직 이 대학의 설립자와 유사한 철학을 가진 사람이 없기 때문이다.

이 대학은 이산 도그라마치(Prof. İhsan Doğramac) 박사에 의해 1984년도에 설립되었다.

1915년생인 그는 의사로서 국제 활동을 활발히 하여 국제적으로도 유명한 사람이다. 다양한 활동 배경을 이용해 의사로서 돈을 많이 축적하였다.

그는 인재 육성이 터키의 장래를 위한 가장 큰 길이라는 사명감에 대학을 설립하였다.

수업료는 2015/2016년도를 기준으로 연간 26.080TL(약 1천 1백만 원)이나 터키에서 가장 들어가고 싶은 대학 1위로 꼽힌다. 유학생인 경우에는 약 7천 달러를 낸다. 그러나 학부생의 경우 약 50%가 장학금을 받고 대학원생인 경우는 생활비까지 지원받을 수 있다.

필자가 연구하고 있는 분야의 교수들의 활동 상황을 보면 저술 활동, 논문 생산 등에서 선진국들의 여느 교수 못지않다.

학내의 모든 강의는 영어로 진행되며 홈페이지나 기타 자료를 보더라도 영어 표현이 잘되어 있어서 외국인이 쉽게 접근할 수 있다. 또한 지역 사회와 협력하고 지역 주민들에게도 다양한 서비스를 제공하여 지역 사회의 허브 역할도 한다.

대학이 무엇을 하여야 하는지 잘 나타내 주고 있다.

터키는 문화가 풍부하고 역사적, 지리적으로도 동서양의 다리 역할을 하여 배울 점이 많다. 인구 약 80,000,000명, 국토 면적은 약 78,530,000㎢(한반도의 약 3.56배)로 시장이 크다.

미래를 생각해 보아도 유학을 조금도 주저할 이유가 없다.

이스탄불 과학기술대학(Istanbul Technical University)

이 대학은 1773년도에 개교하여 2019년도는 246년이 되는 해이다. 토목, 건축, 전기 및 전자, 광산, 화공, 예술 및 과학, 해양, 경영, 섬유, 항공 우주와 같은 공대로 특화된 대학이다. 연륜에서 알 수 있듯이 방대한 도서관과 시설이 대학의 위용을 잘 나타내 준다.

필자는 2004년도에 터키 이스탄불 국제 학술대회 참가차 터키 대학을 방문하였다. 이 대학은 대학 규모가 꽤 크고 방문 당시 실험 기자재가 최첨단이어서 한국 어느 대학의 시설보다도 좋은 수준이었다. 교수진도 매우 우

그림 5-16.

이스탄불 과학기술대학 정문 앞에서 찍은 사진

수하였다.

방문 중 인상 깊었던 것은 이 대학의 총장이었던 사람이 온 힘을 다하여 대학을 최고의 수준으로 만들어 놓았는데 정작 본인은 건강을 챙기지 못하여 재임 중에 순직하였다는 사실이었다.

대학에서는 그의 부인을 국제협력 직원으로 채용하여 보살피고 있었는데 우리를 보자마자 눈물을 머금고 커피를 타던 모습이 지금도 생생하다. 그 부인은 한국 사람을 보자마자 자기 남편 생각이 나서 회한에 젖어 옛날의 그 모습을 떠올린 듯했다.

터키 사람들은 한국 사람들을 만나면 형제의 나라 사람이라고 부르며 우리를 형제처럼 생각하고 껴안는다. 또한, 다혈질이다. 중동을 공부하고 동서양을 알고 싶어 하는 학생들에게 추천하고 싶은 대학이다. 물가가 저렴하여 유학에 어려움이 없다.

헝가리 과학 고등학교, 예술 고등학교

대학은 아니지만, 헝가리의 초·중·고의 교육이 독특하여 소개한다. 필자는 2010년도에 헝가리 과학 한림원의 초청을 받아 6개월 동안 방문하여 연구를 하였다.

이때 헝가리의 과학 교육을 보기 위해 헝가리 대학교수의 도움을 받아 고등학교를 방문한 바 있다. 시설은 한국과 같이 현대적이지는 않았다.

헝가리는 13명의 노벨상 수상자를 배출한 나라이다. 분야 또한 어느 한 분야만이 아니라 문학, 물리, 화학, 의학 등 다양하다. 인구 1천만 명, 한반도 반 정도 크기(9,300,000㎢)인 나라에서 어떻게 이런 일이 가능했을까?

헝가리는 지적산업 활동이 매우 활발하다. 노벨상은 아니지만, 발명품도 상당히 많다. 세계적 석학 중에서도 헝가리 출신들이 많다. 변압기, 디지털 이론, 자동차 캬브레이터, 홀로그램 등 수없이 많은 발명품이 헝가리 과학자들에 의해 발명되었다.

그 비결은 교육에 있다. 헝가리의 과학 교육과 예술 교육은 매우 수준이 높다.

그림 5-17.

정년을 맞이한 헝가리 대학교수와 함께. 그는 정년을 맞이했으나 매일 대학에 나온다. 독립 연구실도 주어진다. 노벨상 수상자 13명을 배출한 헝가리의 저력이 여기에 있다.

애국가를 작곡한 안익태 선생도 헝가리에서 활동하면서 〈코리아 환상곡〉을 작곡했고 이 중 일부가 애국가라는 것은 잘 알려진 사실이다.

또 헝가리는 예술 교육이 뛰어나다.

유명한 음악가가 많다. 기초가 튼튼하고 재능 교육은 모두 국가에서 지원한다.

예를 들면 발레를 하는 학생에게는 발레에 필요한 옷, 소모품, 지도 교수, 공연 시에는 공연장 등을 모두 국가에서 지원한다. 다른 영역도 역시 마찬가지로 지원해 준다.

2012년도 가을에 헝가리 학생들의 색소폰 경연대회가 음악 고등학교에서 열렸다.

헝가리에서는 예술 고등학교에서 정규 교육으로 색소폰을 가르친다. 색소폰 기업들이 이를 후원하고 이때는 세계의 여러 종류의 색소폰이 세일을 위해 모여든다.

덕분에 본인도 1년 동안 헝가리 학생에게 개인 교습을 받고 아침마다 동산에 올라가 연습을 했던 기억이 새롭다.

저렴한 비용으로 세계적인 교육을 희망하는 학생들에게는 헝가리 대학, 고등학교 유학을 추천하고 싶다.

헝가리 부다페스트 공대(Budapest University of Technology and Economic)

헝가리 부다페스트 공대(BUTE, Budapest University of Technology and Economic)는 헝가리 언어로 'BUDAPESTI MŰSZAKI ÉS GAZDASÁGTUDOMÁNYI EGYETEM'로 표기되며 보통 'BME'로 불린다.

이 대학에서 필자는 2012년도부터 2013년도까지 1년간 머물면서 박사 과정을 밟는 2명의 학생을 지도한 바 있어 그 명성을 잘 알게 되었다.

헝가리 부다페스트 공대는 1635년도에 설립되어 2019년도는 384년도가 되는 해이다.

설립 학과는 건축, 토목, 화학 및 바이오, 교통 및 자동차, 자연과학, 경제 및 사회 분야 학과이다. 이 대학은 4명의 노벨상 수상자와 12명의 유명한 과학자를 배출한 유럽의 명문대학이다.

전 세계로부터 1천여 명의 학생들이 유학을 올 정도이다.

학부생의 경우 한 학기당 등록금은 3,200유로(한화 약 4백만 원, 2018년 5월 환율 기준)이고 대학원 박사 과정은 4,500유로이다. 한국의 대학들보다도 등록금이 저렴하다.

그림 5-18.

다뉴브강 서쪽에 아름답게 서 있는 건물이 부다페스트 공대 건물임을 아는 사람은 드물다. 필자는 이 건물 안에서 1년간 연구를 하였다. 교포들을 초청하여 내부를 보여 주니 오랫동안 살면서도 이 아름다운 건물이 공대인 줄 몰랐다고 했다. 야간의 전경 사진이다.

그림 5-19.

도로에서 찍은 사진

그림 5-20.

그러나 교육이 철저하기로 유명하다. 학부생들의 영어 수준은 원어민 수준일 정도다.

헝가리어는 한글과 같은 어족이다. 따라서 헝가리 사람들은 한국을 자기들과 같은 동질성을 가진 국가로 취급한다. 헝가리는 1989년 공산화 붕괴 이후 가장 먼저 한국과 외교를 수립하였고 한국타이어는 종업원 5만 명 정도의 공장을 헝가리에서 운영 중이다. 이는 유럽에서 가장 큰 공장이다.

또 삼성전자도 헝가리에 제조 공장을 갖고 있고 한·헝가리 과학기술 포럼도 정례화되어 1년에 한 번씩 열린다.

헝가리는 물가가 저렴하여 한국인이 살기에도 좋다. 또 유럽의 중앙에 있어 유럽의 어느 지역과도 연결이 쉽다.

부다페스트 공대 교정에는 유명한 교수들의 흉상을 곳곳에 배치하여 학생들에게 동기 부여를 하기도 한다.

유럽을 배우고, 유럽에 대해 전문가가 되고자 하는 젊은이들에게는 헝가리 유학을 적극적으로 권하고 싶다. 헝가리 부다페스트 대학에서 공부하였다면 유럽 어느 곳이든지 취업과 사회적으로 진출이 쉽기 때문이다. 필자가 부다페스트 공대 인력 양성에 대한 기사를 신문에 투고했던 기억도 새롭다.[34]

---

34 출처: http://www.goodmorningcc.com/news/articleView.html?idxno=541

코르비너스 경영대학(Corvinus University of Budapest)

코르비너스 정경대학은 다뉴브강을 사이에 두고 부다페스트 공대 맞은편에 있다. 다리 하나만 건너면 도착할 수 있는 거리여서 쉬는 시간에 자주 들러 이것저것 물어보았던 기억이 새롭다.

이 대학은 1853년도에 설립된 대학으로 경제, 경영 분야 대학이다. 설립 학과는 경제, 경영, 소통 및 미디어 과학, 국제 비즈니스, 국제 관계, 사회과학이다.

코르비너스 경영대학은 부다페스트 공대와 함께 경영, 경제 분야에 있어서 유럽의 명문대학이다.

한국의 고려대학교와도 협력 관계를 구축하고 있는데 2012년에 필자가 방문했을 당시에는 한국 학생이 더러 있었다.

앞서 설명했지만, 물가가 저렴하고 학비도 한국 대학보다 싸, 지방 학생들이 서울로 유학 오는 것보다도 저렴하리라 생각한다.

인문, 경제, 정치 등의 분야에서 유럽에 진출하고자 하는 학생들은 헝가리 대학에서 공부하면 국제적으로 인정을 받아 취업하기에도 매우 좋다.

그림 5-21.

다뉴브강 동쪽에 아름답게 서 있는 코르비너스 정경대학의 모습 물론 강의는 영어로 하므로 언어로 고생하는 일은 없다.

헝가리 의과대학

필자는 부다페스트 공과대학에서 연구년을 보내면서 헝가리 대학들을
많이 방문하였다.

부다페스트에 있는 대학은 물론 지방 대학도 틈만 나면 발품을 팔아가며
방문하였다. 헝가리 디자인 대학, 미스콜츠 대학, 게르 대학, 오부다 대학,
세체니 이슈트반 대학, 예술 대학, 음악 대학, 외트뵈스 로란드 대학, 센덴트
럼 대학, 헝가리 법과 대학 등은 물론 아주 작은 연극 대학들까지 대부분
의 대학을 방문했다.

또한 필자의 대학 방문은 단순 방문이 아니고 정식으로 교수들을 찾아
가 한국에서 온 교수임을 밝히고 명함을 주고받으며 인사를 나누는 방문이
었다. 이런 과정에서 서로 많은 대화와 이야기가 오갔다. 어떻게 하면 학술
교류, 유학생 연계 등을 할 수 있는지 자연스럽게 이야기가 오갔다.

헝가리 의대도 이렇게 해서 여러 번 방문하였다. 헝가리의 의과대학으로
는 부다페스트 의대, 데브레첸, 세게드피츠 의대가 있는데 의대를 나온 후
에는 의사 활동을 하여야 하므로 진학에는 신중을 기하라고 말하고 싶다.

필자는 2012년도에 세게드피츠 의대를 방문한 적이 있다. 당시 한국 유
학생이 약 200명 정도 있었고 이들 대학에 유학을 알선하는 국내 학원도
있다는 것을 파악하였다.

한국에서 의대를 희망하는 학생들이 유럽에서 의사 면허증을 딸 수 있다
는 기대와 학비가 저렴하다는 점 때문에 유학을 하러 많이 갔던 것으로 파
악된다.

대학에서는 한국 학생을 위한 전용 기숙사도 갖추고 있었다. 그러나 헝가
리의 경우는 의사 면허를 따면 유럽 어느 지역이든지 활동할 수 있으나 한
국처럼 돈과 명예를 다 얻을 수 있는 것은 아니다. 단순한 월급쟁이라는 점
을 알아야 한다.

대부분의 유럽 국가에서는 의사는 단지 의료 행위를 할 수 있는 직업으로 취급하여 국가에서 월급을 지급한다.

당시 한국에서 세게드피츠 의대에 유학 왔던 어떤 학생은 이 학교가 지방 대이기 때문에 시설과 임상 설비가 열악하여 부다페스트에 있는 의대로 옮기려고 고민하는 것을 보았다.

그 학생의 부모님께서 필자가 헝가리 공대에 있는 것을 알고 아들이 있는 지방대를 방문했다가 부다페스트 의대는 좀 낫기 때문에 전학 상담차 필자에게 방문했던 기억이 난다.

지금은 한국과 헝가리의 협정이 어떻게 되었는지는 모르나 다른 학과와는 달리 의대는 신중을 기하기를 권한다.

오부다 대학은 여러 개의 지방 대학을 통합한 대학으로 오부다는 부다페스트의 옛 지명이다. 대전의 옛 지명이 한밭인 것과 같다. 따라서 지역마다 전공과 교수진이 다르다.

세체니 이슈트반 대학은 부다페스트에서 기차로 1시간가량 떨어진 곳에 있는 대학이다. 이 대학의 Albert Szent-Györgyi 교수는 헝가리에 최초로

그림 5-22.

1800년대에 세워진 헝가리 과학의 총본산 과학 한림원

노벨 의학상을 안겨 주었다.

헝가리와 필자는 각별한 인연이 있다. 필자는 부다페스트에 있는 정보통신 연구소에서 2010년 7월부터 12월까지 6개월간 헝가리 아카데미의 초청을 받아 그곳에서 연구한 바 있다.

당시 시간을 내어 지방의 대학들을 방문하였는데 이 과정에서 연구소 직원들이 세심하게 연락을 취해 주었다.

헝가리 문과대학에는 한국어학과가 있고 학과장은 한국 유학생으로 이곳에서 공부하다 헝가리 여성과 결혼한 사람이다. 헝가리는 과학의 중요성을 알고 1800년대에 과학 한림원을 지었다. 또 부다페스트 공원에는 안익태 동상을 건립하였고 이때 한림원에서 콘서트가 열려 본인도 초청을 받아 참가한 적이 있다.

외트뵈스 로란드 대학(Eötvös Loránd University)

외트뵈스 로란드 대학은 헝가리 부다페스트에 있는 대학교로 1635년도에 설립되었다. 이다. 보통 약칭인 'ELTE'로 불린다.

그림 5-23. ELTE 대학 건물 일부

부다페스트 공대 바로 옆에 있는 도로 건너편의 다뉴브강 강가에 사진과 같은 건물들이 있는데 이 건물이 ELTE 대학이다.

학생 수는 3만 명이 넘고 설립 학과는 교육 및 철학, 인문학, 법학, 유아 및 초등 교육, 사회 과학, 특수 교육, 사회학 등으로, 인문학에 초점을 두고 있다.

필자는 이 대학에서 국제 학술대회가 개최되었을 때 참석하였다. 감성 공학을 연구해 온 필자는 이 대학에서 유사한 분야를 가지고 여러 번 세미나를 한 기억이 난다.

IBM이 이 대학 안에 유럽 센터를 세울 만큼 국제적으로 인정받는 유명한 대학이다. 인문학 분야나 특수 교육 및 교육학을 공부하고 싶은 젊은 사람들은 이 대학으로 유학할 것을 권장한다. 외트뵈스 대학은 부다페스트 공대와 인접해 있어 한 가족처럼 지낸다.

체코 과학기술대학(Czech Technical University)

프라하는 한국 사람들이 가장 가고 싶어 하는 지역 중 하나다.

즐길 것들이 한 장소에 밀집해 있어 짧은 시간 안에 유럽의 유적을 볼 수 있기 때문이다.

그러나 유럽의 모든 문화를 시간을 두고 즐기고 싶은 사람들은 부다페스트로 가라고 권하고 싶다. 유적이 널리 분포되어 있어 비교적 다양한 유럽의 문화를 볼 수 있기 때문이다.

프라하 과학기술대학은 프라하의 중심가에 있어 프라하 시내와 대학을 동시에 볼 수 있다.

체코 과학기술대학은 2012년 11월경에 방문하였는데 서울대학교 공과대학과 같다. 동유럽의 대학들은 공과대학, 문과대학, 인문대학, 농과대학, 정치대학, 예술대학 등과 같이 따로 분리되어 있고 캠퍼스도 각기 다르다.

이 대학은 1705년에 설립된 대학으로 현재는 2만 5천 명의 학생이 공부하고 있다. QS 2015 대학 순위 평가에서 전 세계 4,200여 개의 대학 중 451위

그림 5-24.

사진에서 보이는 건물은 도로변 옆에 있는 공대(CTU) 건물 중 일부로 주위는 모두 전통 유럽 건물로 되어 있다. 대학 옆의 호텔은 전통 유럽 궁전과 같은 건물로, 하룻밤 숙박비가 한국의 모텔값 수준이다. 추천하고 싶다.

그림 5-25.

프라하 대학교수와 함께 찍은 사진. 본인의 연구 분야인 인공지능 분야에서 세계적으로 유명한 교수다.

에 올라와 있다.

설립 학과는 토목공학과, 기계공학과, 전기공학과, 물리 및 원자력, 건축, 교통, 바이오, 정보통신 등 주로 공학 관련 분야이다.

체코는 동유럽 중에서 가장 잘사는 나라이자 과학기술이 가장 발달한 나라이다. 냉전이 심할 때 북한 무장 공비가 가지고 내려온 무기가 모두 체코제 기관단총이었다.

그만큼 중공업도 발달한 나라이다. 동유럽이라 하면 헝가리, 체코, 슬로바키아, 불가리아 등인데 서유럽, 북유럽에 비해 낮은 생활 수준인 나라들로 잘못 알려져 있다.

그러나 체코는 다르다. 첨단기술과 사회 인프라가 유럽의 다른 지역 못지않게 잘되어 있어서 유학하러 가는 데 주저할 이유가 전혀 없다. 또한, 생활비가 저렴하고 등록금이 싸다. 2017년도를 기준으로 전기·전자 공학과의 경우 등록금이 약 2백 70만 원 정도로 한국 대학보다 더 저렴하다.[35]

프라하의 거리를 여행하다 보면 상품의 디자인이 뛰어난 것을 볼 수 있다. 또, 체코의 맥주는 세계적으로 유명하다. 유럽의 문화를 만끽하면서 차별화된 인생을 설계하고 싶은 젊은이들에게 이곳을 권하고 싶다.

브르노 대학(Brno University of Technology)

체코의 제2 도시에 있는 브르노 대학은 필자가 2011년 7월, 2012년 12월에 총 두 번 방문하였는데 고전적 풍경이 잘 어울리는 작은 도시 브르노에 있다.

첫 번째 방문은 이 대학교의 교수와 이 대학에서 공동 국제 학술대회를 하면서 방문하게 되었다. 두 번째 방문은 이 대학교수의 초청으로 강연하기 위해 방문하였다. 정보통신 분야를 강의하는 이 교수는 부인이 한국을 너무 좋아해(이런 연유로 본인을 초청한 것이다) 한국에 부인과 같이 방문한 경

35 출처: http://www.fel.cvut.cz/en/admissions/tuition-fees.html

그림 5-26. 대학 거리 일부

그림 5-27.

2012년 11월 브르노 대학에서 강연 중인 필자의 모습험이 있어 대화에 큰 도움이 되었다.

프라하보다 작은 도시이기에 당연히 생활비가 저렴하다. 홈페이지에 나와 있는 정보를 그대로 인용하면 음식, 숙소, 교통을 포함한 생활비를 2017년 5월 기준으로 한 달에 250~300유로(32~38만 원)로 계산하고 있으니 결코 비싼 생활비는 아니다.

등록금은 학부의 경우 3천 유로(3백 8십만 원), 석사는 4천 5백 유로, 박사는 4천 유로이다. 여기에 각종 장학금이 있어 실질적으로 한국보다 더 저렴하게 공부할 수 있다.

설립 학과는 건축, 전기 및 통신, 화학, 정보통신, 경영, 토목, 기계, 예술, 법의학 등이다.

오스트라바 과학기술대학(Technical University of Ostrava)

오스트라바 과학기술대학은 체코의 동쪽인 오스트라바시에 있는 대학으로, 프라하에서 3시간 반 정도 걸리는 거리에 있다. 폴란드 국경 지대의 체코 중공업 지대에 있는 대학이다.

학생 수는 24,000명 정도이고 1849년도에 설립되었다.

설립 학과는 광산 및 지질학, 금속 재료, 기계, 경제, 전기 및 컴퓨터, 토목, 안전공학이다. 이 대학의 컴퓨터 대학 Václav Snášel 학장은 필자가 유성에서 국제 학술대회를 개최할 때 자기가 경비를 들여 다녀갈 정도로 필자와 매우 가까운 사이다.

필자는 그 후 이 대학을 2012년 6월과 9월에 두 차례 방문하여 세미나를 하고 후한 대접을 받은 바 있다.

이 대학은 베트남 TDT 대학에 유럽 센터를 설립하고 박사 과정을 개설하여 운영하기 때문에 TDT 대학교수이자 한국 센터를 운영하는 필자와는 베트남에서도 자주 만나는 계기가 되었다.

체코의 이들 대학은 모두 한국의 어느 대학보다 우수하다. 실험실과 장비가 잘 갖춰져 있다. 세계적인 논문도 생산하는 명문대학들이다.

그림 5-28.

오스트라바 대학 학장과 함께 오르모츠에서

체코의 과학기술은 세계적으로도 인정받을 만큼 그 수준이 매우 높다. 국민 소득도 2만 불을 넘어 한국과 비슷한 수준이나 삶의 질은 우리보다 훨씬 높다.

문화와 유적이 많고 첨단기술 제품도 많다. 부근에 오로모츠라는 인구 11만여 명의 작은 도시가 있는데 한국의 경주처럼 유적이 많고 조용한 도시다. 크리스털이 유명하여 관광객이 많다. Václav Snášel 학장은 운전기사가 딸린 대학 차를 보내서 이 도시를 관광할 수 있도록 필자를 배려해 주었다. 덕분에 운전기사까지 대동하고 체코의 유명 유적지를 관광하는 호사를 누렸던 적이 있다.

이 지면을 통해 한 번 더 감사의 뜻을 표하고 싶다. 이들 대학은 체코의 현대화 허브 역할을 하고 있다. 장학금도 풍부하게 지원하고 있어 유학하러 가는 데 주저할 이유가 없다.

폴란드 바르샤바 대학(University of Warsaw)

폴란드 바르샤바 대학은 학부생 44,600여 명, 박사 과정 학생 3,200여 명, 연구원 3,400여 명, 교직원 7,100여 명으로 구성된 매머드 대학이다. 폴란드에서 가장 명문대학이라 할 수 있다.

이 대학에는 공대를 제외한 대부분의 분야가 모두 있다. 바르샤바에는 1백 7십만여 명의 인구가 있는데 이 중 2십만 명 정도가 학생 및 대학 관련 종사자들이다.

바르샤바에서 대학의 중요성이 얼마나 큰지 알 수 있다. 이 대학은 기초과학, 자연과학 분야에서 세계적인 석학을 많이 배출하였다.

대학 평가 기관 ARWU에서는 301~400위, QS에서는 351~400위, 『타임』지에서는 351~400위 안에 드는 대학이다.

필자가 이 대학에 방문하게 된 것은 2012년 9월경에 폴란드 바르샤바에서 유럽 EU-ICT 분야 국가조정관(NCP) 발표회가 열렸는데 이 기회를 이용해 방문하게 되었다. 폴란드의 ICT 분야 NCP는 여성이었는데 도착하기 전에 내 의견을 이야기했더니 흔쾌히 바르샤바 대학교수를 소개해 주었다.

그림 5-29.

필자가 폴란드 바르샤바 EU-FP ICT 분야 NCP 발표에서 한국과 인공지능 분야 공동 연구 주제 방안에 관해 설명하고 있다.

바르샤바는 2차 세계대전 중 독일 히틀러의 포격으로 완전히 파괴되어 신도시로 재건되었다.

따라서 대부분의 유적이 파괴되어 유럽의 다른 도시처럼 유적이 없다. 그러나 대학 건물들은 본래의 유적처럼 잘 재건하였다.

크라코우 대학(Cracow University of Technology)

폴란드 크라코우시는 폴란드에서 가장 아름다운 도시다. 헝가리 부다페스트처럼 유적이 많고 이곳에 있는 대성당 주교가 교황으로 선출된 바 있어 이곳이 더 유명해졌다.

크라코우 대학은 이곳에 있는 세계적인 대학이다. 필자는 2011년 학술대회, 2012년 학술대회 등을 거쳐 여러 번 방문하면서 내용을 소상히 파악하게 되었다.

또 이 대학교의 교수인 칼리드 사이드(Khalid Saeed)를 대전의 필자 연구실로 초빙하여 3개월 동안 공동으로 연구한 바 있어 학문적인 수준도 잘 알고 있다.

그 후 이 교수와는 가족끼리도 왕래하면서 상호 간에 형제라고 부르는 등 각별한 관계를 유지하고 있다.

이 대학은 세계적인 노벨상 수상자, 석학들을 초빙해 강연을 맡기는 등 세계적인 대학 반열에 올라와 있다.

그림 5-30. 크라코우 대학 건물 일부

그림 5-31.

정년은 있으나 학문에는 정년이 없다. 폴란드 크라코우 대학의 나이든 여교수가 논문을 발표하는 학생과 토론하는 장면. 이러한 저력이 폴란드가 12명의 노벨상 수상자를 배출하게 된 원동력이다.

물가가 저렴하고 유럽의 전통문화를 즐길 수 있다는 장점이 있을 뿐만 아니라 도시가 작아 치안도 완벽하다. 학생들에게 추천하고 싶은 대학이다.

이 대학은 1677년 1월 20일에 개교하였는데, 학생 수는 1,563명, 교직원은 2,134명이다. 학비는 건축·토목 분야가 가장 비싸 5,000유로 정도이나 다른 분야는 3,000유로 정도로 저렴하다.

이외에도 학과마다 약 1,000유로 정도의 차이가 있다.

또한, 이 도시는 고전적인 유적이 많이 남아 있어 아름답고 물가가 저렴하기 때문에 영국이나 독일 은퇴자들의 주말 휴식처로 유명하다.

독일이나 영국의 은퇴자들이 비행기를 타고 이곳에 와서 주말을 보내는데 드는 비용이 자국에서 보내는 비용보다 더 저렴하기 때문에 나타나는 진풍경이다.

폴란드는 맥주도 유명하기 때문에 많은 관광객까지 몰려 주말에는 전 시가지가 맥주 파티로 시끌시끌하다.

슬로바키아 브라시트라바 기술대학
(Slovak University of Technology in Bratislava)

슬로바키아는 국토 면적 약 4,900,000㎢, 인구 5,450,000여 명으로 작은 나라이지만 국민 소득은 16,000불 정도로 잘사는 나라이다. 물론 유럽의 모든 특징을 갖추고 있다. 또한 슬로바키아는 비세그라드 그룹 국가라 하여 최근 많이 화두가 된다.

비세그라드 그룹 국가라 함은 폴란드, 체코, 헝가리, 슬로바키아의 4개국이 국제적으로 공동으로 보조를 맞추는 것으로, 유럽연합에서 같은 목소리를 낸다. 이들 그룹을 합치면 인구가 7천만 명 가까이 되고 문화가 같아 국제적으로 공동보조 노선을 취한다.

브라시트라바는 슬로바키아의 수도로, 즉 브라시트라바 기술대학은 수도에 있는 대학이다.

학생 수는 15,000명 정도이고 개설 학과는 토목, 기계, 전기 및 정보통신, 화학 및 식품, 건축, 재료과학, 정보기술이다.

여기서 유럽의 학제에 주의해야 할 것은 토목공학이라 하여 한국의 학과 단위로 보면 안 된다는 것이다. 토목 안에 많은 학과가 있어 토목공과대학으로 보면 된다. 다른 분야도 마찬가지이다.

브라시트라바 기술대학은 필자가 깊은 감명을 받은 대학이다. 비록 시설이 현대적이지는 않지만 많은 대학생이 열정적으로 연구하는 모습이 생생

그림 5-32. 브라시트라바 기술대학

하게 보여서였다.

교수진도 매우 진취적이다. 이 대학은 LG와 공동 연구한 결과도 내어놓는 등 제법 활동을 활발히 하고 있다. 이 대학도 동유럽 공부를 위해서라면 많은 학생에게 권하고 싶다. 생활비도 저렴하다. 필자가 헝가리에 있는 동안 이 대학의 젊은 교수와 메일을 주고받으면서 대학교에 방문하게 되었는데 대강당에 전교생을 모아놓고 강연을 주선해 주었다. 강연 홍보 포스터도 본인의 특징을 잘 나타낼 수 있도록 제작하였고 활동도 매우 진취적으로 하는 교수로 인상에 남았다.

슬로바키아 코시체 기술대학(Technical University of Kosice)

코시체는 슬로바키아의 제2의 도시로 코시체 기술대학은 이 도시에 있다. 교육과 연구 인프라가 잘 갖춰진 대학이다. 코시체에 대학 교육의 중요성이 제기되어 1657년도에 교육이 시작되었으나 정식 대학 설립은 1952년에 이루어졌다. 다른 대학들은 원년을 설립연도로 과시하는 데 반해 이 대학은 당초 대학 설립일을 원년으로 잡고 있다.

설립 학부는 광산 및 지질학, 금속학, 기계학, 전기 및 정보통신, 토목, 경제학, 제조학, 예술, 항공 우주학이다. 동유럽의 대학들을 보면 특이한 것은 공과대학 안에 경제학 분야가 꼭 있다는 것이다. 코시체 대학에도 경제학이 있는데 매우 유명하다.

약 1만여 명의 대학원생들이 이곳에서 공부하고 있다. 등록금은 풀타임 학부생은 1년에 약 5,000유로(약 6,250,000원), 석사는 약 6,000유로, 박사 과정은 약 7,000유로이다. 한국보다 훨씬 저렴하다.

그림 5-33. 코시체 기술대학

그림 5-34.

세미나를 마치고 대학원생들과 함께 찍은 사진. 맨 좌측은 피터 신자크 교수다. 다음으로 한 사람 건너 서 있는 여학생이 필자가 지도한 박사 과정 학생이다. 맨 오른쪽은 본인과 같이 동경 공업대학에서 공부한 교수이다.

코시체시는 인구 24만여 명의 슬로바키아 제2의 도시로 생활비가 저렴하다. 슬로바키아 질리나에는 기아자동차 공장이 있다. 종업원만 약 4천여 명 정도인데 슬로바키아에 기여하는 바가 커서 슬로바키아인들의 한국과 기아자동차에 대한 사랑은 남다르다. 현대자동차보다 기아차를 더 사랑한다.

이 대학의 피터 신자크 교수는 헝가리 부다페스트 세미나에서 필자와 만나 그 즉석에서 코시체 대학에 초대해 주었고 이후에도 여러 번 방문하였다. 이런 과정에서 본인이 이 대학의 박사 과정 학생을 지도하게 되어서 대학의 전반적인 상황을 잘 알게 되었다.

이 대학에는 외국 교수진을 위한 숙소가 완벽하게 갖추어져 있다. 또한, 필자가 코시체에서 브라티스라바까지 기차 여행을 한 바 있는데 산과 강이 잘 어우러진 절경을 만끽할 수 있었다.

에스토니아 탈린 공과대학(Tallinn University of Technology)

이 대학은 2012년 8월에 국제 학술대회가 있어 필자가 기조 강연을 해 달라는 요청을 받고 방문하였다. 북쪽이기 때문에 8월인데도 그리 덥지 않은 날씨에 탈린 시내의 아름다운 경치가 인상적이었다.

에스토니아는 국민 소득 5,000불대의 빈곤 국가에서 짧은 시간에 2만 2천 4백 불(IMF, 2018년 10월 기준)을 넘어 전 세계가 주목하는 국가이다.

구소련에서 독립한 인구 130만여 명의 작은 국가로 모든 것이 열악한 환경에서 출발했다. 국가가 잘살 수 있는 길은 과학기술이라는 생각에서 선택과 집중을 통해 성공한 국가이다.

한국에서는 2014년 6월에 S/W로 성공한 이 나라를 벤치마킹하기 위해 소개한 바 있다.

2017년 7월에 발행된 『한국경제신문』에는 창업, 기업 친화력 정책 등에서 가장 앞선 나라로 여러 차례 소개되었다. 법인세가 없어 세계적인 기업이 몰려들고 있다는 소식도 전했다.

탈린 공과대학은 그 허브 역할을 한다.

그림 5-35.

탈린 공과대학 부근의 시내 전경

적은 인구, 좁은 국토, 제조업이라고는 하나도 없는 아주 작은 나라!

예산이 충분한 것도 아니다.

무엇 하나 제대로 없는 이 빈약한 작은 국가가 살아남기 위해서 집중적으로 육성한 분야가 S/W 분야이다.

대학을 이에 맞게 특화시키고 인터넷, 통신, 모바일 스마트폰 사용 등이 일상화되면서 이에 필수적인 S/W 보안 분야를 집중적으로 육성한 것이다.

이는 컴퓨터와 우수한 두뇌만 있으면 짧은 기간 안에 성공할 수 있기 때문이다. 정책이 맞아떨어져 다국적 컴퓨터 회사들이 눈독을 들였고 일자리 창출이 자연스럽게 이루어졌다. 덕분에 단기간에 경제가 성장했다.

필자가 방문했을 당시에는 디자인 분야도 특화 중이었다. 이 대학을 방문하면 대학이 얼마나 국가 발전에 중요하고 선택과 집중이 얼마나 중요한지 잘 알 수 있다.

탈린 공과대학에는 11,070명의 학생이 수학하고 있고, 1918년도에 설립되었다. 전공은 경영대학, 공과학대, 정보통신대학, 기초과학, 에스토니아 해양 분야이다.

그림 5-36.

에스토니아 대학교수와 함께 학술대회에서

생활비는 저렴한 편이다.

숙소 비용은 한 달에 120유로에서 450유로 정도이고 한 달 음식값은 250에서 300유로 정도면 충분하다.

커피숍의 경우에도 대개 한화로 1,500원에서 2,000원이면 즐길 수 있다. 학생들은 무료로 대중교통을 이용할 수 있고 박사 과정의 학생은 한 달에 422유로의 생활비를 받고 등록금을 내지 않는다.

에스토니아에서 한류 열풍은 대단하다. 한국어학과도 있는데 최근 이 대학의 학생이 전 세계를 상대로 한 한국어 경연대회에서 최고상을 수상하여 더 유명해졌다.

특히 좋은 것은 창업이 아주 쉽다는 것이다. 회사를 설립하는 데 단 10분이면 끝나고, 국적을 가리지 않고 지원해 준다.

또한, 창업을 위해서 에스토니아를 굳이 방문하지 않아도 된다. 인터넷으로 쉽게 신청할 수 있다.

창업, 유럽 진출, 유럽 생활을 원하는 학생들에게 이 대학을 적극적으로 권한다. 한국에서는 사업할 때 걸림돌이 이만저만이 아니다. 그리고 회사가 조금만 커지면 노조와 각종 규제 때문에 세계로 진출하는 데 큰 걸림돌이 된다. 장래를 보고 창업하고 싶은 학생들이 이 나라를 주목했으면 한다.

에스토니아에는 세계적인 다국적 기업들도 많이 들어와 있다.

노르웨이 과학기술대학
(NTNU, Norwegian University of Science and Technology)

NTNU 대학은 노르웨이 최북단 도시인 트론헤임에 있는 대학으로, 가장 추운 곳에 노르웨이에서 가장 강한 과학기술대학을 운영하고 있다.

이 대학은 이공계만 있는 대학이다. 필자는 '이 추운 곳에 어떻게 대학을 설립하고, 어떻게 최고의 명문대학으로 거듭날 수 있었을까?'라는 생각만 해도 존경스러울 때가 많았다.

본인이 갈 때는 8월로 한국은 더위가 한창일 때였으나 NTNU 대학이 있는 트론헤임시는 이미 겨울이었다.

인구가 3만 명 정도인 아주 작은 도시이지만 삶은 최고로 부유하게 살고 있었다.

11시에 해가 뜨고 3시에 지기 때문에 낮은 아주 짧다. 그러나 대학 일정

그림 5-37. 트론헤임시의 절경

그림 5-38.

학생들에게 강의하는 중. 하회탈 모습이 보인다.

이나 평상시의 일과, 연구는 변함이 없다. 여름에는 이와 정반대의 야경이 벌어진다. 새벽의 한두 시간만 잠시 어두워지기 때문에 커튼을 치고 잠을 자야 한다.

필자는 연구 재단의 해외 방문 프로그램에 의해 2010년도 8월부터 6개월간 이 대학에서 연구한 바 있다. 교수들과 학생들에게 틈만 나면 서로 이야기하고 강의하는 등 참으로 유익하게 지냈던 기억이 있다.

또한, 교수들에게는 여러 번 내가 하는 연구에 대한 세미나를 하였다.

이 대학은 한국의 카이스트와 유사한 목표를 갖고 1996년도에 설립된 신설 대학이고 의대까지 포함한 종합 대학이다. 학생 수는 약 3만 9천여 명이다. 필자가 추천하고 싶은 대학 중 하나이다.

다만 물가가 매우 비싼데, 그것은 이 나라의 국민 소득이 한국의 4배 정도인 10만 불을 넘기 때문이다.

장학 제도가 많아 잘 활용하면 좋다.

이 도시는 아주 작지만, 첨단 연구실을 갖추고 있어 헝가리나 루마니아의 젊은 사람들이 취업을 위해 많이 온다. 첨단 제품을 연구하는 연구 기업이 많아 고급 인력 수요가 많기 때문이다.

오슬로 대학(University of Oslo)

오슬로 대학은 고색창연한 건물들이 인상적인 대학이다. 대학 건물 자체가 유적이다. 이 대학은 종합 대학으로 모든 인문학을 다룬다. 1811년에 당시 덴마크 왕이었던 프레데릭 6세가 설립하였다.

2만 8천여 명의 학생들이 수학하고 있고 노벨상 수상자만 5명을 배출한 명문대학이다. 전공 분야는 의학, 간호학, 법학, 인문학, 수학 및 자연과학, 사회학, 교육학이다.

북유럽 대학들은 생활비가 비싸 한국 사람으로서 유학하기가 어렵다는 단점이 있으나 앞서 소개한 탈린 공과대학은 학비가 무료이기 때문에 21세

그림 5-39.

대학 캠퍼스 일부(겨울)

기 글로벌 세상에 살아야 하는 젊은 세대들이 꼭 한번 생각해 볼 만한 대학이다.

독일 함부르크 대학(University of Hamburg)

세계어가 공통어가 되면서 사람들이 현재는 영어를 선호하지만, 필자는 미래에는 독일이 유럽을 제패할 것이라고 예상한다. 따라서 21세기를 살아야 하는 청년들이 미래를 보고 독일 유학을 한 번 실행해 보는 것도 좋다고 본다.

특히, 21세기 4차 산업혁명 시대를 살아야 하는 학생들은 미래에 어느 국가가 세계를 이끌게 될 것인지 미리 전망해 보는 것이 매우 중요하다.

독일은 제조업, 첨단기술, 문학 등에서 선두 국가이고 전 세계는 물론 유럽에 미치는 영향력이 막강하다.

비록 제1, 2차 세계대전을 일으키고 패전했지만, 거뜬히 일어서서 지금은 미국과 대등한 관계를 이룰 정도로 세계의 선두 국가이다.

그림 5-40.

대학 건물 중 하나가 담쟁이 넝쿨로 장식을 이루어 매우 아름답다.

독일은 어느 대학에 가든 학력 수준은 같고, 등록금이 저렴하기 때문에 적극적으로 유학을 권장하고 싶다.

유럽 국가조정관을 역임한 필자는 유럽을 오가면서 현장에서 독일의 영향력을 체험한 바 있다. 유럽연합은 각국이 기금을 조성하여 연합을 운영하는데, 독일이 돈을 가장 많이 내지만 또 가장 많이 가져다 쓴다.

본인이 국가조정관으로 있던 ICT 분야의 경우, 국가조정관이 대부분 한 국가에 1명 정도인 데 반해 독일인은 70명이나 되었다.

당연히 정책, 아이디어, 모든 면에서 월등히 뛰어나기 때문에 많이 가져갈 수밖에 없다.

또한, 의사소통도 독일어가 유럽의 어느 지역을 가리지 않고 가능하는 것을 자주 보았다.

유럽의 어느 지역을 가든 대부분 독일 제품을 사용하고 있다. 기간 산업은 물론 유럽 대부분의 나라에서는 자동차 주차장의 동전 넣는 기계조차 독일제를 사용한다.

영국이 유럽연합을 2018년도에 정식으로 탈퇴하면 그 영향력이 더욱 커질 것으로 본다.

필자는 함부르크 대학에 두 번 방문하였다. 2008년도에 함부르크에서 있었던 국제 학술대회 때와 2012년 9월 25에서 27일까지 폴란드 바르샤바에서 전 세계 NCP(유럽 국가조정관) 회의가 있었는데 이 회의 참석 후에 방문하였다.

대학 방문 기간에는 우연히 축제 기간을 만나 독일 맥주 축제가 어떤 것인지 볼 수 있는 좋은 기회도 되었다.

뮌헨의 맥주 축제는 세계적으로 유명하다. 축제 기간에는 모든 상점이 악대를 초빙해 곡을 연주하고 거리의 공연은 다양한 볼거리로 넘쳐난다.

뮌헨 공과대학은 14개 학과와 40,124명의 학생이 수학하고 있는 명문대학이다. 교수진은 545명, 노벨상 수상자만 해도 13명이나 배출하였다. 독일은 4차 산업혁명의 선두 국가이자 선진국이다. 전공은 법학, 경제 및 사회학, 의대, 교육, 인문학, 수학, 정보통신 및 자연과학, 경영학이다.

그림 5-41.

2008년 2월, 함부르크 대학 총장과 함께. 가운데 있는 여성이 총장이고 교민회장도 함께해 주었다. 맨 오른쪽 사람은 독일에서 공부한 포항공대 교수다.

인문학에서도 독일 철학은 유명하다. 독일 철학은 근대 사상을 정립했다고 볼 수 있다. 현재는 공대를 선호하지만 지금 청소년들이 경제 주축이 될 때는 인문학이 또 강세가 될 것으로 필자는 판단한다.

역사와 세상은 반복된다. 청소년들이 전공을 잘 선택할 것을 권고한다.

스위스 로잔 연방 공과대학
(ETH, École Poly technique Fédérale de Lausanne)

스위스는 인구 700만여 명의 작은 나라이지만 노벨상 수상자를 27명이나 배출한 나라이다.

인구, 영토, 부를 가진 면에서 보면 이 나라보다 훨씬 크고 많은 것을 가진 나라들이 수없이 많다. 그러나 이 나라는 결코 다른 나라들에 비해 환경이 좋지 않다. 대부분의 국토가 산으로 이루어져 있어 우리보다 환경이 좋지 못하다.

그러나 스위스는 세계에서 가장 잘사는 나라이고 아인슈타인이 공부하여 박사를 딴 나라이다. 그만큼 대학 교육 수준이 세계 정상을 달린다.

그림 5-42.

로잔호수 호숫가에 있는 캠퍼스 일부

그림 5-43.

로잔에 있는 스위스 공과대학에서 필자가 세미나를 하는 장면

　스위스의 노벨상 수상자 27명 중 20명이 연방 공과대학에서 배출되었다. 그런데도 대학을 통폐합하는 구조조정을 하였다. 그 대표적인 사례가 스위스 연방정부가 경쟁력이 떨어지는 대학의 학과를 통폐합하는 내용의 교육 개혁안을 마련한 것이다.

　스위스 연방 공과대학의 경우 매년 수십 개의 연구실이 기업 지원에 의해 운영되고 그 결과를 기업과 공유한다. 현장에 맞는 생생한 산학 협력 시스템이다. 이 대학은 글로벌 차원에서 영어로 강의하는 것은 물론이고 입학은 쉽지만, 졸업률은 50%를 넘지 않을 만큼 평가도 철저히 한다. 명문대학들의 공통된 학사 관리 중 하나이다. 이 대학도 마찬가지이다. 지원은 잘해주지만 공부는 철저히 시키는 선진국의 전형적인 대학 시스템이다.

　등록금이 재정에 미치는 점을 고려해 입학생 숫자 채우기에 급급하고 학생들과 학부모의 눈치를 보면서 입학과 동시에 졸업으로 이어지는 우리나라 대학들에서는 도저히 볼 수 없는 현상이다.

　『타임』지 조사 대학 순위에서 매년 10위권 안에 드는 스위스 연방 공대의 경우 재정의 90%를 정부가 지원한다. 상위 1%의 학생들이 이공계에 지원하는 것으로 조사되고 있다.

　로잔에 있는 스위스 연방 공대 FIT(École Poly technique Fédérale de

Lausanne)은 필자가 초청받아 강연한 대학으로 2015년『타임』지 평가 12위, QS 2015 대학 순위 평가 10위, ARWU 19위로 기록될 만큼 명문대학이다. 이 대학은 옥스퍼드, 케임브리지 대학과 경쟁하고 취리히에 있는 연방 공대 ETH와 더불어 유럽 톱 5대 대학으로 꼽힌다. 1855년도에 설립된 취리히 연방 공과대학(ETH)은 110개국으로부터 18,500여 명(박사 과정 400명 포함, 2018년 기준)의 학생이 공부하는 유럽의 5대 명문대학이다. 그런데도 우수한 신입생들을 유치하기 위해 전 세계를 대상으로 발 벗고 나서고 구조 개혁을 지속해서 하고 있다. 다음의 내용을 보면 이 대학이 미래를 위해 어떻게 투자하는지 알 수 있는데 이는 4차 산업혁명 시대의 중요한 핵심 사항들로써 젊은 사람들에게 참고가 될 것으로 본다.

실력이 된다면 스위스에서 공부하라고 권하고 싶다. 충분한 장학금과 생활비까지 지원된다. 그러나 공부는 열심히 하여야 한다.

스위스 연방 공과대학의 중점 투자 분야는 다음과 같다.[36]

① 세계 식량 시스템(World food system)

현재 인구는 70억 명에서 2050년에는 90억 명이 넘을 것으로 추정됨에 따라 먹고 사는 문제가 심각하다. 이에 대한 인류의 도전적인 문제 해결이 필요하다(At present, there are over seven billion people living on Earth, and by the year 2050 that figure is expected to have reached nine billion. How to feed that growing world population while at the same time preserving limited natural resources is one of the biggest challenges facing mankind).

② 미래 도시(Cities of the future)

도시는 문화 센터이자 글로벌 경제 및 지방의 허브 역할을 하게 된다.

---

36 출처: https://www.ethz.ch/en/the-eth-zurich/main-focus-areas.html

그러나 현재의 방법으로는 생존이 불가능하여 경제 및 사회적 관점에서 도시 문제 연구를 한다(Cities are cultural centres and the driving force behind the local and global economy. However, in their present form they are not sustainable, from an ecological, social or economic point of view).

③ 기후 문제(Climate change)

세계 인구 증가에 따른 기후 문제는 심각하다. ETH는 미래 기후 변화 문제에 대처하고자 한다(Climate change is one of the biggest challenges facing the world's population. The broad, interdisciplinary approach that is taken at ETH Zurich gives it a soundly based, holistic perspective on the problem of climate change).

④ 에너지(Energy)

증가하는 인구와 복지 욕구로 현재의 화석 연료로는 미래 생존이 불가능하다. 이에 대한 문제를 연구한다(Today's global energy system, which is mainly based on the use of fossil fuel resources, is not sustainable for a growing world population that is living in increasing prosperity. Energy research at ETH Zurich is therefore geared towards the aim of creating a 1-ton CO_2 society).

⑤ 건강(Health)

고령화로 건강이 새로운 문제로 부각되었다. 삶의 질을 높이면서 노년을 보낼 수 있는 문제에 접근한다(A society with an ageing population poses major challenges for scientific research. At ETH Zurich, researchers from many different disciplines are working to ensure that we maintain a good quality of life into old age).

⑥ 위험 문제(Risk research)

세계는 네트워크화되어 위험 재난 문제가 복잡하다. 이에 대해 효과적으로 대처할 수 있는 방안을 연구한다(In an increasingly networked world, the risks also become more complex and can assume global proportions. It is important to identify, understand and model these risks in order to be able to react more effectively to crises).

⑦ 정보 처리 문제(Information processing)

최근에는 데이터를 효과적으로 활용하는 방안이 필요하다. ETH는 정보화 사회에 직면하여 기술적, 사회, 경제적 문제 해결을 추진 중이다 (Nowadays, data can be processed more and more efficiently. ETH Zurich is carrying out ground-breaking work to tackle the technological, scientific and socio-economic challenges facing our information society).

⑧ 신소재(New materials)

현대사회에 필요한 신소재가 절실하다. ETH는 이에 대한 기여 방안을 연구한다(Many of the achievements of modern society have only been made possible by the development of new materials. Materials research at ETH Zurich makes an important contribution to this work).

⑨ 산업 공정 문제(Industrial processes)

자원을 효과적으로 활용할 수 있는 현대 산업 공정 개선(The commercial success of a company depends on its ability to produce innovative and reliable products while making efficient use of resources).

표 5-1. 스위스 연방 공과대학의 연도별 순위

대학 평가 기관	2015	2014	2013
THE-World University Ranking, Times Higher Education	9	13	14
QS-World University Rankings, Quacquarelli Symonds Ltd	9	12	12
ARWU-Academic Ranking of the World Universities, Shanghai Jiao Tong University	20	19	20

오스트리아 잘츠부르크 대학(the University of Salzburg)

잘츠부르크(Salzburg)는 오스트리아에 있는 도시로 세계적인 관광명소다. 1년 내내 국제 행사가 열린다. 특히 겨울에 스키를 즐기기 위해 한국 사람들도 많이 찾는 도시다.

이 대학은 필자가 오랫동안 방문하고 싶었던 대학으로 잘츠부르크 학술대회 참가를 겸해서 2012년 12월에 방문하였다.

이 대학 방문 시에 가장 기억에 남은 것은 대학교수의 연구실이었다. 연구실에서 산 정상을 보는 절경이 참으로 인상적이었다. 약속 시각보다 일찍 학교를 찾은 필자를 위해 대학원생이 교수에게 연락하여 주었고 대학원생과 교수는 대학의 연구 현황을 필자에게 소상하게 소개해 주었다.

이 대학은 1622년에 설립되었다. 유럽의 모든 대학이 그렇듯이 이 대학도 종교 교육을 위해 설립되었다.

지금은 1만 8천여 명의 학생들이 공부하고 있다. 설립 학과는 인문, 사회, 자연과학, 예술, 바이오 공학 등 대부분의 학과가 있으나, 기계, 전기, 전자와 같은 공대는 없어 이 분야를 지원하고 싶은 학생들에게는 다소 아쉬운

그림 5-44.

교수 연구실에서 바라본 건물의 전경과 연구실에서 밖을 바라봤을 때의 풍경

점이 있을 수도 있다.

　오스트리아는 세계에서 가장 살기 좋은 도시로 유엔이 지정한 국가이다. 빈에는 북핵 문제와 관련이 있는 국제 원자력 기구(IAEA)가 있어 우리에게는 그 이름이 생소하지 않다. 원자력 분야 연구 종사자들은 이곳에 많이 방문하여 도시가 낯설지 않다. 국제 원자력 기구에는 한국 과학자로서 고위직도 있을 만큼 한국 과학자들이 많이 기여한다.

　가장 안전한 국가, 세계에서 가장 살기 좋은 도시에 있는 대학에서 21세기를 준비해 보는 것도 좋을 듯하다.

루마니아 티미쇼아라 공과대학(Polytechnic University of Timisoara)

　'루마니아' 하면 특히 한국 사람들에게는 못사는 나라라는 것 외는 떠오르는 것이 없을 것이다.

　국토 면적은 약 23,830,000㎡로 한반도 넓이보다 넓다. 인구는 2018년을 기준으로 약 2천만 명 정도이고 국민 소득은 2018년 IMF 자료를 기준으로 보면 약 1만 2천 불 정도이니 3만 2천 불이 넘는 한국인의 눈에는 못사는 것처럼 보인다.

　그러나 유럽의 선진국들만 고집해서 공부하다 보면 다양성이 떨어지고 시장 개척도 힘들게 될 것이다. 또한, 다른 사람들과 경쟁을 치열하게 하여야 한다. 신규 시장 개척에 목적을 두거나 대접을 받고 살고 싶다면 동유럽 유학을 적극적으로 권장하고 싶다. 루마니아는 발전 가능성이 무궁한 나라이다.

　루마니아는 공산국가 시절 상업화, 응용 방안을 찾지 못하였고 차우세스쿠의 독재로 경제가 발전할 수 없었으나 기초 학문에 대한 노하우는 그대로 갖고 있다. 현재는 민주화가 되어 있기 때문에 서방의 여느 나라 못지않게 공부할 수 있다.

　필자는 루마니아 티미쇼아라 대학에 학술대회 참가차 두 번 방문하였다. 이런 과정에서 한국의 연구 자금을 이용해 이곳에 연구 센터 등을 설립하면 성공할 수 있다는 생각을 하게 되었다.

한국은 박사 과정 학생에게도 적어도 200만 원 정도의 급여를 주어야 하는데 여기서는 그 절반도 안 되는 돈으로 최고급 인력을 활용할 수 있다.

이들 대학은 모두 고급 인력을 양성하면 독일이나 영국과 같은 북유럽이나 서유럽으로 빠져나가는데 앞서 방문했던 스위스 로잔 대학의 박사 과정 학생도 루마니아에서 석사 과정만을 하고 이동한 사례 중 하나다.

이 박사 과정 학생과 연락하다 스위스 로잔 대학에서 강연하게 되었고 덕분에 스위스에서 한국, 한밭대, 하회탈춤을 소개할 좋은 기회도 얻을 수 있었다.

또 이 대학 학생들이나 교수들은 한국에 대한 인지도가 좋아서 같이 일을 하거나 한국을 방문하고 싶어 한다.

이 대학은 1920년 11월 11일에 개교하였다. 엔지니어링을 포함한 공대에 관한 거의 모든 학과가 있다. 약 1만 2천여 명의 학생이 수학하고 있고(학사, 석사, 박사) 500여 명의 교직원이 일하고 있다. 등록금은 2018년을 기준으로 〈표 5-2〉와 같다.

표 5-2. 티미쇼아라 공과대학 등록금

분야	건축	엔지니어링	과학
학사	350유로/월 (3,150유로/년)	270유로/월 (2,430유로/년)	220유로/월 (1,980유로/년)
석사	350유로/월 (3,150유로/년)	270유로/월 (2,430유로/년)	220유로/월 (1,980유로/년)
PhD	370유로/월 (3,330유로/년)	290유로/월 (2,610유로/년)	-

루마니아 크루지나포카 대학(Tehnical University of Cluj-Napoca)

루마니아 크루지나포카시는 부다페스트에서 버스로 6시간 정도 걸리고 60유로면 대중교통을 이용할 수 있다.

인구는 약 32만 명 정도로 유럽 도시로 보면 작은 규모는 아니다. 도시 인프라는 우리 기준으로 보면 덜된 것 같으나 주위 경관이 아름답고 헝가리 등 동유럽과도 가까워 잘 연결되어 있다.

이 대학은 공학으로 특화된 대학으로 1922년도에 설립되었다. 외국 학생들의 등록금은 <표 5-3>과 같이 비교적 저렴하다. 티미쇼아라 대학과 같이 기숙사도 있다.

표 5-3. 크루지나포카 대학 등록금

분야	학사/석사(유로/월)	박사(유로/월)
기술, 과학, 수학	270	290
건축	350	370
사회, 인문, 경제	220	240
건축	420	440
루마니아어 교육	270	270
세금이 포함될 수 있음. 자세한 사항은 홈페이지 참고.		

불가리아 소피아 공과대학(Technical University of Sofia)

불가리아의 국토 면적은 약 11,100,000㎡이고 인구는 7백 1십만 명 정도이다. 2012년에 필자가 방문했을 당시 불가리아는 국민 소득이 유럽연합 가입국 중에서 가장 낮은 5천 불 수준이었다. 2018년 IMF 자료에는 9천 불 정도로 나와 있다.

우리나라는 88올림픽 때 국민 소득이 약 4천 불 정도였으니 쉽게 상상이 간다. 2017년 국민 소득은 약 7천 3백 불 정도로 기록되어 있으니 우리 기준으로 보면 낮은 생활 수준임은 틀림없다.

그러나 불가리아는 자연경관이 아름답고, 흑해, 터키 그리스와 국경을 맞대고 있어 교통의 요충지이다.

특히 동쪽의 흑해 연안은 자연경관이 빼어나기로 유명해 국제 학술대회가 자주 열린다. 필자도 이곳에서 국제 학술대회를 개최하기 위해 기획한 바 있으나 뜻을 이루지 못하고 정년을 맞이했다.

불가리아의 수도는 소피아이다. 소피아 공과대학은 한국의 서울 공과대학과 같은 역할을 한다. 즉, 불가리아 최고 지식층의 산실이다. 필자는 이 대학의 교수와 지금도 메일을 주고받으면서 관련 일을 협의한다.

이 대학은 1942년도에 개교하여 현재는 800여 명의 교직원과 1,400여 명의 외국인 학생이 있을 정도로 큰 대학이다.

대학들의 집기는 매우 오래되어 낡았고 교수들도 초췌한 옷차림에 그저 하루하루를 때우는 모습이 역력했다.

소피아에 있는 금속 공과대학도 방문하여 많은 이야기를 나눈 바 있는데 아직 교육 환경이 열악하다.

필자가 이 대학에 방문하게 된 것은 유럽 몰타 대학에서 열린 국제 학술대회에서 불가리아 여성 과학자가 발표한 논문이 본인의 연구 분야와 유사하여 연구 현황을 볼 겸 방문 의사를 타진한 것에서 시작되었다. 그쪽에서는 필자를 흔쾌히 초청해 주었다.

그림 5-45. 불가리아 수도 소피아 중앙역

덕분에 2013년 1월 10일부터 3일간 머물면서 대학의 전반적인 것을 볼 수 있었다. 루마니아와 마찬가지로 공산국가 시절의 교육과 기초 학문이 튼튼하다.

동유럽 대학들은 화공과대학, 인문대학, 경제대학, 전기대학 등과 같이 전공별로 대학이 설립되어 있다. 동유럽 대학들은 모두 나이가 많다.

불가리아 정보를 제공하는 것은 참고로 현재의 현황을 알고 있는 것이 좋을 듯하여 정리한다.

슬로베니아 류블랴나 대학(University of Ljubljana)

슬로베니아는 옛 유고 연방 해체 이후 가장 잘사는 나라이다. 인구는 약 200만 명 정도이지만 국민 소득은 2만 6천 불(IMF, 2018년 기준)이 넘는다.

필자가 슬로베니아 수도 류블랴나에 있는 류블랴나 대학에 방문한 것은 2013년 1월 중순경이었다.

그림 5-46. 대학 본관

출처: https://www.uni-lj.si/eng

이곳에서 필자가 연구하는 주제와 유사한 논문을 많이 발표하여 그곳의 사람들과 여러 번 메일을 주고받는 과정에서 방문하고 싶다는 의사를 전달하였다. 방문하기 전에 이 대학의 교수에게 연락하였더니 마중을 나와 주었다.

슬로베니아에 가 보면 '파리에 온 것 같다'는 착각을 하게 된다. 모든 상점의 점원들은 유창한 영어로 친절하게 안내해 주고 상품을 소개하는 것이 일반화되어 있다. 입어보고, 모자를 써 보고 그냥 나가는 데도 해맑은 미소로 인사를 한다. 도시의 저녁에 아름다운 강가에서 많은 사람이 맥주를 기울이는 장면은 인간이 왜 사는지를 보여준다.

필자를 반갑게 맞이해 준 교수는 모든 연구실의 연구 현황을 일일이 소개해 주었다. 슬로베니아는 유럽연합의 연구비(당시 EU-FP-7 프로그램, 2014년 도부터는 이 프로그램의 이름이 Horizon 2020으로 변경되었다)를 많이 가져가는 국가 중 하나다. 그만큼 연구 실적도 뛰어나고 활발하다.

방문 중에 놀란 것은 필자의 연구 현황, 이력, 논문 등을 모두 확보하고 있었다는 점이다. 공동 연구도 제안했다.

이 대학은 대학 평가 기관인 QS의 2017 대학 순위 평가에서 601위(서울대 35위, 카이스트 46위, 고려대 98위, 한양대 171위)를 하였고, WEBOMETRICS에 의해서는 292위(연세대 171위, 포항공대 393위, 서울대 77위)로 평가되었다. 이 대학은 1919년도에 설립된 대학으로 학생 수는 약 40,110명, 교직원은 약 5,730명이다. 외국 학생들만 약 2,500여 명일 정도로 유학생도 많다.

국토가 아름다워 여행하기에도 좋다. 여행을 한 번 가보고 진학할 것을 권장한다. 슬로베니아는 자연경관이 빼어나다. 크로아티아의 연속 선상에 있다고 보면 된다.

크로아티아 자그레브 대학(University of Zagreb)

크로아티아 대학들은 필자가 헝가리에서 연구년을 보내는 동안에 방문하였다.

그림 5-47.

강당에서 학위수여식을 하는 모습

크로아티아는 2013년 8월 1일부로 가장 늦게 유럽연합에 가입한 나라이다. 또한, 유고 연방 해체 후 슬로베니아 다음으로 잘사는 나라이다. 필자가 현장에서 보고, 느낀 국민들의 생활은 유럽 어느 곳과 비교해도 뒤지지 않아 보였다. 다만 산업 시설, 기간 산업 등은 다른 국가와 마찬가지로 독일 제품 위주였다.

크로아티아는 긴 해안선에 아름다운 경치가 많아 관광객이 끊이질 않는다. 여름 관광 시기에는 모든 것을 구하기가 하늘의 별 따기다. 당시는 크로아티아를 여행하는 한국 사람들은 많지 않았으나 요즘은 한국에도 크로아티아 여행 상품이 많다. 매스컴을 통하여 그 아름다움이 잘 알려졌기 때문이다.

2012년 12월, 국내의 유명 교향악단이 자그레브 국립 교향악단과 협연차 방문하기로 되어 있었는데 마침 해당 프로그램을 진행하는 필자의 지인이 가장 좋은 객석을 무료로 들어갈 수 있는 티켓을 예약해 주었다. 그런데 가족이 아파서 가지 못한 기억 때문에 더 애착이 간다.

그 후 국내 교향악단이 듀브르니크로 이동하여 협연할 때 갈 생각으로 알아보니 호텔 값이 비싼 것은 차치하더라도 예약할 수 없는 상황이어서 결국 포기하고 말았다.

이 대학의 대학교수들은 비교적 활발한 활동을 하나 나이가 많아 다들 고민을 하고 있었다. 크로아티아와 헝가리 교수들은 활발한 교류 활동을 하므로 같은 전공을 가진 교수들은 대부분 알고 지낸다.

이 대학을 방문하여 만난 교수는 이야기하다 보니 필자와 같이 연구하고 있는 부다페스트 공대 학과장을 잘 알고 있었다. 대학에 대한 여러 가지 유익한 이야기를 많이 해 주고 대학 내 여러 곳을 소개해 주었다.

이 대학은 1669년에 설립된 대학으로 의대, 공대, 인문대를 포함한 모든 분야가 있다. 유럽의 대학들은 전공별로 분리된 경우가 대부분인데 이 대학은 한국의 종합 대학과 같은 구조이다.

몰타 대학(University of Malta)

몰타는 지중에 한가운데에 있는 아주 작은 섬나라이지만(국토 면적 약 32,000㎢, 인구 약 430,000명, 2014년 기준) 유럽연합에 가입되어 있다. 지중해 해안에 있기 때문에 로마 시절의 유적이 많이 남아 있다. 한국 사람들은 잘 모르는 사람들이 많다.

필자는 2012년 12월에 이 대학에서 국제 학술대회가 있어 방문하였다.

몰타는 12월 초순부터 2월 말까지는 관광 비수기이다. 따라서 모든 호텔이 비기 때문에 얼마라도 건지기 위해 거의 무료다 싶을 정도로 저렴하게 호텔을 개방한다. 시기를 잘 맞추면 5성급 호텔에서 10달러로 하룻밤을 잘 수 있는 행운을 얻게 된다. 그렇다고 추운 겨울도 아니다. 반팔을 입고 다녀도 되는 온도이다.

이 대학은 몰타의 유일한 대학으로 1592년 12월 12일에 개교하였다. 현재는 약 11,500명의 학생과 1,000명이 넘는 외국인 학생들이 있다.

학술대회는 학문적 성과를 나눌 수 있기도 하지만 대학이나 연구실을 자세히 소개받을 수 있는 좋은 기회가 되기도 한다.

필자는 미리 연락하여 둔 학장과 인사를 나눈 뒤 대학 내 여러 곳을 돌

그림 5-48.

대학 입구에서 찍은 사진(고색창연한 중세기의 건물이 이 대학의 시내 캠퍼스이고 이 건물에서 학술대회가 열렸다)

아봤다. 이 대학교수도 자부심을 갖고 가능한 많은 것을 보여 주려고 애를 썼다. 캠퍼스가 곳곳에 분산되어 있다. 섬 전체의 경관이 아름답고 휴양지이다.

이탈리아 밀라노 대학(University of Milan)

2014년 10월 29일부터 3일간 이탈리아 밀라노에서 교육에 대한 상호 협력 국제 학술대회가 열렸다.

필자는 이 학술대회에서 한국의 스마트 교육을 소개해 달라는 요청을 받고 강연차 참석하였다.

최근의 교육이 주입식보다는 스마트폰 등을 활용해 교육하는 방법으로 발전하고 있어 많은 사람이 이 분야에 관심을 갖고 있다.

밀라노는 디자인 도시로 유명하다. 독특한 모양의 상품 디자인, 색깔 등은 창조적 아이디어가 무엇이고 왜 밀라노가 세계적으로 주목을 받는지 이

그림 5-49.

밀라노 대학 앞에서

그림 5-50.

밀라노 시내에 있는 독특한 공공 디자인

해하게 해 주었다.

또한, 비록 좋은 호텔은 아니지만, 격조 높은 실내 장식에 청결한 청소, 친절한 안내 등은 인간이 잘 산다는 의미가 무엇인지 이야기해 주고 있다.

밀라노 대학은 1924년도에 설립된 대학으로 비교적 근대 대학이라 할 수 있다. 한국의 종합 대학과 같이 모든 전공이 다 있다.

학생 수 66,000여 명, 교직원 4,000여 명의 매머드 대학이다.

대학의 수준도 『타임』지 평가에서 301~350위 안에 들고, QS 대학 순위 평가에서는 306위, ARWU(Academic Ranking of World Universities) 평가에서는 151위를 기록하고 있어 명문대라 할 수 있다. 디자인과, 예술, 고급 기술을 익히고자 하는 사람에게 이탈리아 유학을 권하고 싶다.

아테네 국립 공과대학(National Technical University of Athens)

그리스는 필자가 오랫동안 가 보고 싶은 곳이었다. 인류 문명의 발상지이자 올림픽 기원 국가이기 때문이다.

그러나 지금은 그리스의 세가 기울어 지난 2015년 8월에는 국가 디폴트를 선언하고 독일 메르켈 총리와의 협상에서 백기를 들었다. 당시 국민 투표를 실시하여 독일과의 협상에서 백기를 들지 말라고 모든 국민이 거부 투표를 하였으나 힘이 없는 논리는 아무 소용이 없었다. 지금도 그리스는 유럽 경제의 걸림돌이 되고 있다.

초창기의 그리스는 체계적으로 국가를 운영했지만, 지금은 정치인들의 포퓰리즘으로 재정이 바닥난 상태이다.

망한 나라들은 모두 이렇게 지도자들이 사리사욕을 채우다 역사의 뒤안길로 사라졌다. 칭기즈칸은 인류 역사상 유일무이한 거대 제국을 세웠지만, 그가 죽자 갑자기 4개 영역으로 갈라진 후 곧 망했다. 지도자들의 개인 욕심과 파벌 때문이었다.

필자가 국가조정관(NCP) 활동을 하는 동안 파리에서 연구 과제 합동 발

그림 5-51.

인류 최초의 올림픽 스타디움

표가 있었는데 여기서 아테네 국립 공과대학교 교수가 발표한 내용이 매우 인상적이었다.

인터넷을 이용한 사회 안전 관련 분야였는데 필자는 이를 한국 기업과 연계시켜 공동 시장 진출 방안 등을 마련하면 좋겠다고 생각하여 그와 대화를 나누었다. 이것이 동기가 되어 그리스에 방문하게 되었다.

아테네 국립 공과대학은 1837년도에 설립되었는데 지금은 학생 수 24,000여 명, 교직원 4,000여 명의 매머드 대학이다. 아테네 시내를 거닐다 보면 박물관 같은 건물이 보이는데 이것이 아테네 국립 공과대학이다. 처음 보는 사람들은 박물관으로 오인할 수도 있다.

필자도 처음에는 박물관으로 알고 안내자에게 문의하였으나 대학이라고 안내해 주면서 교수와 연락하여 주었다.

오랜만에 그 교수를 다시 만나니 매우 반가웠다. 전공이 같은 ICT 분야라 서로 공통 관심사를 이야기할 수 있었고 파리에서 발표한 주제를 가지고 공동 연구 방안도 심도 있게 토론할 수 있었다.

교수는 대학 전체를 안내하면서 자세히 설명하여 주었다. 연구 업적들이 세계적으로 매우 높은 수준이었다. 필자가 연구해 온 감성 로봇의 경우 핵심 기술이 감성 이론인데 자료를 찾다 보니 매우 수준 높은 논문들이 이 대학교의 교수들과 박사 과정 학생들이 쓴 것들이었다.

그리스는 섬이 많아 여름에는 크고 작은 국제 학술대회가 많이 열린다. 필자도 그 후 로도스(Rhodes)섬에서 열리는 국제 학술대회에서 논문을 더 발표하기도 하였다.

이 섬은 터키 연안에 있는 섬으로 아테네에서 이곳까지 가는 배가 여러 섬을 거쳐 가므로 관광을 겸할 수 있다. 호텔비가 저렴하고 시설이 좋아 여름에 국제 행사가 많은 섬이기도 하다.

문명의 발생지를 답사하면서 로마 시대의 문명을 익히는 것도 덤으로 얻을 수 있는 귀중한 체험이다. 남들이 가는 유학 장소보다는 이런 곳에 있는 대학에서 공부하면서 나만의 세계를 보고 체험할 기회가 되었으면 한다.

파리 대학(University of Paris)

파리 대학은 1150년도에 세워진 대학으로 세계에서 두 번째로 오래된 대학이다. 옥스퍼드나 케임브리지 대학이 당시 프랑스에서 공부하는 영국인들의 유출을 막기 위해 설립되었다고 하니 12세기경에는 프랑스가 앞선 교육 시스템을 보유하고 있었음을 알 수 있다.

필자가 이 대학에 방문하게 된 것은 2009년도부터 NCP(국가조정관) 활동을 해 오는 동안 파리 대학의 교수와 공동 관심사를 논의하다가 파리 대학을 방문하고 싶다는 뜻을 전달하였기 때문이다. 때마침 유럽 한인 과학기술자 대회(EKC 2012)가 2012년도에 파리에서 열려 이 기회를 잘 활용하였다. EKC는 한국 과학기술 총연합회가 매년 대륙별로 개최하는 과학자 연차 대회인데, 필자는 2010년경에 옥스퍼드에서 이 대회가 열렸을 때도 참가한 바 있다.

유럽 NCP도 여기서 열려 NCP(국가조정관) 회의도 참석할 겸 파리로 가게 된 것이다. NCP 활동을 하면서 알게 된 파리 대학의 교수가 필자를 마중 나와 주었다.

그림 5-52.

아름다운 파리 대학의 교정. 대학 교정 전체가 마치 정원과 같다.

이 대학은 필자가 굳이 언급하지 않아도 잘 알려진 명문대학이다.

유럽에서 활동하는 많은 한국인 학생들이 이 대학 출신이다. 예술, 디자인, 인문 등 각 분야에 많은 사람이 배출되었다.

유럽에서 예술은 물론 첨단기술도 많은 프랑스에서 공부할 경우 미래를 준비하는 학생들에게 도움이 될 것으로 본다.

빈 대학(Univwersity of Viena)

2012년도 겨울, 유럽연합 NCP(국가조정관) 회의가 브뤼셀에서 있었는데 필자는 회의 참석 후 헝가리로 귀국하는 길에 브뤼셀 대학과 빈 대학에 방문하였다.

빈은 유엔이 세계에서 가장 살기 좋은 도시로 지정한 도시이다. 지하철 티켓도 따로 감시하는 사람 없이 자기가 알아서 양심껏 내고 탄다. 시민 자율이다.

어디를 가도 자유롭고 방문할 곳이 많아 관광객들이 가 보고 싶어 하는

그림 5-53.

브뤼셀에서 개최된 국가조정관 회의 장면

곳이기도 하다. 이들 대학은 이미 유럽의 대학들이 그렇듯 모두 시내에 전공별로 흩어져 있다.

빈 대학(University of Viena)은 학생 수 93,000여 명의 대규모 대학이다. 1365년도에 설립되어 650년의 역사를 자랑하는 전통 있는 명문대학이다.

유학의 가장 좋은 점은 다양한 가치관을 가진 세계의 젊은이들과 교류하면서 세계관을 넓힐 수 있다는 점이다.

한국에서만 있다 보면 마치 세계의 모든 사람이 나와 같은 생각을 가졌을 것으로 오해할 수도 있다.

세계에는 다양한 민족과 가치관이 다른 사람들이 매우 많다. 이들과 교류하면서 살아야 할 환경이 21세기 시대이다.

한국에서 이들을 다 경험하는 것은 불가능하다. 한국의 대학들이 이들을 다 수용하기에는 아직도 국제화가 덜 된 부분이 너무 많고 대학의 운영 방식도 한국식이기 때문이다.

유학하러 가서 보면 전 세계에서 수많은 유학생이 모이기 때문에 국제적인 관점에서 세상을 볼 수 있다. 대학도 글로벌 관점에서 운영되어 직간접

그림 5-54.

회의장 입구에 있는 유럽연합 국기 앞에서(휴식 시간)

적으로 세계를 배우고 느낄 수 있다. 또한, 여기서 사귄 친구들은 나중에 귀중한 자산이 된다.

빈 대학의 등록금은 2016/2017년을 기준으로 유럽 학생의 경우 한 학기에 3,382.56유로이나 유학생들의 경우는 745.92유로(한화 약 94만 원, 2017년 6월 기준)이다. 수백만 원씩 하는 한국 대학들의 등록금에 비교해 보면 너무 싸다. 등록금이 이렇게 싼 이유는 우수한 학생들을 유치하여 세계적인 인재로 키우겠다는 유럽 대학들의 철학 때문이다.

이들은 교육은 인재 양성이 목적이지 돈을 버는 수단이 아니라는 것에 기본 철학을 두고 있다. 설립자가 재산을 횡령하거나 자식에게 물려줄 것을 생각하는 한국의 사학들로서는 감히 상상할 수 없는 철학이다.

앞서 소개한 스위스 연방 공대도 같은 개념이었기 때문에 등록금의 거의 전액을 국가가 부담하는 형태이다. 저렴한 등록금에 세계적인 관점에서 미래를 보고, 자기를 설계할 수 있으며, 덤으로 다른 나라 학생들을 사귀어 만든 귀중한 자산은 이들이 귀국하여 지도자가 되었을 때, 21세기를 살아야 할 젊은이들에게 귀중한 자산이 되어 있을 것이다.

튀니지의 대학, 튀니스 대학

튀니지는 북아프리카에 있어 아프리카 대륙이지만 거의 유럽과 같다. 알제리, 리비아의 아랍권과 국경을 맞대고 있고 지중해를 사이에 두고 스페인, 이탈리아, 그리스와 인접해 있어 아랍 문화와 유럽 문화를 모두 갖고 있다. 북아프리카는 지중해 일부로 로마가 통치했던 지역이어서 지금도 옛 로마 유적이 많이 남아 있다. 당시의 거대한 목욕탕, 신전 등을 지금도 그대로 볼 수 있다.

목욕탕의 규모는 찬란했던 로마의 영광을 말해 주고 있다. 물가는 저렴하고, 관광자원이 풍부하여 유럽으로부터 관광객이 끊이질 않는다.

11월에서 2월 사이에 가면 아주 저렴한 비용으로 관광이 가능하다. 필자가 2013년 1월에 이곳에 머물 때는 5성급 호텔에 머무는 비용이 이 모든 식

그림 5-55.

튀니지의 로마 유적

사를 포함하여 한화로 약 5~6만 원 정도였다. 다만 처음 방문할 때 택시를 타는 경우에는 바가지요금을 조심해야 한다.

튀니지는 1881년부터 1957년까지 무려 75년간 프랑스의 지배를 받아왔다. 지금은 아랍어와 프랑스어가 공통으로 사용되고 있고 가장 개방된 이슬람 국가이기도 하다.

국토 면적은 약 16,360,000㎢로 한반도의 면적이 약 220,000㎢이니 어느 정도 크기인지 대략 비교해 볼 수 있다. 인구는 2014년을 기준으로 10,982,754명이고 국민 소득은 3천 5백 불(IMF, 2018년 기준) 정도이다.

튀니지에서 약 두 시간가량 기차를 타고 가면 튀니스 도시가 있는데 필자는 두 대학 모두 2013년 1월경에 국제 학술대회 참석을 계기로 방문하였다. 이 대학을 소개하고자 하는 것은 선진국들의 개발도상국 진출 전략 때문이다.

이 대학에는 일본 센터와 프랑스 센터가 있다. 즉, 일본의 대학들과 교류하면서 현지인들의 인재 양성을 일본식으로 하고 있었다.

이 대목에서 일본 사람들의 세계관, 미래관을 잘 볼 수 있다. 미래에는 다른 나라들과 어떻게 협력하고, 그 나라와 어떻게 우호적인 정책을 펴는가에 따라 국내의 환경도 크게 달라질 것이다. 무력으로 국토를 침공할 수는 없기 때문이다. 결국 상대국에서 얼마나 우호적인 인재를 확보하느냐에 따라 국내의 경제, 정치도 영향을 받게 된다. 미래를 설계하고자 하는 젊은이들이 이런 나라에서 공부하면서 유럽과 아랍의 문화를 동시에 배우고 귀국하면 그 전망이 매우 밝다고 본다.

튀니지 대학에 센터를 세워 인재 양성을 공동으로 하는 일본 대학과 튀니지는 별 볼 일 없는 아프리카의 못사는 나라쯤으로 치부하고 교류할 필요가 없다고 생각하는 한국은 기본 철학에 너무 큰 차이가 있다.

튀니지의 대학들은 연구실은 좀 낡았으나 열심히 하고자 하는 흔적을 찾아볼 수 있었다.

이곳은 관광지역에 맞게 관광과 경제, 전략 등에 대한 국제 학술행사, 포럼 등이 많이 열려서 관광 안내자 역할도 덤으로 할 수 있다.

탄자니아 넬슨 만델라 아프리카 과학기술대학(NM-AIST, The Nelson Mandela African Institution of Science and Technology)

2017년 5월 12일 자 『한국경제신문』에는 서울대학교가 탄자니아에 있는 넬슨 만델라 아프리카 과학기술대학에 연구소를 세우기로 하였다는 기사가 나왔다. 필자가 방문했던 대학이라 눈에 확 들어왔다.

필자는 대학에서 연구소를 설립 및 운영해 왔는데 이 연구소의 세미나를 넬슨 만델라 대학에서 2012년 11월에 개최하였다. 필자는 남은 인생 동안 후진국의 대학에서 뜻이 맞는 사람과 같이 가르치고 연구 활동을 계속할 생각으로 오래전부터 아프리카에 관심을 가져왔다.

탄자니아는 헤밍웨이의 『킬리만자로의 눈』에 나온 킬리만자로가 있는 곳이다. 고도가 높아 사시사철 한국의 가을 날씨처럼 기후가 좋아 관광객이 많은 곳이기도 하다. 아프리카이지만 킬리만자로의 눈은 녹지 않는다.

멀리서 보는 눈 덮인 경치는 정말 장관을 이룬다. 탄자니아는 안정된 정치와 막대한 천연자원을 보유하고 있어 다국적 기업이나 국제 사회가 관심을 갖고 있다. 국토 면적은 약 94,730,000㎡이고, 인구는 51,820,000명(2014년 기준), GDP는 1,032불(2014년 기준), 연중 기온은 섭씨 18℃에서 25℃로 청정한 날씨라 살기에 매우 좋다. 그러나 아직도 한국에서 아프리카를 방문하는 과정은 고난의 과정이다. 유럽에서 케냐의 나이로비까지 항공기로 가서 나이로비부터는 육로를 이용해야 한다.

케냐에서 탄자니아로 국경을 넘을 때는 국경 구분이 없는 데다 시골길과 같은 황톳길이어서 처음 방문하는 사람들은 어디가 어딘지 잘 모를 수도 있다. 탄자니아 쪽에 임시 건물로 된 작은 국경 사무소가 있을 뿐이다. 국경을 넘는 과정에서는 많은 아프리카 난민들이 돈을 달라고 몰려든다. 또, 벌떼처럼 몰려든 사람 중에 자기가 국경을 담당하는 공무원이라고 사칭하고 돈을 달라는 사람도 있다. 대개 십중팔구는 속는다.

필자도 여기에 속아 50불 정도를 사기당했다. 수중에 가진 돈이라고는 이미 바닥나버렸는데, 국경을 넘으려고 하니 진짜 국경 사무소에서 비자 경비를 요구하였다.

그림 5-56.

러시아 교수의 초청으로 강연한 후 학생들과 함께

돈이 없어 은행을 찾았으나 있을 턱이 없었다. 임시로 차에 은행을 개설했는데 돈이 나오질 않아 하는 수 없이 운전기사가 대납해 주고 탄자니아에 도착한 후에 지불하였다.

넬슨 만델라 대학은 만델라의 이름을 따서 아프리카를 중흥시키고자 2005년에 세워진 대학이다.

시설은 나름대로 최신형으로 지은 것 같은데 설계가 잘못되어 불편함이 이만저만이 아니었다.

복도를 간신히 두 사람만 지날 수 있도록 지어 통행이 불편하였다. 또한, 꿈을 갖고 지었으나 실제로 운영하는 것은 답답할 정도로 폐쇄적이었다.

러시아 교수도 두어 사람 있었는데, 그들은 영어도 잘하고 열심히 하는 모습이 보였다. 아프리카를 개척하고자 하는 젊은 사람들에게는 매우 좋다고 본다.

대부분 아프리카 내에는 정치적 갈등이 많은데 탄자니아는 정치적으로 매우 안정적이어서 미래가 밝다. 또한, 이 대학은 아프리카의 관점에서 글로벌 인재를 양성하기 위해 세운 대학이기 때문에 기본 철학이 매우 좋다.

아프리카를 전반적으로, 제대로 알고 싶은 사람들에게 넬슨 만델라 대학을 추천하고 싶다.

케냐 나이로비 대학(University oif Nairobi)

케냐는 테러가 끊이지 않는 나라이다. 필자는 탄자니아에서 귀국하던 도중 시간을 내어 이곳을 둘러보았다. 어렵게 찾아간 대학은 정문이 육중한 철문으로 닫혀 있고 경비가 지키고 있었다. 총장실을 찾는 데도 건물 내에서 검색을 두 번이나 거쳐야 했다. 건물을 지날 때마다 복도에는 경비가 지키고 있다가 필자를 일일이 검사했다.

나이로비 대학에 도착하니 마침 교수들이 회의를 하고 있었다. 필자도 이곳에서 세미나를 하고 상호 공통 사항을 협의했다. 나이로비 대학은 1956년도에 왕실기술학교(Royal Technical College)로 출발하여 종합 대학으로 발

그림 5-57.

케냐 나이로비 대학교수들과 함께

그림 5-58.

케냐의 사장. 한국에서 왔다고 하니 <강남 스타일>을 부르면서 아는 체를 해 주었다. 좋은 콘텐츠의 위력을 실감했다.

전한 대학이다. 현재는 학부생 약 50,000명, 대학원생 약 12,000명이 수학하고 있는 매머드 대학이다. 다만 치안 문제로 인해 이곳을 방문할 때는 조심해야 한다.

남아프리카 움폴로지 대학

남아프리카는 사실상 선진국이나 다름없다. 땅도 넓고(1,221,037㎢) 인구(55,653,654명, 2015년 기준)도 많다. 또 영국에서 자기들이 살기 위해 국가 시스템을 잘 구축해 놓았다. 아주 좋은 기후, 아름다운 풍광은 또 하나의 매력이다. 첨단기술도 많다.

국민 소득은 2014년에는 1만 8천 불 정도였는데 2018년도 IMF 자료에서는 6천 5백 불로 낮아졌다. 이곳은 모든 사회적인 시스템이 영국식이어서 한국 사람들에게도 맞는다. 그런데도 물가와 인건비가 저렴하여 어느 나라 못지않게 잘사는 나라이다.

남아프리카는 넬슨 만델라가 집권하기 전에는 첨단기술이 유럽의 여느 나라 못지않았으나 흑인 인권 탄압이 심하기로 유명하여 국제사회로부터 경고도 여러 번 받았다.

넬슨 만델라가 집권하고부터는 이들 고급 인력과 장비, 노하우가 모두 빠

그림 5-59.

학생들에게 한국 문화에 대해 강연한 후 교수 및 학생들과 함께 찍은 사진. 현지 텔레비전 방송에서 본인이 하는 강연이 생중계되기도 하였다.

져나가 이를 극복하는 데 애를 쓰고 있다.

남아프리카공화국은 공식 언어가 영어이기 때문에 의사소통이 자유롭다.

필자는 움폴로지 대학에 도착하여 총장과 기타 대학 관계자들과 세미나를 하고 의견을 교환하였다. 여기서는 백인이 소수여서 마치 백인이 따돌림 당하는 듯한 느낌이었다. 학생들을 상대로 특별 강연을 하는 과정에서는 환호성이 여러 번 튀어나왔다.

한국의 어려웠던 시절과 현재의 ICT 산업 최정상까지의 전략을 요약하여 메시지를 보낸 부분이 학생들에게 큰 감동을 준 것 같았다.

네덜란드 라이덴 대학(Leiden University)

네덜란드는 국토 면적이 약 4,150,000㎡로 남한 면적의 절반 정도 되는 크기에 인구는 약 17,130,000명이다.[37] 1인당 국민 소득은 47,365불로 최고의 복지 국가이다. 한·일 월드컵에서 4강의 신화를 일궈낸 히딩크 감독이 네덜란드 출신이어서 네덜란드는 우리에게 더 친숙한 나라다.

17세기에는 주식회사인 동인도 회사(VOC)를 설립하여 세계 제일의 무역국으로 성장하였다.

부는 권력을 낳는다. 네덜란드는 이 부를 이용해 미국의 뉴욕주, 뉴저지주, 인도네시아를 식민지화하였다. 여기서 주목할 것은 다른 나라들은 정부가 식민지를 개척하였으나 네덜란드는 상인들이 주식회사를 설립하고 이 회사를 통하여 식민지를 개척하였다는 점이다.

민간인이 넓은 세상을 보고 식민지를 개척한 점은 우리가 본받아야 할 사례라 생각된다. 좋은 일은 선순환되기 마련이다.

부는 국가를 강하게 만들기도 하지만 새로운 문화를 만드는 초석도 된다. 네덜란드는 이 시기에 화가 요하네스 페르메이르와 에라스뮈스, 스피노

37 출처: 2015년도 센서스.

자와 같은 철학자를 배출하여 당대에 세계에서 최고로 융성한 문화 국가가 되었다.

유럽연합이 유럽연합 공동연구 프로젝트인 EU-FP7을 시작할 때부터 사용하고 있는 인재 양성 프로그램인 에라스뮈스는 여기서 유래된 이름이다.

네덜란드는 가장 먼저 주식회사를 사용하고 작은 국토라는 핸디캡을 무역을 통해 극복하였다. 이처럼 상인들이 주식회사를 통하여 세계를 식민지화한 저력은 오늘날도 이어져 오고 있다.

네덜란드의 교육 시스템을 세계가 주목하는 이유는 이와 같은 배경을 바탕으로 자국의 교육 시스템을 지속해서 시대에 맞게 변화시켰고 현재에도 현실에 맞는 가장 앞선 교육 시스템이기 때문이다. 네덜란드는 이런 교육을 통해 작은 국토에서 세계 최고의 복지 국가를 운영하고 있다.

QS 2018 대학 순위 평가에서는 Delft University of Technology 54위, University of Amsterdam 58위, Eindhoven University of Technology 104위, Leiden University 109위로 기록되고 있다.

참고로 서울대는 36위, 카이스트는 41위, 고려대는 90위, 연세대는 106위, 성균관대는 108위, 한양대는 155위로 나타나 있다.

필자가 방문한 대학은 라이덴 대학으로 이 대학에서 개최하는 지능형 국제 학술대회에서 논문을 발표하기 위해서였다.

네덜란드의 대학들은 한국과 같이 서열이 크게 가려지지 않는다. 따라서 어느 대학이든 고루 세계적 대학에 들어간다고 보면 좋다.

이 대학은 1575년에 네덜란드의 독립과 함께 개교하였다.

2016년도 『타임』지 평가에서는 67위에 올라와 있다. 학생 수는 2014년도 10월을 기준으로 24,270여 명이고, 교직원 3,665명, 연간 예산은 558,000,000유로(한화 약 706,660,000,000원)이다. 또한, 16명의 노벨상 수상자를 배출한 세계적인 명문대학이다.

위에서 언급한 한국 대학들은 서열에서는 이 대학보다 좀 앞서지만, 이들 대학은 아직도 한국에 노벨상 수상자를 안겨주지 못하고 있다.

라이덴 대학에서 가장 돋보이는 것은 혁신 연구실(Innovation Lab)이다.

라이덴 대학에서는 학생들에게 기업가 정신을 길러주기 위해 다양한 기업 관련 프로그램을 운영하는데 이 프로그램에 의해 학생들은 창업, 취업, 적성을 파악하여 미래의 자기 직업을 선택할 수 있다.

노벨상 수상자를 배출한 유럽의 정상 대학에서 공부하고 미래를 설계할 것을 젊은이들에게 권하고 싶다.

아시아권의
대학들

인도네시아 국립대학(University of Indonesia)

인도네시아는 질곡의 역사를 갖고 있다.

16세기까지는 왕국을 유지했으나(이슬람에서 크리스천 왕국으로 변경) 이후 1602년 3월 20일부터 1800년 1월 1일까지 무려 200년 동안이나 독일의 동인도 회사 소속이었다. 1942년도 3월 9일에는 일본의 침략을 받았고 2차 세계대전이 끝나는 1945년 8월 17일경에 네덜란드에서 독립하여 1949년 12월 27일 인도네시아 연방 국가를 설립하였다.

인도네시아의 국토 면적은 191,090,000㎢(한반도의 약 8.7배)로, 많은 섬으로 구성된 나라이다. 섬의 수만 18,307개이고 그중 사람이 사는 섬은 922개이다.[38]

인구는 약 2억 6천 3백만 명(2017년 추정치)으로 이 중 87%가 이슬람교를 믿는 회교 국가이다. 국민 소득은 3,895불(2017년 추정치) 정도의 개발도상국이다.

이 나라는 무궁한 발전 가능성이 있고 이 나라의 해양 및 산림 자원은 세계가 탐내는 것 중 하나다.

대학을 방문하거나 국제 학술대회에 참가하는 것 중에서 가장 중요한 것은 개최국 인사들과 교류할 수 있는 물꼬를 트는 것이다.

---

[38] 출처: https://en.wikipedia.org/wiki/List_of_islands_of_Indonesia

필자는 이러한 목적으로 인도네시아의 대학들과 친밀한 관계를 맺으려고 신경을 써 왔다.

인도네시아 국립대학은 1849년에 의과대학으로 출발하였다. 당시는 독일의 식민지였기 때문에 독일 정부에 의해 세워졌다. 1949년에 독립과 함께 인도네시아 국립대학이라는 정식 이름을 갖게 되었다.

이 대학은 인도네시아에서 가장 규모가 크고 모든 학과가 다 있다. 한국의 서울대 정도로 보면 된다. 회교 국가이기 때문에 비교적 안전하다. 2016년도에는 『타임』지 대학 평가에서 200위 안에 들어갔을 정도로 수준 높은 명문대학이다. 특히, 자원이 풍부한 인도네시아와 교류를 희망하는 학생들은 한 번쯤 눈여겨볼 만한 대학이다.

인도네시아 국립대학에는 필자와 일본 동경 공업대학에서 함께 공부했던 교수가 재직하기 때문에 특별히 관심이 갔고 이런 인연이 자연스레 강연으로 이어지게 되었다. 필자가 EU-FP NCP로 활동할 때, 동남아시안-유럽연합 공동협력 워크숍(EU-ASIAN) 회의에 참석하는 과정에서 시간을 내어 방문하였다.

인도네시아 잼버 대학(University of Jember)

인도네시아 잼버 대학은 발리에서 북쪽으로 자동차로 약 8시간 정도 걸리는 거리에 있는 국립대학이다.

이 대학은 우연한 기회에 메일을 주고받으면서 방문하게 되었는데, 이 대학의 교수가 한국에서 박사 학위를 받고 이 대학에서 근무하는 관계로 쉽게 의견 교환이 이루어졌다.

이 대학은 2018년도 10월경에 발리에서 대학 차원에서 처음으로 국제 학술대회를 개최하게 되었는데 이 행사에 기조 강연을 해 달라는 요청을 받았다.

인도네시아는 많은 섬으로 이루어진 나라이고 또 아직도 농업이 중요한 산업이다.

그림 5-60.

필자가 4차 산업혁명 시대의 농업에 대해 강연하고 있다.

　필자는 이 강연에서 4차 산업혁명 시대에는 농업에 관해 어떻게 접근하면 좋은지, 즉 스마트 팜(smart farm)에 대해서 선진국, 한국, 후진들과의 생산성에 관해서 설명하고 커피 하나 안 나는 스위스가 세계 최고의 커피 머신을 개발하여 가장 좋은 커피 맛을 냄으로써 그 시장을 장악한 것을 사례로 들면서 첨단기술 개발의 중요성을 설명하였다.

　이 대학은 3년제 직업 대학이지만 4년제 대학이 주로 추진하는 석사 과정도 있고 국제 콘퍼런스도 개최하는 등 많은 활동을 한다.

　국립대학으로서 외국의 자금을 받아 설립된 대학으로 시설이 매우 좋고 방문자들을 위한 게스트 하우스도 완벽하다.

　특히 필자에게는 왕복 항공료는 물론 고급 호텔, 공항에서 관광까지 모두 알아서 대접해 준 대학이어서 유달리 기억이 남고 이후에도 지속해서 연락하여 협력 파트너를 구축하고 있다.

　고급 인력을 어떻게 대접하고 활용하여야 하는지 대학 총장은 물론이거니와 관계자들도 잘 알고 있었기에 가능한 초청이었다.

인도의 구와하티 IIT, 아미티 대학, 캘커타 대학

인도의 IIT 대학은 1953년도에 인도의 네루 수상이 인도의 미래를 위해 설립한 특성화 대학이다. 기존 국립대학의 잘못된 점을 극복하고자 MIT를 모델로 설립하여 지금은 계획된 것을 포함하면 22개에 달한다.

필자가 이 대학을 방문하게 된 동기는 인도에 대해 막연하게 생각하던 와중에 여러 개의 IIT 중 동쪽에 있는 구와하티를 선택하여 교수의 홈페이지를 방문해 메일을 주고받으면서 시작되었다.

연구 분야가 같았고 연구 업적은 좋지 않았으나 공동으로 연구하면 좋을

그림 5-61.

본인이 방문 및 연구한 IIT. 시설이 방대하다.

그림 5-62.

IIT는 인도 내에 16개가 이미 운영 중이고 6개가 신설 예정이다.

듯하여 본인의 연구비로 일주일간 그를 초청하였다. 그 뒤 본인도 연구 재단의 대학교수 방문 프로그램에 의해 한 달가량 그곳을 방문하였다. 이 방문으로 인해 그동안 막연하게 가졌던 인도는 후진국이라는 생각이 달라지게 되었다. 인도의 교육 시스템은 선진국 수준이었다.

그 뒤 귀국하여 그 교수를 과학기술단체총연합회에서 실시하는 브레인 풀 지원을 이용하여 1년간 초청하여 연구한 바 있다. 그러나 그 교수는 연구를 별로 하지 않고 약속도 지키지 않는 등 참으로 어처구니없는 짓을 많이 하고 귀국하여 필자에게 큰 피해를 주었다.

어쨌든 필자는 이를 계기로 한·인도 포럼을 만들어 정보를 공유하는 등 활발한 포럼 활동을 하게 되었다. 인도에서 성공한 기업가, 실패한 기업가들을 초청하여 강연을 들으면서 '인도인들은 급히 접근하면 무조건 실패한다'는 것과 '절대 돈을 많이 주면 안 된다'는 것 등을 알게 되었다. 또한, 인도인들이 허풍을 많이 떤다는 것도 알았다.

그림 5-63.

2014년 1월 인도 캘커타 아미티 대학에서 강연 중인 필자의 모습. 대강당에서 약 1천여 명의 학생과 교수들이 지켜보는 가운데 한 강연은 필자 본인에게도 감동 그 자체였다. 학생들이 안내, 사회, 인사말 등 모두를 진행한다는 점이 다른 대학들과 다르다. 이를 통해 자연스럽게 국제인이 되어가도록 교육한다.

그런 나쁜 인상을 갖고 있던 와중에 인도의 아미티 대학에서 2014년 2월에 강연 요청이 들어왔다. 전혀 생각지도 않은 대학이었는데 어디서 본인의 이력과 연구 내용을 알았는지 학생들에게 강연해 달라는 요청에 의해 마지못해 인도에 갔다.

이 대학은 독일인이 15년 전에 뉴델리 부근에 설립한 인도의 최초의 사립대학이다. 그런데도 짧은 기간 내에 인도에서 가장 명문대학이 되었고 세계 40여 개 국가에 해외 캠퍼스를 갖고 있다. 학생들은 모두 기숙사에서 생활하고 한 학기 등록금이 한국의 국립대 수준인 200만 원 정도, 기숙사비를 포함하면 1년간 교육비가 600만 원 정도이다. 인도의 물가를 감안하면 한국 돈으로 약 6천만 원 정도의 교육비인 셈이다.

이런 천문학적인 교육비를 내고 왜 학생들이 많이 몰리는지 학생들에게 시내에서 저녁을 사 주면서 물어보았다.

그 대답은 다음과 같았다. 첫째는 교육이 철저히 이루어진다는 점이다. 학사 관리가 철저하여 열심히 공부하지 않으면 못 따라가도록 한 것이다.

둘째는 국제화이다. 학생들은 "세계 여러 나라에서 유학생들이 많이 와군이 해외를 나가지 않아도 국제 감각을 키울 수 있고 다른 나라 학생들과 친구가 될 수 있어서 좋다."고 대답하였다. 또한 교수들이 연구를 열심히 하는 것도 눈에 띄었다. 한 교수를 만나 실험실을 보자고 하였다. 실험실의 수준은 최첨단이었다. 그러나 교수 연구실은 매우 열악하여 지금도 진공관식 모니터에 한국의 교수실만 한 공간을 두세 사람이 판자로 칸막이를 설치하여 공동으로 사용한다.

다만 학생들 교육은 매우 철저하여 모든 학생을 대형 강당에 모아놓고 세계 석학들의 강연을 듣게 하는 등의 방법으로 자연스럽게 국제적인 감각을 키우도록 하고 공부에 대한 동기 부여를 하고 있었다.

총장과 전 보직자가 끝까지 자리를 지키며 학술대회를 참관하고 행사의 모든 기획부터 안내, 프로그램 진행, 사회까지도 학생들이 하도록 하였다.

강연이 끝나면 그 강연자에게 감사패와 함께 영국에서 작위를 줄 때와 같은 행사를 하여 강연자가 보람을 갖도록 하는 등 참으로 세심하게 배려하였다.

　이 대학에는 영국이나 유럽 학생들이 많이 유학 와 있다. 학생들 기숙사
도 완벽하여 한국인으로서 유학 가면 나중에 인도 전문가로 커 갈 수 있다
는 확신을 가질 수 있었다.

　현재 젊은 층들은 앞으로 인도나 동남아시아의 시장을 생각하지 않고서

그림 5-64.

그림 5-65.

캘커타 대학생들의 전통 공연. 전문가 수준이다.

는 살 수 없는 시대를 맞이하게 될 것이다. 따라서 적극적으로 유학할 것을 추천한다.

캘커타 대학(University of Calcutta)은 캘커타(현재는 '콜카타'로 명칭이 바뀌었다)에 있는 국립대학이다. 2011년 11월에 이 대학으로부터 국제 학술대회 강연 요청이 필자에게 왔다. 인도에 대해서는 생소하지 않아 흔쾌히 수락하였다.

캘커타 대학은 1854년에 설립된 대학으로 1913년도에 노벨 문학상, 1937년 노벨 물리학상, 1998년 노벨 경제학상 수상자를 배출한 대학이다. 노벨상이 하나도 없는 한국으로서는 대학에 재직했던 교수가 다른 곳에서 일하더라도 '우리 대학 출신 교수가 노벨상을 받았다'라는 소식만이라도 듣기를 간절히 원하는데 이 대학은 3명이나 배출했을 정도이니 명문대학이라 할 수 있다.

국제 학술대회를 개최할 때는 보통 공연을 하게 된다. 한국의 경우 모두 외부에서 섭외하는데 이 대학은 모두 학생들이 한다. 그런데 그 수준이 전문가 이상의 공연이라 놀랐다. 평소에도 전통문화를 잘 보존하기 위해 이러한 활동을 많이 한다고 한다. 인도의 저력이 어디서 나오는지 새삼 느끼게 되었다.

인도 첸나이 지역의 대학과 산업 시찰(Excel Institute, Karpagam, Chettnad, Jay Shriram Group of Institute, Professional Group of Institute, VIT)

앞서 설명한 캘커타 아미티 대학 강연을 계기로 2014년 7월 7일부터 17일까지 학술대회 겸 인도 대학에 방문하여 강연하게 되었다.

강연을 요청한 'Kokula Krishna Hri K'는 국제 콘퍼런스 및 지적 네트워크 활동을 하는 사람으로서 인도 수상 산하의 과학기술 자문위원회 역할도 하고 여러 나라 사람들과 잘 알고 지내는 인물이다.

그는 2013년 12월에 유성에서 포럼을 개최했을 때 알게 되었다. 그래서 필자는 늘 국제 학술대회나 포럼이 중요하다고 강조한다. 인도 방문 일정은 약 10일 정도의 일정으로 하루에 두 군데 이상의 대학과 연구소를 방문하면서 강연하는 일정이었다.

첫날은 첸나이에서 약 600㎞ 거리에 있는 타밀라루 소재의 엑셀 인스티튜트(Exel Institute, 인도에서는 대학을 이렇게 명명하여 운영하는 대학이 많다)를 방문하였다.

인도는 교육 사업을 하기에 좋은 거대한 시장이다. 12억 명이 넘는 무궁한 인력과 저렴한 노동력은 가장 매력적인 장점이다. 이와 같은 여건을 활용해 대학을 설립하고 사업을 하는 큰 그룹들이 많았다. 이동하는 동안 차 안에서 소개하는 인도에 관한 내용은 인도가 정말 무한한 교육 시장이라는 것을 실감케 하였다. 방문한 엑셀 인스티튜트도 그중의 하나로 2007년에 설립된 사립 대학이다.

이곳은 거의 모든 학과가 갖춰져 있고 MBA 과정까지 있다. 실험 장치도 매우 잘 갖춰져 있었는데 이처럼 방대한 시설을 어떻게 7년 만에 이렇게 잘 갖췄는지 이해가 가지 않았다.

이 대학의 학생 등록금은 1년에 800불 정도이고 기숙사 비용은 1년에 약 800불 정도이다. 말하자면 약 1,600불을 내면 기숙사가 있는 대학에서 공

그림 5-66.

부하게 되는 셈이다. 저렴한 돈으로 공부가 가능하다. 인근의 Vidyaa 대학도 방문하였다. 이 대학 역시 사립 대학으로 규모는 약간 작지만 박사 과정까지 있는 내실 있는 대학이다.

필자는 이외에도 Karpagam 대학, Chettnad 대학, Jay Shriram Group of Institute, Professional Group of Institute 등 여러 기관을 방문하면서 강연하였다. 이들 기관은 모두 5~6년 내외의 짧은 역사를 가지고 있으나 완벽하리만큼 시설을 잘 구비하고 있었다.

어떻게 이렇게 짧은 기간 동안 완벽한 시설을 구비할 수 있었는지 그 비결을 물어보니 인도의 대학 진학률은 10% 내외인데 그 품질이 저조하여 특화된 방법만 도입하면 입학생들이 무궁하다는 것이다. 교육을 통해 신분을 높이고자 하는 마음은 동서고금을 막론하고 같다. 무한한 수의 젊은 사람, 교육을 통해 사회적 신분을 넘어서고자 하는 인도인들의 마음, 이런 것들이 인도에서는 더 크고 열풍이다. 따라서 적은 교육비이지만 그것으로 투자가 가능하다는 것이다.

특별히 필자의 인상에 남은 대학은 VIT 대학으로 12년 전에 인도 국회의

그림 5-67.

강연 전 방문 의식 행사. 방문 셋째 날 프로페셔널 대학에서 강연 전에 하는 의식이다. 인도는 귀중한 방문객에게 이런 천을 둘러 주면서 성대한 의식 행사를 한다.

원 출신이자 정부 각료를 지낸 사람이 교육 시장의 방대함을 보고 설립한 대학이다. 첸나이 캠퍼스는 2009년에 건설하였는데 완벽하게 설립되었고 캠퍼스도 청결하였다.

본부에 있던 총장이 마침 첸나이 캠퍼스를 방문하여, 기타 대학 관계자들과 만나 점심을 먹고 어떻게 짧은 기간 동안 이렇게 방대한 시설을 갖출 수 있었는지 물어보았다. 대학 등록금은 1년에 2천 불 정도이고, 기숙사비도 1년에 2천 불 정도 한다고 한다. 합하여 4천 불 정도를 학생들이 지불하는데 교수 급여가 한화로 60만 원에서 1백만 원 정도이고 웬만한 일용직들의 급여는 10만 원에서 20만 원 정도이니 대학 교육비는 상당히 비싼 편이었다. 그 비결은 바로 무한한 자원에 있다. 약간만 특화하면 인기를 끌 수 있는 것이다.

인도는 약 10억 명의 인구를 가진 방대한 나라이다. 여기에 아직도 대학 진학률은 10% 이하를 맴돌고 있다. 그런데 인도에는 현재 약 7만 개의 대학이 있고 타밀주에만 약 600개의 대학이 있다고 한다.

이것은 약 40%까지만 학력 인구가 증가할 경우, 교육 시장이 폭발적으로 증가하여 교육 시장에 진출하면 성공할 가능성이 크다는 것을 의미한다.

한국 기업이나, 학교 관련 단체들은 한번 고려해 볼 만한 일이다.

인도의 경우 인구가 많은 만큼 우수한 사람들도 많아 사람을 잘 찾으면 우수 인력도 확보할 수 있다. 세계적인 IT 기업에는 인도의 두뇌들이 많다. 다만 인도와 공동 연구, 협력할 때는 인도의 문화를 잘 파악하여야 한다. 이 점이 공동 연구나 협력 시 어려운 점이다.

이는 필자가 한·인도 포럼을 구성하여 인도 전문가들과 몇 년간 지속해서 활동하면서 얻은 결론이다.

인도 방문 첫날에는 순찰차가 우리 일행을 안내해 줄 정도로 신경을 잘 써 주는 등 최고의 대접을 받으면서 시찰을 하였다.

이들 대학은 학과마다 1년에 최소한 한 번의 국제 학술대회를 주관하되 총장이 직접 나와 행사 일정을 챙기는 것으로 보아 매우 조직적으로 추진한다는 인상을 받았다.

그림 5-68.

강연 후 학생들과 함께 찍은 사진

한국 대학들은 이런 큰 행사를 학생들이 주관하는 대학은 없다. 다만 학생들은 보조원으로 안내만 할 뿐이다.

또 지방의 웬만한 대학들은 학과는 말할 것도 없고 대학 차원에서도 국제적인 학술행사를 잘 개최하지 않는다. 그것을 추진할 인력도, 동기 부여도 없고, 소모성 일로 판단하기 때문이다.

국제 학술행사가 얼마나 대학을 홍보하고 위상을 높이면서 학생들에게도 긍지를 심어주는지는 잘 모른다.

인도를 저개발국, 한 수 아래로 생각했다가는 큰코다친다. 교육은 우리보다 한 수 위라는 것을 한국의 교육에 관해 관심이 있는 사람들이라면 명심했으면 한다. 어쨌든 필자의 이러한 경험은 인도의 여러 대학을 방문하면서 교육 시장을 파악하고, 공동 연구나 다른 일을 할 수 있는지 등을 파악하는 데 아주 중요한 시간이 되었다.

스리랑카 콜롬보 대학(University of Colombo)

2014년 8월 12일경에 국제 학술대회에서 강연 요청이 있어 미리 대학 방문 스케줄을 부탁하였다.

스리랑카는 외세의 지배를 많이 받은 나라이다. 근대에 이르러서도 1815년부터 1948년까지 무려 133년간이나 영국의 통치를 받았다. 따라서 곳곳에 영국의 잔재가 많이 남아 있다.

스리랑카 국토 면적은 6,560,000㎡이고 인구는 21,000,000명 정도에 국민 소득은 4천 불 가까이 된다. 한국이 2002년도 월드컵을 개최했을 당시의 국민 소득과 비슷하다.

콜롬보 대학은 1948년도에 설립된 대학으로 4년제 종합 대학이다. 이 나라의 인재 양성 허브라 할 수 있다. 교수들의 연구 업적이나 시설, 운영 등 모든 면이 한국 못지않게 잘되어 있음을 보면서 밖에서만 생각하는 것이 얼마나 위험한지를 깨달았다.

콜롬보 대학의 교수들은 영국이나 외국에서 공부한 사람들이 많다. 동남

그림 5 -69.

스리랑카 나노 연구소. 시설이 상당히 현대적이다.

아의 다른 나라 국가들은 대학 교수진들이 거의 박사 학위를 가진 경우가 드물다.

베트남만 하더라도 매우 드물다. 그러나 이 대학은 예외다. 따라서 연구 방법, 영어 소통 능력 등이 매우 뛰어나다. 방문 시 필자와 함께 대화를 나눈 교수가 영어가 매우 유창하고 대화가 잘되어 어디서 공부했는지 물어보았다. 영국 대학에서 학위를 받았다고 한다.

학문에 대한 식견이 매우 깊이 있음을 알 수 있었다. 공동 연구 등을 제안해 왔으나 그 후 한 번 더 방문하겠다는 것을 미루다 정년을 맞이하고 말았다.

스리랑카 나노 연구소도 방문하였다. 시설이 매우 현대적이었고 연구 인력도 제법 잘 갖추어진 상태였다. 스리랑카는 불교 국가로 국민성이 매우 온순하고 한국에 대한 인상도 좋다.

또 콜롬보 대학은 영국에서 공부한 교수들이 많아 유학 가기에도 절대 나쁘지 않다고 생각한다.

태국 쭐랄롱꼰 대학(Chulalongkorn University)

태국은 국토 면적 약 51,312,000㎢, 인구 약 69,300,000명, 국민 소득 7,570불(IMF, 2018년 기준)의 나라로 동남아에서 가장 안정된 국가이다. 농업이 경제를 이끌던 70년대에는 동남아에서 가장 잘사는 국가였으나 제조업, ICT 산업이 경제를 이끌게 됨에 따라 경제 성장이 뒤처지게 되었다.

태국 교육 제도는 〈표 5-4〉와 같다. 교육 분야에 따라서 교육부 산하의 관장 부서도 다르다. 고등교육(대학 교육)은 고등 위원회가 관장하는 것으로 나타나 있다. 대학은 공·사립을 모두 합해서 153개인데 한국에서 유학하러 간다면 공립인 자율 대학이나 대학에 가는 것이 공신력 면에서 좋다고 본다.

필자는 현지 대학을 보기 위해 쭐랄롱꼰 대학을 방문한 바 있다. 이 대학은 태국에서 가장 오래된 대학으로 1917년도 3월에 개교하였다.

표 5-4.[39]

태국 고등교육 현황
Education system of Thailand

자료 (Source) : APEC, 2015

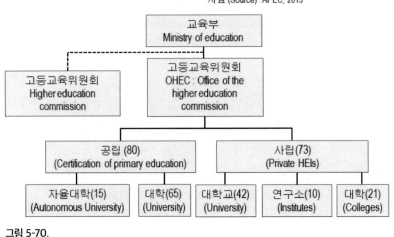

그림 5-70.

//////////////

39 2015년 APEC 태국 정부 발표 자료를 이용해 재구성.

그림 5-71.

본인의 국제 학술대회 기조 강연에 관한 포스터

필자는 2013년 2월경에 열린 국제 학술대회 기조 강연에 초청받아 강연을 마친 후 태국 대학의 운영 실태를 보고 싶어 미리 연락해둔 교수를 통해 이곳을 방문하였다. 이 대학은 방콕 시내에 있는데 학생 수는 약 4만 명, 교직원 수는 8천여 명으로 모든 학과가 있는 매머드 종합 대학이다.

교육 시스템은 잘 갖춰져 있었다. 필자가 방문했을 때는 마침 모든 학생, 지역의 주민들이 1년 동안 수확한 농산물과 학생들이 만든 작품을 모아 놓고 경진 대회 겸 축제를 벌이는 날이었다. 따라서 생산되는 농산물은 물론, 학생들의 작품도 볼 수 있었다. IT 분야의 학생들은 우리나라 학생들 못지않은 작품을 발표하고 있었다.

작품 경시대회를 보고 교수와 점심시간에 다양한 이야기를 나눴다. 해당 교수가 태국 학생 2명을 한국 대학에 한 달간 방문할 수 있는지 문의해 왔으나 성사되지 못했다. 대학에 문의했으나 여건이 성숙되지 않아 할 수 없는 상황이었다. 지금도 못내 아쉽고 안타깝다. 푸껫 대학은 1971년도에 설립된 대학인데 2014년도 2월경 푸껫에서 열린 국제 학술대회 초청을 받아 강연을 마친 후 방문하였다.

베트남 TDT 대학, 사이공 국립대학

베트남은 역사적으로 한국과 매우 긴밀한 관계를 맺어 왔다. 1226년 베트남의 왕족 이용상(李龍祥)은 고려 화산에 정착함으로써 화산 이씨의 시조가 되었다.

최근 들어서는 한국이 베트남전에 참전하였고 1992년 12월 22일에는 정식 수교를 하였다. 현재는 한국의 전략적 협력 국가 중 하나로 지정되어 긴밀하게 협력해 오고 있다.

한국은 세계에서 베트남에 가장 많이 투자하는 국가이다. 풍습도 불교 국가로 유교 전통이 많고 연장자를 존경하고 부모를 공양하는 습관이 한국과 매우 유사하다.

지금 한국은 부모를 공양하는 습관이 많이 사라졌으나 베트남은 지금도 그 습관을 그대로 간직하고 있고 특히 딸이 부모를 지극히 모시는 습관이 있다.

베트남의 국토 면적은 약 33,090,000㎢, 인구는 약 91,720,000명, 1인당

그림 5-72.

베트남 TDT 대학 본관 일부

국민 소득은 2,790불(IMF, 2018년 기준)이다. 아직 미약한 부분이 있으나 동남아에서는 다른 국가들이 부러워하고 앞으로도 무궁한 발전 가능성이 있어 젊은이들에게 적극적으로 진출할 것을 권장한다.

북쪽의 하노이가 수도이나 남쪽의 호찌민이 경제 규모와 인구 면에서 훨씬 크고 잠재력이 있다.

베트남의 교육 제도는 [그림 5-73]에서 보이는 바와 같이 다른 나라들과 유사하다.

베트남에는 187개의 공립형 대학과 28개의 사립 대학이 있다. 약 87%의

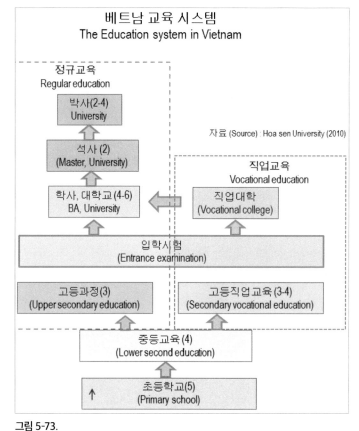

그림 5-73.

베트남 교육 제도(여러 자료를 참고하여 필자가 직접 재구성한 자료).

학생들이 공립대학에 다니고 13%가 사립에 등록되어 있다. 외국에서 세운 외국 대학은 0.5%로 미미하다.[40]

대학 진학률도 저조하여 2015년도에 발표된 학술 자료에는 "1,537,252명이 대학 진학 시험을 보아 1,120,209명이 통과(73%)하였다."고 나와 있다. 대학생 수는 대략 2백 4십만 명 정도로 진학률은 23% 내외인 것으로 파악된다. 따라서 교육 시장의 전망은 매우 밝다.

베트남으로 유학을 하러 가는 경우는 국공립 학교를 생각하여야 하는데 그 수준과 시설이 천차만별이어서 잘 살펴보고 결정하여야 한다. 한국에서처럼 종합 대학이 무조건 더 우수하다고 볼 수 없다.

필자가 방문한 대학은 호찌민시에 있는 TDT 국립대학이다. 이 대학은 1997년도에 설립된 신설 대학으로 베트남에서 가장 현대식 건물과 시설을 갖추고 있다.

베트남에는 국립대, 사립대 외에도 자율 대학(Autonomous University)이라는 것이 있는데 모든 권한이 총장에게 있어 예산 집행, 교수 초빙, 학과 시설 및 폐지 등을 자율적으로 할 수 있다.

따라서 의사 결정이 매우 신속하고 투명하다. 필자가 경험한 것은 학과를 신설하는 경우였는데 약 1시간 정도의 회의를 거쳐 즉석에서 바로 결정되는 상황을 본 바 있다.

한국 대학들로서는 상상할 수 없는 일이다.

필자가 방문한 시기는 2014년 6월 17일부터 7월 4일까지로 약 17일간 머물면서 전반적인 사항을 살펴보았다.

그 후 이 대학에서 일하면 좋겠다는 생각이 들어 필자의 의견을 대학 측에 전달하였다. 총장은 한국 전문가 센터(Korea expert center)를 개설하고 센터장 겸 교수로 필자를 임용하여 이 대학에서 2015년 12월부터 지금까지 한국과 베트남 간의 가교 역할과 강의를 해 오고 있다.

이 대학은 학생 수가 2만 5천 명 정도인데 놀라운 것은 17년 동안 학교

---

40 출처: 2014년 유네스코 자료.

그림 5-74.

체육관과 기숙사 일부. 체육과 운동장은 국제적인 규모로 국제 축구연맹으로부터 공인 인증을 받은 구장이다. 원거리에 사는 학생들은 기숙사에서 생활한다.

그림 5-75.

TDT 대학에서 세미나를 마치고 찍은 사진

시설을 완벽하게 갖추었다는 점이다. 수영 시설, 기숙사, 운동장, 체육관 등을 모두 갖추었다. 전공은 한국의 종합 대학과 같이 모두 있고 연구 기능을 하는 연구소도 43개 정도 된다. 베트남 내 다섯 군데에 캠퍼스를 갖고 있는데 한국 사람들이 여행을 많이 가는 다낭에도 아름다운 캠퍼스가 있다. 우수한 학생들, 혈기 넘치는 교수진, 젊은 연구진들이 대부분이어서 앞으로의 장래가 매우 밝다.

교수진은 약 600명이다. 대부분 외국에서 석사를 마쳤거나 외국에서 학부를 마친 베트남인들로 매우 우수한 인재들이라고 할 수 있다. 학부생들은 학사를 마치고 인근 싱가포르, 타이완, 중국 등으로 유학을 많이 하러 간다. 이들 국가의 대학들에서 초빙을 많이 하기 때문이다.

대학 인근에는 한국인 거리가 있는데 방문하면 서울 강남에 온 것 같은 착각을 일으킨다.

베트남은 아시아경제연합(AEC) 국가 중에서 싱가포르, 말레이시아, 태국과 함께 선두 그룹에 속해 있다. 동남아시아의 무궁한 시장을 개척하고 고급 인력을 저렴하게 활용하기 위해서는 베트남이 가장 효과적이라 생각한다.

몽골 과학기술대학, 후레 대학, GMIT

몽골은 인구 300만 명이 채 안 되는 작은 나라이나 국토 면적은 남북한 면적의 7.1배인 약 156,410,000㎢에 달한다.

2014년도 국민 소득은 약 3천 7백 불 정도로 사회 기반 시설은 한국의 80년대 초반 정도 수준쯤으로 보면 된다.

한국이 88 올림픽을 개최할 때의 국민 소득이 약 3천 8백 불 정도였으니 몽골의 국민 소득을 대략 짐작할 수 있다. 몽골은 약 83%가 석탄, 기타 광산물로 경제가 이루어진 나라로 한국이 제조업을 일으켜 경제를 성장시킨 것과는 완전히 다르다. 따라서 같은 국민 소득이라도 동일 선상에서 평가하기는 어렵다고 본다.

몽골 과학기술대학(Mongolian University of Science and Technology)은 1950년에 설립된 국립대학으로 약 2만 5천 명의 학생들이 수학하고 있다. 필자는 2015년 6월부터 후레 대학에 있는 동안 여러 번 몽골 과학기술대학에 방문하여 세미나를 진행한 바 있다. 교수진들은 러시아 시대에 학위를 받

그림 5 -76

몽골 과학기술대학 세미나 중에 찍은 사진

은 사람들도 있어 훌륭한 교수진도 있다. 한국에서 박사 학위를 딴 교수들
도 많다.

GMIT는 독일 정부의 지원 아래 설립된 대학으로 독일 사람들에 의해 운
영된다. 약 4년 정도 된 대학으로 학과도 몇 개 없다. 필자는 GMIT 총장과

그림 5-77.

독일 정부와 공동으로 세운 GMIT를 방문하고 안내한 교수와 함께 찍은 사진

만나 다양한 이야기를 나누었다. 몽골과 학문적으로 협력 관계를 구축하는 것은 시기상조라는 생각이 들었다.

몽골 후레 대학은 2014년 11월과 12월에 약 1주일 간격으로 자비를 이용하여 방문하였다. 첫 번째 방문은 한밭대에서 같이 근무했던 교수가 이곳으로 와서 근무하는데 포럼에서 강연을 부탁하기에 몽골이라는 나라도 알아볼 겸 해서 방문하였다.

두 번째는 홍콩 과학기술대학 방문 일정을 축소하여 일정과 경비를 무리해서 학생들을 대상으로 한 포럼 약속을 지키기 위해서 방문하였다.

두 번째 방문에서 이 대학의 총장은 대학 부지를 소개해 주기도 하고 필자와 다양한 이야기를 나누면서 정년 후에 같이 일하자는 제안을 하여왔다. 나 역시 정년 후의 진로를 곰곰이 생각하던 차였고 다른 많은 대학에서도 제의가 왔으나 가능하면 무에서 유를 만들어가는 것이 더 의미 있고 성취욕도 있을 것으로 생각하여 이곳에서 근무하기로 결정하였다. 이후 후레 대학 대학원장 직함을 가지고 2015년 4월 15일경에 일단 관광비자로 몽골에 들어갔다.

5월 말까지 한 달 반 동안 이곳에서 있었던 경험은 값진 것이었다. 말로만 듣던 몽골과 후레 대학의 정체성을 파악할 수 있는 좋은 기회였다.

후레 대학은 2002년도에 한국 교회의 후원으로 세워진 그리스도 대학이다. 그런데 경영에 어려움을 겪자 초기 설립자가 2012년경에 현재의 운영자에게 대학을 인도하였다. 학생은 약 1천여 명가량이나 실제는 이보다 더 적어 경영난에 허덕인다. 한국인 교수는 약 10명 내외, 몽골인 교수(강사 포함)는 약 10명 내외이다. 직원은 모두 몽골 사람들이고 한국어로 소통이 가능하다.

강의는 한국어로 진행하면 학생들이나 직원들이 통역해 주기 때문에 강의가 잘 안된다. 통역이 어떻게 통역하는지 알 수 없을 뿐만 아니라 강의 진도는 통역 시간 때문에 절반도 못 채운다.

또한, 학생들의 학력 수준이 매우 낮다. 수학, 물리에 대한 용어조차 이해를 못 하므로 이것부터 강의해야 한다.

교수들에 대한 처우도 열악하나 교육 환경은 더욱 열악하다. 대부분 대학교수를 처음 해 보는 사람들이다. 이 대학은 이런 어려움을 극복하기 위해 한국의 교회, 후원자 등으로부터 모금을 하는데 그 액수가 크지 않아 늘 재정난으로 고생한다.

더욱더 어려운 것은 대학에 대한 정체성과 가치관이 없이 운영되고 있다는 것이다. 이에 내가 몸담을 곳이 못 된다는 판단 아래 11월 중순까지 간신히 한 학기만 채우고 그만두었다.

몽골은 거리도 가깝고, 같은 종족이라는 선입견 때문에 종교를 전도하기 위해 간 한국인 크리스천이 많이 있다. 그러나 아직 몽골과의 학문적 유대 관계나 진학은 어렵다고 본다.

학문적 수준이 너무 차이나고 젊은 사람들에게 미래를 내다봐야 하는 비전이 없기 때문이다. 순간적인 우쭐한 생각으로 몽골로 나갔다가는 큰 실수를 하게 된다는 것을 명심하라고 조언해 주고 싶다. 시장도 작을 뿐만 아니라 인접 국가와 협력이 어렵기도 하고 동토의 땅이어서 뭘 하더라도 경비가 갑절로 들어간다.

여름 한 철 관광을 위해 들어갔다가 잠시 자연환경에 취해 결정하는 우를 범하지 말기를 바란다.

젊은이들은 미래의 꿈을 갖고 인생을 설계하여야 한다. 따라서 보고 듣고, 체험하는 모든 것이 공부이다. 잠시 여행하는 것과 사는 것은 매우 다르다.

이런 점에서 젊은이들은 여러 나라에 여행을 해 보고 자기가 걸어가야 할 인생의 행로를 결정하는 것이 필요하다.

뉴질랜드 오클랜드 대학(University of Auckland)

뉴질랜드는 필자가 굳이 소개하지 않아도 이미 많은 사람이 유학하러 가는 국가이다. 청정 선진국으로서 살기 좋고, 영어권으로서 유학 조건상의 매력을 많이 가진 나라이다.

이 책에서는 필자가 직접 방문한 대학만 소개한다.

뉴질랜드 오클랜드 대학은 1883년에 세워진 대학으로 필자의 기억에 각별히 남은 대학이다. 학술대회에서 최우수 논문을 수상하였기 때문이다. 논문 제출 당시 신경을 많이 쓴 점이 결과로 이어진 것이 아닐까 생각한다.

불행히도 논문 수상 장소에 필자는 없었다. 뉴질랜드 대학 시찰에 나섰기 때문이다.

평소와 같이 논문 발표를 마치고 대학을 방문하러 갔는데 다른 사람들이 내게 수상 사실을 알려 주었다.

KES는 인공지능 관련 국제 학술대회로 세계적으로 꽤 유명하다. 2004년 당시 참가 인원만 600여 명이었다. 지금은 더욱 커져서 수준이 안되면 참가하기도 힘들다.

그 후로 내 연구에도 자신감이 생겨 연구 활동을 더욱 활발히 하게 되었다. 학생은 3만 명이 넘는 대학으로 예술 인문 분야의 평가는 세계적이다.

그림 5-78.

뉴질랜드 호텔에서 필자가 발표하는 장면. 이 학술대회에서 3편의 논문 중 한 편이 최우수상을 받았다.

이 대학은 대학 평가 기관인 QS 2017 대학 순위 평가에서 25위를 기록했다. 서울대가 28위이니 그 명성을 짐작할 수 있다.

호주 국립대학(Australian National University)

호주는 살기 좋고 유학 인기도에서 상위권이다.

호주 국립대는 필자가 2006년도에 과학 축전을 참관하는 동안 방문하였다. 호주는 영연방 국가로 과학문화 활동이 매우 활발한 나라이다.

과학문화는 아직 일반인들은 생소하지만 매우 중요한 활동이다. 이 축전은 과학의 중요성을 일반 국민들에게 알려 우수한 두뇌를 가진 청소년들이 과학 분야로 지원하도록 한다든가 정부의 정책에 호응하도록 하는 등의 활동을 하는 것이다.

한국의 경우 1974년도에 과학진흥회라는 이름으로 당시 박정희 대통령의 특별 지시로 설립되었다. 연구소나 대학이 활성화되지 않았을 때의 이야기

그림 5-79.

호주 국립대학 현관에서 찍은 사진. 과학 축전에서 아인슈타인의 에너지 법칙을 나타내고 있다.

이다.

여기서 박정희 대통령의 미래 국가에 대한 비전이 얼마나 깊었는지를 알
수 있다.

필자는 2006년 8월 당시 한국 과학문화재단(현 한국 창의재단) 연구소장으
로 임명받아 2008년도까지 활동한 바 있다. 소장으로 임명된 지 얼마 안 되
어 호주의 과학 축전을 보러 간 것이다.

호주의 과학 축전은 우리나라의 과학 축전과 매우 다르다. 우리나라의 과
학 축전은 의식 행사로 외형에 치중을 두는 반면 호주는 강연이나 실질적
인 내실에 중점을 둔다. 우리처럼 거창한 개막식 행사가 없다.

호주 국립대는 자타가 인정하는 세계적인 명문대학이다. 매년 대학 평가
에서 20위권 안에 든다.

서울대나 카이스트가 50위권 안에 한두 번 든 경험이 있고 이후 계속 하
락하는 데 반해 이 대학은 거의 매년 20위 안에 든다.

QS 2018 대학 순위 평가에서는 20위에 올라와 있다. 어느 정도의 명문대
인지 곧 이해가 간다. 각종 장학금과 지원이 많다.

또 호주는 졸업 후 정착하는 것으로도 연결이 가능하여 유학을 하는 데
조금도 주저할 이유가 없다. 여기서는 대학에 대한 상세한 소개는 생략한
다. 이미 너무 잘 알려져 있기 때문이다.

피지 남태평양 대학(USP, University of the South Pacific)

피지의 국토 면적은 약 1,820,000㎢, 인구는 약 9십만 명이다. 남태평양
의 섬으로 구성된 국가로 1970년에 영국으로부터 독립하였다. 1인당 국민
소득은 1만 불 정도이다.

피지 남태평양 대학(USP)은 피지의 가장 큰 섬에 있는 대학으로 시설은
선진국의 어느 것과 비교해도 손색이 없을 정도로 완벽하다.

캠퍼스가 바닷가에 있어 경치가 좋은 데다 건물도 현대식으로 잘 지어져
있다. 특히 일본 정부가 지어준 일본 센터가 규모가 가장 크고 시설이 현대

그림 5-80. 일본 ICT 센터

이 건물 안에서 강연한 바 있다.

적이다.

이 대학교의 교수와 논문 내용을 메일로 주고받는 과정에서 여러 가지를 협의하기 위해 이곳에 한 번 방문해 주면 좋겠다는 요청을 받고 방문하게 되었다. 경치가 아름다워 일 년에 한 번씩 자연과학 관련 국제 학술대회가 열린다.

대학원생 중에는 한국을 다녀간 학생들도 더러 있다.

공식 언어가 영어이기 때문에 별도로 어학을 공부하지 않아도 된다는 장점이 있다. 60년대 한국에서는 공업이 없고 수출할 품목이 없어 바다에서 고기를 잡는 것이 큰 효자 산업이었다.

당시는 배도 없어 작은 선박을 가지고 고기를 잡았는데 이때 원양어선의 허브 역할을 한 곳이 피지이다.

지금도 원양어선과 밀접한 관계가 있어 교민들이 많이 살고 현지인들의 한국에 대한 인식도 좋다.

택시를 타도 영어로 소통이 가능하고 매우 친절하고 정직하다. 만국 공통인 택시 바가지요금이 이곳에는 없다. 기준에 따라 정직하게 요금을 받고 거리를 늘리기 위해 불필요한 운행을 하지 않을 만큼 택시기사들이 정직하다.

미얀마 양곤 과학기술대학(Yangon Technological University)

미얀마의 양곤 과학기술대학은 미얀마에서 가장 좋은 대학이자 오래된 대학이다. 1878년에 시작되었지만, 그 시설과 가르치는 방법은 공산화의 긴 역사와 내부 갈등으로 매우 낙후되어 있다.

필자는 2014년 7월에 미얀마 정부에서 개최하는 투자자 포럼에 초청받아 기조 강연을 한 후 짧은 시간을 내어 이곳에 방문하였다.

석사 과정, 박사 과정 이런 것들이 있을 리 없다. 총장은 공무원들이 자리를 지키기 위해 맡는 것으로 일정 시간이 지나면 다른 대학이나 중앙 부처로 간다.

당시 교수들의 개인 메일 주소가 없을 정도로 낙후되어 있어 연락하기도

그림 5-81.

미얀마 최고의 과학기술대학 총장실에서 찍은 사진

힘들었다. 2018년 1월에 시도해 본 검색에서도 자료가 거의 없을 정도로 부실했다. 대학 대표 전화만 하나 나와 있을 정도였다.

급히 총장과의 면담을 전화로 신청했는데 마침 총장이 직접 전화를 받아 시간 약속이 되었다.

포럼 초청 강연에서는 미래 기술 변화, 한국의 IT 기술 발전 전략, 현재의 기술 등을 소개한 후 질문을 받았다. 청중들이 우레와 같은 박수를 보내 주어 깊은 감동을 받았다.

미얀마는 국토 면적이 약 67,650,000㎡로 한반도의 3.07배가량 되는 나라다. 인구는 2014년을 기준 약 54,330,000명으로 국민 소득이 1천 3백 불이나 무궁한 발전 가능성이 있다.

미래를 보고 이들 대학에 가는 것은 일종의 투자로 볼 수 있으나 그보다는 좋은 대학에서 학위를 받고 이곳에서는 사업을 하는 편이 나을 것 같다는 생각이 든다.

미얀마는 해안에 석유 매장량이 많다는 것이 밝혀져 미국이나 유럽의 석유 다국적 기업 사람들이 많이 들어온다. 다만 미얀마의 생활 기반이 열악하여 주로 싱가포르에서 비행기로 출퇴근한다.

거리도 가깝고 다양한 정보 채널을 구축하기 위해서이다. 일부 공무원들은 부정부패로 거대한 부를 축적하여 부를 누린다. 많은 매장량의 석유로 환상에 젖어 있다.

포럼에서 만난 대부분의 사람은 서방의 석유나 다국적 기업 인사들로 미얀마의 장래 먹거리를 보고 오래전부터 지속해서 일을 추진해 오고 있었다. 해외 시장으로 진출하고자 하는 목적을 가진 중소기업 사람들에게 적극적으로 권하고 싶다.

타이완 동화 대학(National Dong Hwa University)

타이완은 한국과 수교했던 국가로 가깝고 많은 한국인이 여행을 가기 때문에 생소하지 않다.

그림 5-82.

학장과 함께 찍은 사진

　따라서 필자는 타이완의 대학 내용만 소개한다. 2004년 국제 학술대회 논문 발표차 이곳에 방문하였다. 그곳에서 이 대학의 학장을 만나 대학의 이모저모와 타이완의 인재 양성 전략에 관한 이야기를 들었다. 그곳에서 얻은 정보는 앞서 언급한 자료들이고 지금도 그 정책은 중국인들답게 변함없이 진행되고 있다.

　이 대학은 1994년도에 설립된 국립대학이다. 대학원생만 3천 8백여 명이고 교수진은 500여 명이다. 모든 학과에 박사 과정이 있는 종합 대학으로 연륜은 짧지만 강한 대학으로 성장한 경우다.

　대만은 특화를 학과 중심으로 한다는 점에서 다른 국가의 대학 육성과 차이가 있다. 즉, 대학별로 특화된 학과를 세계적인 학과로 육성한다는 전략이다.

　대만의 대학들은 동남아시아 개도국들의 학생들을 활발하게 유치한다.

석사까지 무료로 교육을 시키고 많은 혜택을 주어 많은 동남아 젊은이들이 대만으로 몰린다.

필자가 2016년 8월경에 베트남 TDT 대학에 있을 때의 일이다. 대만의 43개 대학이 체육관에 부스를 차려놓고 신입생 입학 설명회를 하고 있었다. 베트남의 대학들을 방문하면서 대학을 홍보하는 것인데 한국의 경우는 도시나 지역에서 지역 전체를 대상으로 한다. 효과가 없다. 홍보도 부족하고 개도국들은 현장까지 가는 데만 해도 교통편이 쉽지 않다.

이처럼 너무 거리감 있는 대학 홍보가 피부에 닿을 리 없다.

대만은 해당 대학에 직접 찾아가 맞춤형 홍보를 하는 점이 한국과 달랐다. 홍보 효과에서 큰 차이가 나는 것은 당연하다.

말레이시아 UNiMAP, UMP

필자는 말레이시아에서 두 곳의 대학을 방문하여 강연과 협력 문제를 협의하였다. 첫 번째는 UNiMAP(University of Malaysia, Perlis)으로 말레이시아 가장 북쪽, 태국 국경 지역 어촌에 있는 대학이다.

2010년에 본인이 한밭대학교 입학 관리 본부장으로 있을 때 이 대학의 학장(총장)이 서울 국제 학술대회에 참석차 왔다가 한밭대를 방문하였다.

이야기 과정에서 기회가 되면 한번 방문하겠다는 뜻을 비쳤다. 대학은 2001년에 신설된 대학으로 공대 중심이고 조용한 어촌에 시설은 제법 현대식으로 잘 갖춰져 있었다. 필자는 이곳에서 감성 로봇에 대한 것을 발표하고 연구실도 방문하였다. 대학원생들이 밤새워 연구하고 공부하는 모습이 부러웠다.

다른 또 한 곳의 대학은 UMP(University of Malaysia, Pahang)이다. 이 대학도 2001년도에 신설된 대학이다.

파항(Pahang)은 아름다운 휴양 도시다. 골프장과 콘도 및 호텔이 해안에 있어 한국 관광객들이 많이 찾는 곳이다.

그림 5-83.

UMP 캠퍼스 답사 도중에 찍은 사진. 가운데 사람이 말레이시아 대학교수, 오른쪽은 독일 대학교수다. 필자는 이 대학의 협력 교수로 활동한 바 있다.

이곳에서 국제 학술대회가 열렸는데 본인이 기조 강연을 하였다.

학술대회의 책임자는 영국 케임브리지 대학의 교수였다. 그는 필자에게 공동 연구를 제안했다. 내 이름으로 연구 계획서를 제출하자는 내용이었다.

신설된 대학이지만 경관이 아름다운 곳에 모든 시설은 완벽하리만큼 잘 갖춰져 있었다. 초청한 교수도 영국에서 공부하여 완벽하게 영어를 구사하고 국제적인 감각도 가지고 있었다.

두바이 대학촌의 대학들

필자는 '제3부-각국의 교육 정책'에서 두바이의 교육 현황을 잠시 소개한 바 있다.

그만큼 오래전부터 두바이의 교육을 살펴보았다. 직접 방문할 기회를 얻고 싶었는데 마침 2017년 12월 4일부터 두바이에서 열리는 국제 학술대회

그림 5-84.

인도의 IMT 경영대학원 건물 앞에서

에서 기조 강연을 해 달라는 초청장이 왔다.

호텔과 왕복 항공료를 지원할 테니 두바이로 와달라는 연락이었다. 이 기회를 이용해 일정을 더 늘려 두바이에 있는 여러 대학을 둘러보았다.

두바이 대학촌은 앞서 언급한 바와 같이 국제적으로 이름난 유명 대학들이 많이 들어와 캠퍼스를 구축하였다.

대학 특성에 따라 규모와 건물이 각기 다르다.

대학촌이 있는 곳은 사막이다. 사막 한가운데에 대학 건물을 만들고, 도로를 놓고, 나무를 심고, 사람들이 생활할 수 있는 아파트, 관공서 등을 건설한 것이다.

사람들이 모이는 곳에는 음식점, 커피숍이 있기 마련이다.

이런 곳이 생기면 또 다른 사람들이 더 모인다. 삶의 선순환 생태계가 형성되는 것이다.

필자가 이곳에 방문했을 당시에도 인부들이 도로변의 나무에 물을 주고 있었다.

대학 캠퍼스에는 가느다란 플라스틱 수도관을 나무마다 매설하여 자동으로 물을 줄 수 있는 시스템이 갖춰져 있었다.

그림 5-85.

인도 뉴델리에 있는 인도의 AMITY 대학 두바이 분교 건물. 필자는 이곳에서 강의한 적이 있다.

    이처럼 두바이의 대학들은 자연환경을 기술로 극복하여 이곳을 최고의 지성촌으로 만들어 가고 있었다. 대학들의 운영 방식은 본교와 같이 운영된다. 대학 안의 구내식당도 매우 저렴하여 학생들과 같이 식사하면서 많은 이야기를 주고받았다.

    도서관, 강당 등의 시설은 나무랄 데 없었다. 두바이에서는 최근 크고 작은 국제 학술대회가 많이 열린다. 교통, 물가, 편리성, 관광 등에서 유리하기 때문이다.

방문 예정인
대학들

지금까지는 필자가 방문했던 대학들만 예로 들었으나, 필자는 앞으로도 많은 대학을 방문할 예정이다.

2019년 3월에는 핀란드 헬싱키에 있는 알토 대학과 오울루 대학, 또 3월에는 동경 대학, 5월에는 교토 대학, 9월에는 다시 인도네시아 대학 등을 방문할 예정이다.

이외에도 더 많은 대학을 방문하기로 약속되어 있다.

혹자는 어떻게 그렇게 돈이 나는지 팔자 좋다고 말하겠지만 필자가 방문

그림 5-86.

보잘것없었던 어촌을 세계적인 지식촌, 관광명소, 금융 허브로 변모시킨 국가 경영 철학의 대표적 사례. 지금도 끊임없이 건축이 이루어진다. 이 안에 있는 쇼핑몰 안에는 폭포가 있어 세계에서 많은 사람이 쇼핑을 즐기기 위해 모여든다. 국가 경영을 책임진 사람들과 지자체장들은 무엇을 해야 하는지를 이 사례를 통해 배우라고 권하고 싶다.

하는 모든 대학은 초청자 측에서 강연해 달라는 요청을 해 주어서 방문하는 대학들이다.

절대로 호화 관광이나 여유를 즐기면서 방문하는 것이 아니다.

필자도 그동안 이룩한 내용을 젊은 사람들에게 이야기해 주면 좋겠다는 생각에서 적극적으로 이런 기회에 참여한다.

물론 그 과정에서 많은 자료를 정리하고 강연 내용에 맞게 이를 재구성해야 하므로 많은 노력과 공부를 해야 한다.

제6부

노벨상 수상자!
한국에서는 절대
나올 수 없다

- 대학은 어떻게 선택해야 할까?
- 어떤 전공을 선택해야 내 미래가 밝을까?
- 나도 노벨상을 탈 수 있을까?

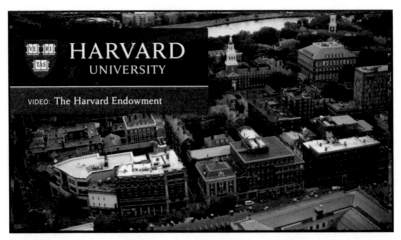

그림 6-1.

2018년까지 공식적으로 가장 많은 노벨상 수상자(158명)를 배출한 하버드 대학의 건물 일부[40]

41 출처: 하버드 대학 홈페이지.

삶이란 희로애락의 연속이다.

인간은 살아 있는 한 삶에 대한 애착, 권력과 돈에 대한 욕심, 미래에 대한 걱정을 끊임없이 할 수밖에 없다.

인간은 생각하는 지적 동물이기 때문이다.

인간의 욕망은 인류의 문명을 발달시켰으나 지배와 피지배라는 양지와 음지의 그늘을 만들기도 하였다.

어쩌면 인류 역사는 지배자와 피지배자 간의 연소적인 드라마였는지도 모른다.

인간은 지금도 쉴 새 없이 이웃 나라와 민족 간의 갈등, 다른 사람들과의 관계를 고민하면서 살아야만 한다.

물론 그런 과정에서 내가 피지배자가 되고, 이웃과의 관계에서 내가 열등하기를 원하는 사람은 아무도 없다.

모두 내가 지배자가 되고 상대방과의 관계에서 우월하여 대접받기를 원한다.

국내에서는 권력과 부의 정도에 따라 존경과 멸시를 당한다. 따라서 많은 사람이 권력과 부에 접근하려고 부단히 노력하면서 살아가고 있다. 그 과정에서 무리수를 두어 추락하거나 영원히 권력으로부터 소외되기도 한다.

국가 간의 국제 관계에서도 이러한 현상이 있는데, 이때는 내가 아무리 잘나고 똑똑해도 결국 국가의 브랜드로 판가름 난다.

국가가 부강해야 하는 절대적인 이유다.

한국에서 아무리 명문대학을 나온다 해도 그것은 국내용 홍보 자료일 뿐이다.

아프리카나 동남아 저개발 국가들의 사람들이 그 나라에서는 잘나간다고 할지라도 우리가 대개 그들을 안타깝게 여기는 것과 같다.

우리 또한 선진국에 가면 옛날보다는 훨씬 나아졌지만, 멸시를 받는 부분이 아직도 종종 있다. 1960~70년대에는 한국에서 가장 좋은 대학을 나온 인재들이 가장 위험한 일을 하는 서독의 광부로 파견되었다.

1987년에 이뤄진 미국과의 비자 협정 이전에는 미국 비자를 얻기 위해 대사관 앞에서 추운 겨울에도 모포를 싸매고 줄을 섰다. 1987년 이후에 태어난 젊은이들이 이것을 이해할 수 있을까?

당시에는 미국 불법 체류자 중 한국 사람이 가장 많았고 대부분 남미에 이민하러 많이 갔다.

그러나 지금은 한국의 여권을 가지고 있다면 세계의 어느 나라든지 맘만 먹으면 갈 수 있는 환경이 되었다.

여권 파워 1위 국가가 한국이다. 미국과 일본인들보다도 한국인들이 우리의 여권을 가지고 더 많은 나라를 자유롭게 여행할 수 있는 시대가 되었다. 한국의 인지도, 위상이 좋아졌기 때문이다.

더 정확히 말하면 국력이 그만큼 커졌기 때문이다.

무비자 방문을 허락해도 괜찮으니 강대국인 미국이 한국과 무비자 협정을 맺은 것이다. 그렇게 해도 한국 사람이 미국에 불법 체류하려고 한다는 소리를 듣기 어렵다. 미국이 살 만하니 가서 살라고 해도 내 나라로 돌아온다.

에스토니아, 아일랜드도 같은 사례이다.

이것이 바로 잘살고 봐야 하는 이유다.

그런데 잘살려면 국가의 역량을 한 곳에 집중해야 하는데, 한국에서 그 길은 교육을 통한 인재 양성밖에 없다.

자원도, 땅덩어리도 내세울 것이 없기 때문이다.

그러기 위해서는 미래에 대한 혜안과 준비가 필요하다.

현재가 조용하다고 해서 미래도 보장되는 것은 아니다.

미래를 내다보지 못한 전형적인 사례는 조선 말에 나라를 이끌었던 인물들이다.

1907년에 찍은 해산되기 직전의 국왕 시위대의 모습이 2004년 8월 13일자『동아일보』에 실린 적이 있다.

"국왕의 호위를 위해 궁궐에 남아있던 약 2,000명이 일본에 의해 강제로 해산되는 현상은 힘없는 국왕의 비참함을 잘 나타내 준다."

◎ 을사늑약 주요 내용

제1조: 일본은 한국의 외교 관계를 감리·지휘한다.

제2조: 한국은 일본을 통하지 않고는 조약을 맺지 않는다.

제3조: 한국 황제 아래 일본이 임명하는 통감(統監)을 둔다.

제5조: 일본은 한국 황실의 안녕과 존엄 유지를 보증한다.[42]

나라를 관리해야 할 막중한 책임을 졌던 사람들이 무슨 생각으로 이 조약을 맺었을까?

국민들과 국가를 생각했을까?

그들은 어떻게 조선을 이끌고, 서구식 첨단 문물을 받아들여서 조선에 맞도록 활용하고 이에 적절한 인재를 육성할지, 과연 단 한 번이라도 생각해 보았을까?

권력자들은 왕실은 어떻게 유지하고, 왕자는 어떻게 보호하고, 대신 자리는 어떻게 지탱할지에 관한 고민만 했을 것이다.

///////////////

42 출처:『조선일보』, 2004. 10. 20. 송우혜.

역사는 돌아간다.

현재도 한반도를 둘러싼 각축전은 지속되고 있다.

구한말의 정세는 21세기를 살아가는 오늘날의 우리 모습과 비슷하다.

더구나 21세기는 상황이 급격히 변하는 첨단기술 시대이다.

기술의 변화는 3개월 단위로 비교 지표가 엇갈릴 만큼 치열하게 이루어진다.

첨단기술을 개발하고 운용하는 인재 양성과 유치 또한 첨단기술 개발 못지않게 치열하다.

외국의 투자자들은 고급 인재가 속한 회사를 몇 배의 돈을 더 주고서 송두리째 산다.

더욱 유의해야 할 점은 우리끼리만 단합한다고 해서 잘되는 것이 아니라는 점이다.

국경이 무의미해지는 21세기 시대에는 주위가 너무 빨리 변하고 발전하기 때문이다.

고급 인재들이 국적을 초월하여 스카우트되기도 하고 이동할 수도 있는 세상이다.

그래서 국가에는 국가의 비전과 희망이 있어야 한다.

비전과 방향을 제시하지 못했던 허약한 지도자가 얼마나 큰 고통을 국민들에게 주고 국가를 위태롭게 했는지 우리의 역사는 잘 말해 주고 있다.

내 인생도, 대학 선택도, 전공도 나의 국가가 발전하고 위상이 높아져야만 대접받을 수 있고 의미가 있다는 것을 조금은 깨달아야 한다.

대학 선정도 내 인생을 보람 있게 하면서 국가와 사회, 그리고 더 나아가서는 인류를 위해 공헌할 방법을 찾아 결정한다면 더더욱 성공하고 보람된 인생을 만들 수 있을 것이다.

21세기는 개성과 지식산업의 시대다!
차별화된 대학에서 전공을 선택하여
미래를 설계해야 한다

21세기 지식산업 시대에는 새로운 지식을 잘 창출하는 사람이 부와 권력을 창출할 수 있다.

이미 단순 작업은 로봇이나 자동화 시스템이 알아서 대신하고 있다.

새로운 지식은 어떻게 창출해야 하는가! 이는 다양한 영역에서의 교육과 경험 그리고 실패를 바탕으로 이루어진다.

즉, 대학 교육이 중요하다는 이야기이다.

남이 하니까, 혹은 다른 대학이 이런 내용으로 강의하고 교육 과정을 이렇게 구성해서 인기가 있으니 '나도 이런 대학에서 다른 사람들의 이야기를 듣고 이런 전공을 선택하면 잘되지 않을까?'라는 마음으로는 내 인생을 참되게 설계할 수 없다.

경쟁만 치열해지고 다른 사람들과 끊임없이 비교해야 하니 행복은커녕 스트레스만 받게 될 것이다.

다른 대학, 다른 학과가 하지 않는 독특한 방법으로 특화된 인재만을 육성하는 대학에 진학하고 전공을 선택해야 한다.

이런 대학을 졸업한 인재는 사회나 기업이 적극적으로 유치하여 사회에 공헌할 기회를 많이 얻을 수 있지만, 그렇지 못한 사람들은 자기의 진로를 선택하기가 어려워진다.

다른 사람들과 같은 분야에 있으니 경쟁이 치열할 수밖에 없다.

2017년경 어느 일간지에 일본 로스쿨에 대한 기사가 크게 보도되었다.

일본은 한국처럼 사법고시를 통해 인재를 발탁해 왔는데 그 부작용이 커서 2004년에 로스쿨 제도를 도입하였다.

첫해의 입학 경쟁률은 13:1이 넘었다. 그러나 2018년도에는 입학생이 없어 상당수 로스쿨이 문을 닫을 예정이고 그나마 입학생들도 동경 대학, 교토 대학 등 몇 곳의 명문대에만 몰린다는 기사였다.

이는 시대에 따라 직업이 크게 변하고 있고 미래를 잘못 보고 선택할 경우에는 돌이킬 수 없는 상황이 된다는 것을 의미한다.

한국도 이미 이런 상황이 되고 있다.

내 소중한 인생이 미래를 보지 못하고 남에 의해 결정되는 것처럼 불행한 것은 없다.

한국에서 허세와 이름을 내세우기 위해 대학과 전공을 선택하기보다는, 내 실력에 맞는 해외의 특화된 대학에서 공부하는 편이 국경이 없는 글로벌 세상에서는 훨씬 더 경쟁력이 있다.

필자가 앞서 제5부에서 소개한 수많은 외국 대학은 한국의 대학들보다 몇 배 더 가치 있고 미래의 직업 선택에 있어서도 유리한 기회를 제공해 줄 수 있다.

또한, 앞으로는 MOOC(Massive Open Online Course), 코세라 등과 같이 교육 방식도 사이버 대학, 원격 대학, 모바일 등으로 강의를 듣고 학점을 얻는 방식이 더더욱 증가하게 된다.

MOOC는 구텐베르크가 금속 활자를 발명하여 인류 문명에 새 전기를 마련한 것 못지않게 혁신적인 발명이라고 외국의 교육계가 평가하고 있다는 것을 알아야 한다.

금속 활자가 대량 지식 전달 혁명이었다면 MOOC는 교육에 있어서 그만큼 혁명적이라는 의미다.

아직까지 한국 대학들이나 정부는 이러한 것들이 얼마나 파괴력이 큰지 깨닫지 못하고 기존의 방법에만 매달리고 있을 뿐이다.

스티브 잡스가 스마트폰을 개발했을 때 노키아의 경영진들이 그것을 장난감이라고 비아냥거리면서 그 흐름을 무시했던 것처럼, 대학 교육, 고등 교육에 있어서 이미 도래한 혁명을 잘못 판단하고 있는 것이다.

미래에 젊은이들이 얼마나 중요한 역할을 할지 깨닫고 명문대학들의 강의를 온라인으로 듣는 방법도 적극적으로 생각해 보아야 한다.

물론 이들 강의도 일부 교육 시간은 오프라인(캠퍼스)에서 이수할 것을 필수로 요구하므로 한국에서 적당히 학점만 따서 공부하는 것보다 졸업 후의 진로 결정과 글로벌한 인맥 구축에 있어 오히려 외국 대학이 더 유리하고 나만의 인생 설계에 보탬이 될 수 있다.

혁신적인 것, 도전적인 것을 시도하기를 싫어하는 한국 사람들이라 지금 단계는 다른 대학들의 눈치만 보는 형태임을 알아야 한다.

모든 것은 남보다 미리 앞서서 할 때 가치가 있어 더 유리하다는 사실을 우리는 다 안다. 다만 실제로 실천할 때 주저할 뿐이다.

사람은 사회적인 동물이다.

따라서 다른 사람들과 만나서 이야기하고, 먹고, 즐기는 것을 좋아한다.

대학 교육은 이들을 구성하는 가장 기본적인 방법이다.

따라서 대학은 단순히 학점만 따서 졸업하는 곳이라는 개념으로 선택하게 되면 보람된 인생을 설계하는 데 있어 실패할 수밖에 없다.

대학의 간판은 죽을 때까지 본인이 가지고 가야 할 중요한 명판이다.

젊었을 때 단기적인 안목에서 선택하면 잘못된 것을 되돌릴 수 없다. 시간을 되돌려서 다시 젊어질 수 없듯 대학도 마찬가지이다.

1975년에 마이크로 소프트를 창업하여 부와 명예를 얻고, 사회적으로 좋은 일을 많이 하는 빌 게이츠는 하버드 대학을 졸업하지는 않았으나 하버드 대학에 입학했다가 중퇴한 사람이다.

2017년도 하버드 대학 졸업식에서 축사를 한 페이스북의 CEO인 마크 저커버그 역시 하버드 대학을 중퇴한 사람이다.

이런 것들을 모르고 보는 한국 사람들은 이들을 보면서 자칫 대학을 가지 않아도 성공할 수 있다고 판단할 수도 있다.

이들은 미국 사람으로서 미국에서 사업을 시작했다. 미국 사회는 간판과 허세보다는 실력으로 평가하는 사회이다.

그러나 미국 사회도 국가와 사회의 지도층 인사는 최고의 명문대 출신들이라는 것을 알아야 한다.

한국의 사회 구조, 한국인들의 사람 평가 기준은 미국과 너무 다르다.

이민 가서 그 나라 국민으로서 살지 않고 한국인으로서 살기를 원하는 사람들이 대학 선택과 전공 선택에 더욱 신중해야 하는 이유다.

스마트폰, 구글, 아마존, 페이스북 등과 같이 봇물 터지듯 밀려오는 교육의 메가 트랜드를 모른 채로 한국 대학들은 관망만 하고 있다.

제5부에서 소개한 대학 중 후진국의 대학들은 한국인의 눈으로 보면 하잘것없을 수도 있다.

그러나 글로벌한 세상에서 살아야 할 지금의 젊은이들은 기술과 세상이 얼마나 빠르게 변하고 있고 전 세계적으로 움직이는지를 알아야 한다.

한국에서 지방의 작은 대학 간판을 갖고 취업하기 위해 이곳저곳에 이력서를 들고 다니는 것보다는 후진국의 대학을 졸업하면 그 나라의 인재로, 전문가로, 그 나라의 인맥을 활용한 수출 전략가로 뿌듯하게 활동할 수 있다.

그 나라에서 대학을 졸업하면 자연스럽게 그 나라의 고급 인력에 관한 인맥이 구축된다. 지금 후진국이라 해서 영원히 후진국은 아니다.

한국이 한때 가장 못살던 나라에서 현재의 나라가 되었듯이, 아시아에서 가장 잘살던 필리핀이 현재는 국민 소득이 2천 불을 조금 넘는 개도국으로 전락하였듯이, 역사는 반복된다.

현재의 대학 친구들이 나중에 그 나라 정부의 중요한 요직이나 기업의 CEO 자리에 오를 수도 있다.

그렇게 되면 본인 역시 덩달아 한국에 필요한 중요한 인재로 성장할 수도 있다.

나도 노벨상 수상자가 되겠다는
원대한 꿈을 갖고 대학을 선택하라!

교육은 근본적으로 사람을 다루는 영역이다. 사람을 다루기 때문에 개혁 또는 혁명적인 방법을 도입하기가 어렵다.

다만 변화를 주되, 얼마나 크게 또는 적절히 주느냐에 따라 혁신, 혁명 등의 단어를 사용할 수 있고 성공과 실패를 판단할 수 있다.

대학의 경우에는 더더욱 어렵다. 대학이란 그 나라에서 가장 우수한 두뇌 집단, 가장 지적인 집단으로 볼 수 있다.

따라서 혁신적인 방법을 동원하기가 더 어렵다.

자율권이 보장되는 최근의 대학 사회에서 성공과 실패는 대학을 운영하는 책임자의 리더십에 절대적으로 영향을 받는다.

미국의 대학들이 매년 평가에서 상위 그룹에 속하는 것은 해당 대학 총장의 리더십 덕분이다. 총장이 장기 집권하면서 다양한 방법으로 대학 발전을 위해 봉사하고 조직원들은 전적으로 그에게 신뢰를 보내기 때문에 가능한 일이다.

그러나 선거에 의해 선출되거나 3~4년 정도의 단기적인 운영 방법으로는 비전 있는 대학 정책을 수립 및 실천하기가 어렵다.

제품을 생산하는 것은 밤을 새워 설계를 변경하여 만들면 시간이 단축되고 개선된 물건이 나올 수 있다.

그러나 대학은 학생들이 졸업하여 사회적으로 활동하는 결과와 대학의 연구 결과에 의해 평가가 결정되기 때문에 단기간에 결과를 기대하기 어렵다.

학생들이 졸업하는 데는 최소한 4년이 걸린다.

연구 결과도 오랜 시간 동안 기다려야 한다.

결국 총장의 임기가 짧은 단기적인 운영 방법으로는 총장이 바뀔 때마다 정책이 오락가락하여 실현이 불가능하다는 이야기이다.

선진국들은 우수한 교수를 초빙하기 위해 애를 쓰고, 훌륭한 교수를 양성하기 위해 지원을 아끼지 않는다.

또한 교수들에게 자율권을 준다. 자유로운 분위기에서만 창조적인 아이디어와 세계적인 연구 결과를 생산할 수 있고, 이를 바탕으로 학생들에게 좋은 강의를 제공할 수 있으며, 좋은 인재를 모으는 원동력이 되기 때문이다.

후진국의 대학이나 이런 개념 없이 대학을 운영하는 책임자는 단기적인 가시 효과나 돈에만 집착하기 때문에 세계적인 대학의 양성이 불가능하다. 그리고 그런 대학만 많은 나라는 결국 후진국으로 계속 남을 수밖에 없다.

인도에는 642개의 대학(University), 34,908개의 칼리지(College), 11,356개의 자율 교육 기관(Institute)이 있다. 총 46,908개의 대학 형태의 고등 교육 기관이 있는 것이다.[43] 인도의 인구는 약 1,267,401,000명이다.[44]

약 5만 개의 고등 교육 기관, 약 13억 명의 인구 등을 감안하면 인도에서 제일 많이 노벨상 수상자를 배출해야 했으나 실제로는 그렇지 않다. 〈표 6-1〉을 보면 인도의 노벨상 수상자들은 대부분 인도에서 공부한 것이 아니고 외국에 거주하면서 공부를 한 인물들이다.

인도에는 독자적인 고등 교육 기관(Institute)이 많은데, 필자는 이들 기관을 실제로 직접 돌아보면서 그 실태를 파악한 바 있다. 넓은 캠퍼스, 훌륭한 건물, 많은 학생 등 외형은 매우 잘 갖춰져 있다.

---

43 출처: http://aishe.gov.in

44 출처: www.worldmeters.infor/world-population/india(2014년 7월)

표 6-1. 인도의 노벨상 수상자 명단

수상자 명단	분야	년도	출생지
Kailash Satyarthi	평화상	2014	
Venkatraman Ramakrishnan	화학	2009	
Amartya Sen	경제학	1998	인도
Tenzin Gyatso	평화상	1989	중국
Subrahmanyan Chandrasekhan	물리학	1983	파키스탄
Mother Teresa	평화상	1979	마케도니아
Hargobind Khorana	생리학	1968	인도
C.V. Raman	물리학	1930	
Rabindranath Tagore	문학	1913	

그러나 대형 건물이 그렇게 많음에도 불구하고 교수 연구실을 보면 한국의 교수 연구실만 한 크기에 판자로 칸막이를 설치하여 두셋의 인원이 나눠서 사용한다.

또한, 교수들의 컴퓨터는 아직도 그 옛날의 CRT식 컴퓨터이다(필자는 2014년에 인도 대학들을 방문하면서 그 실태를 보았다).

건물을 잘 지을 돈은 있지만, 교수들의 컴퓨터를 교체하여 연구 환경을 만들어 주고 세계적인 연구 결과를 생산하는 데는 인색하다.

교수들은 자율권이 없어 언제나 설립자의 눈치를 보는 모습이 역력했다.

교수에게 자율권이 없으니 기계적으로 가르치는 일에서만 허우적거린다. 물론 많은 학생을 적은 수의 교수가 가르치는 일에만 종사하니 대학 수입은 많이 늘어난다.

그러나 노벨상 수상자급 연구 업적이나 사회 지도자를 육성하는 데는 한계가 있기 마련이다. 모든 대학이 다 그런 것은 아니지만 한국의 대학들이 갖는 맹점도 여기에 있다.

필자가 젊은이들에게 적극적으로 유학을 권하는 가장 큰 이유다.

미국 대학의 교수들은 적당히 안주할 수 없다. 대학이 끝없는 연구와 강의, 새로운 학문에 대한 열정으로 열심히 하는 교수들만 살아남도록 대학을 운영하기 때문이다.

자유롭게 학문이나 창의력을 발휘할 수 있도록 지원은 충분히 하되, 큰 업적을 남긴 교수에게는 그만한 자긍심을 갖도록 하고 보상해 준다.

그래서 미국에는 좋은 대학과 훌륭한 교수가 많고 노벨상 수상자가 많은 것이다. 조교수급에서 부교수로 올라가는 경우에는 형식만이 아니라 철저한 검증을 거친 교수만을 승진시키기 때문에 교수가 된 경우에는 그만큼 권위가 크다.

미국 대학들은 전체 인원 중 대략 45~50% 정도만 정교수가 되는 것으로 알려졌다.

한국에서는 전임 강사로 임용되면 정교수는 당연히 된다. 이러한 분위기가 요새는 많이 바뀌었으나 아직도 한국의 경제적 위상, 대학에 대한 투자비를 감안하면 더욱 변해야 한다.

인도 IIT의 경우도 우리와는 완전히 다르다.

필자는 지난 2005년 8월에 인도의 IIT 대학을 방문한 적이 있다.

이곳에서는 조교수에서 부교수, 부교수에서 교수로 진급하기 위해서는 엄격한 위원회의 평가를 거쳐야 하므로 다년간 조교수로 남아 있는 나이든 교수를 본 경험이 있다.

나의 연구 파트너였던 컴퓨터 공학과의 교수는 조교수인데도 불구하고 연구 실적 면에서는 우리나라 기준으로 보면 교수와 견주어도 전연 손색이 없었다.

그런데도 그는 조교수로 10년 이상을 지내고 있었다. 물론 나이도 40대 중반을 넘긴 상태였다.

진급 시에는 다른 IIT 교수들로 구성된 위원회의 심의를 거쳐야 하는데 우연히 그 과정을 본 경험도 있다.

같은 식사 테이블에 앉아 대화를 나누는 중이었는데, 그는 얼마나 스트레스를 받는지 식사를 거의 못 할 정도였다. 진급 심사가 그만큼 매우 엄격하다는 얘기다.

한국이 지식산업사회에서 선두 국가가 되기 위해서는 교수들을 평가하는 기준부터 달리하여 역량을 강화하지 않고서는 불가능하다.

미국은 초·중·고 교사도 주기적으로 평가를 받아야 한다.

평가 결과가 좋지 않으면 교육 현장을 떠나거나 다른 곳으로 옮겨야 한다. 한국은 전교조가 버티고 있어서 어느 것도 못 하고 이념에 따라 정책이 변하는 교육 분야의 후진국이다.

한국 대학의 분위기는 당분간 크게 변할 수 없다고 본다.

그래서 필자는 여러분에게 한국인으로서 노벨상 수상을 꿈꾸는 큰 비전으로 인생을 설계하되, 대학은 외국 대학을 선택할 것을 권하고 싶다.

지금 화두가 되는 인공지능, 로봇 산업은 곧 우리 인류의 모든 삶에 깊숙이 들어올 것이다.

이는 모든 미래 학자들이나 전문가들이 일관성 있게 하는 말이다.

그렇게 되는 경우, 지금 인기 있는 직업인 증권 분석가, 투자 자문가, 의사, 변호사와 같은 직업은 사양 직업이 된다.

40대에 활발하게 사회 활동을 하여야 할 지금의 청소년들로서는 현재 인기만을 보고 대학이나 전공을 선택하면 크게 후회하게 될 것이다.

특히, 글로벌 시대에서 살아야 할 청소년들은 국제적 무역이나 인재 교류가 활발한 시대에 살게 된다.

이에 대비해 비록 개도국의 작은 대학이지만 내 실력에 맞는 대학을 선정하여 이곳에서 친구를 사귄다면 졸업 후에 본인이 활동할 때는 크게 빛을 볼 수 있을 것이다.

지금 개도국이 영원히 개도국으로 남는다는 확신은 없다.

1970년대에 필자가 중·고등학교에 다닐 때 우리나라는 잘사는 필리핀과 태국을 가장 부러워했다.

서울의 장충체육관을 설계한 것이 필리핀의 기술자이고 우리나라가 석유공사를 설립하고 연수를 간 곳이 필리핀이었다.

그러나 지금 두 나라의 상황은 비교할 수 없는 처지가 되었다.

따라서 30년 뒤의 상황은 또 어떻게 변할지 우리는 예측할 수 없다.

서열화로 사람을 평가하고 대접하는 한국 풍토에서는 한국 대학을 잘못 선택하면 직업을 갖기도 어렵고 비록 갖는다고 하더라도 평생을 그늘 속에서 살아야 한다.

반면, 외국 대학 졸업장을 가지고 있으면 일단 그 나라에 관해 전문가로 거듭날 수 있다.

언어, 문화, 친구가 있어 무역이나 네트워킹을 할 때 유리하고 무역을 진행해야 하는 회사나 단체에서 필요한 인물이 될 것이다.

1970년대에 가장 인기 있던 분야는 공대였고 그것이 한국 현대화에 기여하기는 했으나 지금은 사회적으로 대접을 잘 받지 못하는 경우와 같다.

무엇보다도 지금처럼 한국의 인기 몰이식 방법으로 대학을 선택하는 것은 지금의 청소년들에게는 더욱더 금물이다.

한국 대학에서는 절대
노벨상 수상자가 나올 수 없다

노벨상은 1901년 12월 10일에 처음 시행되었는데 노벨의 유언에 의해 다음과 같이 시행되고 있다.

◎ **노벨상 기준**
- 노벨 물리학상: 그 전해에 물리학 분야에서 가장 큰 발견이나 발명을 한 사람에게 주어진다.
- 노벨 화학상: 그 전해에 화학 분야에서 가장 큰 발견이나 발명을 한 사람에게 주어진다.
- 노벨 생리·의학상: 생리학이나 의학 분야에서 가장 큰 발견이나 발명을 한 사람에게 준다.
- 노벨 문학상: 문학 분야에서 이상적인 방향으로 가장 뛰어난 작품을 만든 사람에게 준다.

그동안 노벨상 수상 내용을 보면 그 시대에서 가장 앞선 사람들, 즉 독창성에 기준이 있다.

또 노벨상 기준에 의하면 해당 수상자의 업적은 살아 있을 때 검증받아야 가능한데, 당대에 학문적 이론을 개발하여 검증받기란 어려운 일이다.

이는 학문의 대물림 분위기가 정착되어야 가능하다는 것이다.

일본의 노벨상 수상자 평균 연령이 74.7세인 것을 보면 얼마나 오랜 시간을 기다려야 하는지 짐작이 간다.

노벨상은 살아있는 자에게만 주는 상이다. 아무리 업적이 뛰어나도 사후에 이론이 검증된 자에게는 상을 주지 않는다.

이런 점이 집권자에 따라 정책이 오락가락하는 후진국이나 지적 생산자를 우대하지 않는 국가에서 노벨상 수상자를 배출하기가 어려운 이유다.

왜 한국이 노벨상 수상자를 배출하기가 어려운지도 대충 이해가 될 것으로 본다.

우리나라는 선진국을 벤치마킹해서 산업화를 이루는 데는 성공했다. 그런데 노벨상 수상자를 배출하는 데는 성공을 거두지 못하고 있다. 정책을 이끌고 가는 정부의 역할이 너무 다르기 때문이다.

일본은 첫 노벨상 수상자인 유카와 히데키(湯川 秀樹, ゆかわ ひでき, 1907년 1월 23일~1981년 9월 8일)를 2차 세계대전이 끝난 1949년도에 배출하였다.

이 상은 당시 패전국이었던 일본 국민들에게 많은 용기를 주었다.

2015년 10월 22일, 박근혜 전 대통령은 기초과학연구원을 방문하여 1,000명의 노벨상 수상자 후보가 나올 수 있도록 지원하겠다고 연설하였다.

그런데 필자는 한국의 과학기술계 풍토라면 '영원히 받을 수 없다'고 생각한다.

그럼 왜 필자가 그런 판단을 내리게 된 것인가? 그 이유는 다음과 같다.

첫째, 노벨상 수상은 학문이 전수되는 풍토에서만 가능하다.

노벨상은 한국 사람들이 생각하는 것처럼 SCI(과학기술 인용지수) 논문이나 『네이처』지 또는 『사이언스』지에 논문을 많이 실었다고 해서 주는 상이 아니다.

물론 그것이 노벨상 수상에 가까이 가는 것만은 사실이나 꼭 그렇지는 않다.

한국의 대학들은 SCI급 논문을 얼마나 많이 생산하느냐에 온 힘을 다하고 있다.

지금까지 정부의 과학기술, 교육 정책은 이들 논문 편수에 따라 대학의 연구 수준을 평가하고 이에 따라 지원비를 차등 지급하는 것이다. 그러니

그림 6-2.

폴란드 대학의 노교수. 80이 가까운 나이에도 학술대회에서 토론하고 있다. 나이와 관계없이 연구는 물론 강의도 한다고 한다. 이는 정부 차원에서 지속해서 지원해 주기 때문에 가능하다. 즉, 학문의 대물림이 가능하다. 2013년 폴란드 크라코우 대학 세미나에서 찍은 사진이다.

대학들로서는 사활이 걸릴 수밖에 없다.

그러나 SCI급 논문을 많이 생산할수록 오히려 논문의 질이 저하될 수 있다.

오랜 기간 동안 연구를 거쳐 몇 편의 논문만을 생산하는 것이 논문의 수준을 높일 수 있다.

노벨상 수상을 위해서는 지금까지 발표되지 않은 가장 창조적인 것을 개발한 후 수년 또는 심지어는 수십 년에 걸쳐 검증하는 과정이 이루어져야 한다.

따라서 당대에 이론을 정립하여 이것을 발표하면 이를 검증하는 데 너무나 시간이 오래 걸려 그동안 그 창조적 이론을 제시한 사람은 고인이 될 수도 있다.

그런 경우 노벨상 수상 규칙에 의해 상을 받을 수 없다.

결국, 해당 이론이 제시된 당대에 학문적인 업적을 이루지는 못하더라도 자기가 했던 연구를 제자나 아들에게 전수하여 그들이 그 업적을 그대로 물려받아 연구했을 때만 가능하다. 노벨상 수상자의 90% 정도가 공동 연구 또는 절반 이상이 교수와 제자 또는 아버지와 아들 같은 '팀'이 수상하였다는 것이 이것을 뒷받침하고 있다.

한국의 대학교수는 박사를 마치고 사회적 경험을 약간 하면 대개 그 나이가 30대 전·후반쯤 된다. 그 후 1~2년 동안은 대학의 분위기를 맞추다가 3년 정도부터 본격적인 활동을 하게 되는데 모든 것을 혼자 구축해 나간다. 연구 기반을 구축하는 데 대개 10년 정도 걸린다고 보면 40대 중반쯤 된다. 그리고 어느 정도 연구 성과가 있게 되면 각종 평가와 정부의 자문위원에 끼어들어 정치적, 행정적으로 활동을 하게 되어 점점 연구와는 멀어진다.

사교성이 좋고 명문대 교수일수록 이런 정치적인 활동에 더 적극적일 수 있다.

그렇게 하여야 연구비도 장기적으로 큰 비용을 수주할 수 있고 대학이나 사회로부터 유능한 사람으로 인정받을 수 있기 때문이다.

제대로 된 연구 논문 하나 생산하지 않던 교수가 정치권 주위를 맴돌다 집권하게 되면 장관이나 기관장으로 발탁되어 교육 정책이나 기관의 정체성 모두를 뿌리부터 흔드는 사례는 어제오늘의 일이 아니라 늘 있었던 한국 사회의 단면이다.

한국의 분위기에서는 50대 중반쯤이면 대개 연구는 어렵기 때문에 외부의 일을 더 많이 하게 된다.

그리고 학과나 대학에서는 젊은 층들이 들어와 상호 간의 소통도 문제가 되는 시기라 정년 후의 일들을 생각하게 된다.

정년 3~4년 전쯤부터는 기초적인 강의만 전담하게 된다. 연구비를 얻기도 어렵고, 대학원생도 받을 수 없고, 학과에서도, 대학에서도 열외로 취급하니 더 이상 일할 수 없게 된다.

젊어서 죽어라 고생한 지적 활동가가 경험을 바탕으로 삼아 왕성하게 활동하여야 할 나이에 쓸쓸한 인생의 후반기를 보내야 하는 것이다.

이렇듯, 50대 후반부터는 학문이 단절되니 학문의 대물림 시스템이 전혀 안 되어 있다.

미국에서 손꼽는 대학에서 잘 나가던 인재가 한국에만 들어오면 그저 그런 인재로 대학 생활을 할 수밖에 없는 게 한국의 현실이다.

박사 학위를 받고 왕성한 활동을 하는 시기는 불과 10년 내외이다. 그 제자는 또 새로운 학문을 배우기 위해 미국으로 가고 거기서 활발히 활동하다 국내 대학에 교수직을 신청하여 돌아오면 또 같은 과정을 반복하니 제대로 된 학문이 정착하지 못한다.

또한, 한국 대학들의 내부 문제도 노벨상 수상을 멀어지게 하는 데 한몫을 한다.

한국의 대학 문화는 박사 과정 학생들을 전적으로 독립된 연구 인력으로 대접하지 않는다.

교수의 시중을 들면서 프로젝트를 하는 보조 인력쯤으로 본다.

남의 시중을 드는 입장에서는 독창적인 아이디어로 연구 활동을 할 수가 없다.

프로젝트를 하기 위해서는 많은 연구 계획서를 제출해야 하므로 이를 작성하느라 시간을 소비하고 프로젝트가 성사된 뒤에는 이를 관리해야 하므로 독창적인 연구를 하기가 어렵다.

연구 계획서는 시대의 조류에 맞는 각종 미사여구를 사용하여 작성하는데 오죽하면 연구실 내의 3D 업종이라고 할까?

석·박사 과정 학생이 많은 경우에는 많은 프로젝트를 수행하여 인건비와 각종 활동비를 조달해야 하므로 더더욱 잡일이 많아진다.

가장 공부하지 않는 집단이 교수라는 비아냥 소리가 나오는 이유 중 하나다(학문을 위해 온 힘을 다하는 교수들과 학생들에게는 이 내용이 남의 이야기가 되길 바란다).

이처럼 한국에서는 학문적 대물림 시스템이 없으니 노벨상 수상자를 배출할 수 없는 이유가 여기 있다.

그림 6-3.

이 사진은 필자가 2017년 9월 4일부터 캄보디아 프놈펜에서 국제 학술대회를 개최했을 때 저녁 식사 후 찍은 사진이다. 맨 왼쪽이 필자, 그다음이 일본 대학의 현직 교수, 그 옆이 이미 10년 전에 정년 퇴임한 현직 교수의 스승, 맨 오른쪽의 젊은 사람이 대학원 석사 2년 차 학생이다. 현직 교수가 자기의 스승을 모시고 학술대회에 나와서 3대가 학문을 전수하는 과정을 보여 주었다. 나와서 그냥 앉아만 있는 것이 아니라 3명 모두 가장 최근의 연구 결과를 발표했다. 현직 교수와 정년 퇴임한 교수는 필자의 동경 공업대학 지도 교수를 잘 알고 있었다. 이 자리에서도 학문의 대물림에 대하여 많은 이야기를 나누던 기억이 난다.

한국에서는 교수의 정년이 되자마자 대학 당국에서 연구실을 깨끗이 청소한다.

일본 대학교수들도 65세면 정년을 맞이한다.

그러나 일본의 대학 시스템은 피라미드식으로 철저히 학문적 전통을 유지하게 되어 있다. 일본은 유학을 보내지 않고 국내 연구, 교육 시스템만으로 노벨상 수상자를 24명이나 배출하였다.

바로 이 점에 유의하지 않으면 한국에서 노벨상 수상자 배출은 점점 불가능해질 것이다.

한국 대학은 외국의 저명한 교수, 유능한 젊은이들이 국내 대학에서 평생 연구할 수 있는 문화와 환경을 갖추지 못했기 때문에 외국의 고급 인력이 들어올 수도 없다.

미국, 일본 등 다른 나라에 유학시키지 않고도 고급 인력을 배출할 수 있는 시스템을 갖추어야 한다는 이야기이다.

필자는 2012년 2월부터 2013년 2월까지 1년간 헝가리 부다페스트 공대에서 연구년을 보낸 바 있다. 헝가리도 노벨상 수상자를 13명이나 배출한 나라이고 그중 부다페스트 공대에서만 3명을 배출하였다.

이 대학도 정년은 65세이지만 이는 행정적으로서의 정년이고, 정년 이후에도 대학 측에서 그대로 연구와 연구실을 주어 활동할 수 있도록 하고 있었다.

필자는 유럽의 학술대회에서 그동안 친분이 있던 인공지능 분야에서 유명한 폴란드 교수를 만나 학술대회에서 만찬을 하는 동안 대화를 나눈 적이 있다. 나이가 들어 정년을 맞이했을 텐데 문제는 없는지 물어보았다.

그의 말에 따르면 건강 외에는 전혀 문제가 없다고 한다.

정부에서도, 대학에서도 계속 연구 활동을 하도록 지원하기 때문에 문제가 없다는 답변이었다.

이 같은 답변은 폴란드의 크라코우 대학(크라코우 대학은 폴란드에서 가장 좋은 공대이며 노벨상 수상자급들이 많이 강의하는 대학으로 이미 앞에서 소개하였다)에서 열린 학술대회에서 만난 노 여교수에게서도 들을 수 있었다.

그 학술대회에서 우리로 말하면 아주 노인인 할머니가 나와서 젊은이들과 포스터 앞에서 난상 토론을 벌였다. 학문적 성과를 공유하는 좋은 자리다.

크라코우 대학의 여성 교수가 젊은 대학생들과 토론하는 모습은 학문의 대물림이 무엇인지를 단적으로 설명해 준다.

한국에서라면 이런 노인이 학술대회장에 나가서 토론할 수 있을까?

나이든 여자가 주책이라고 핀잔이나 받을 것이다.

둘째, 지속적인 지원 정책이 없고 인기에 영합하는 풍토에서는 노벨상 수상자가 나올 수 없다.

노벨상 수상자를 배출하기 위해서는 학문적으로 대물림이 이루어져야 하는데 한국의 정부, 대학, 연구소들은 인기에 영합하여 당대나 자기 임기

중에 눈에 보이는 성과를 낼 것만을 생각하고 단기적인 정책을 펴기 때문에 노벨상 수상자가 나올 수 없다.

창조적 아이디어를 생산하는 데만 수년이 걸리고 이것을 또 검증하는 데 수년이 걸리는데 어떻게 2년 또는 3년 안에 창조적인 아이디어를 구현하고 검증된 업적을 낼 수 있을까?

최근의 기사는 한국 과학기술계가 얼마나 정치적으로 이용되는지를 단적으로 보여 준다.

이미 임기를 반도 못 채운 연구소장들이 물러났다는 기사였는데, 문제는 그것도 한둘이 아니라는 점이다.

무엇이 이들을 물러나게 했을까?

그러고도 우리는 노벨상 수상자를 기대할 수 있을까?

한국의 미래를 희망적으로 볼 수 있을까?

정부, 대학, 연구소에서는 대한민국 청소년들의 희망이 어디에 있는지 알고나 있을까?

셋째, 연구 기관인 대학, 연구소들이 행정적, 정치적 관점에 따라 분위기가 변하는 풍토에서는 노벨상 수상은 불가능하다.

이전의 내용은 정치적 관점에서 이야기한 것이라면 다음의 내용은 기관의 내부적인 문제에 해당한다고 볼 수 있다.

한국에서 노벨상 수상자를 배출할 정도의 연구를 하는 대표적인 연구 기관은 대학과 연구소이다.

그런데 이 두 기관에 종사하는 개인이 대학이나 연구소의 분위기 변화에 따라 민감하게 신변의 변화를 느낀다거나, 지속적인 연구 활동을 하는 데 피로를 느낀다면 노벨상 수상자 배출은 불가능하다.

이런 분위기는 후진국의 만성적 병폐이다.

정치적으로 연구자들을 활용한다거나 정부의 홍보물쯤으로 생각하고 필요할 때 자주 불러 정권의 유지 차원에서 활용하다 약간의 잘못을 빌미 삼아 버리는 것 등이 그것이다.

한국에서 대통령의 임기는 5년, 대학 총장의 임기는 4년, 연구소장의 임기는 3년 정도이다. 연임하는 경우도 있으나 한 번의 임기로 마무리하는 경우가 대부분이다.

대학은 새 총장이 선출된 후 1년만 지나면 서서히 선거 열풍에 휩싸인다. 연구소는 1년 정도 지나면 다음 기관장이 누가 될지 눈치를 봐야 하고 기관장이 바뀔 때마다 조직 개편이 수시로 이루어진다.

한국의 모든 대학이나 기관들은 기관장이 바뀌면 전임자의 흔적 지우기에 급급하여 장기적인 연구가 어렵다.

미국의 대학 총장은 짧아야 10년 보통 20년 정도 총장으로 재직하고 한 대학에서 30년간 총장만 하는 사람도 두루 있다.

이런 사람은 장기적인 포석에서 대학을 운영하니 안정적인 연구와 교육이 가능하다.

넷째, 미국 대학이 노벨상 수상자를 많이 배출하는 것은 열심히 하는 사람, 지적 활동을 하는 사람들에 대한 각별한 우대에 있다.

미국에서 활발히 활동하는 교수들은 죽을 때까지 연구실에 남아 연구 활동을 할 수 있다.

즉, 지적 활동에는 정년이 필요 없다는 이야기이다.

필자는 2013년 7월에 미국의 포틀랜드 대학에 있는 잘 아는 교수를 방문한 적이 있다. 그는 폴란드 출신이지만 30년 전에 미국에 와서 교수가 되었고 2009년에는 필자

그림 6-4.

필자의 연구실에서 같이 연구했던 포틀랜드 대학교수 Perkowiski 교수. 사진은 필자와 같이 대학 인근 강가에서 찍은 사진이다.

의 연구실에 와서 3개월간 동고동락했던 교수다.

그 후로 상호 방문을 자주 하는 처지라 2013년 7월에 학술대회차 그가 있는 곳을 방문하여 상황을 물어보았다.

그는 2013년 당시 67세로 정년을 맞이했으나 연구실도 그대로 사용하여 변한 것이 없다고 했다.

자기 학과에는 98세의 과학자들부터 83세 등 나이든 과학자들이 즐비하며 자기도 오래 근무하고 싶다고 했다.

2013년 당시에도 67세의 교수가 연구비를 타기 위해 연구 계획서를 쓰느라 정신없이 바쁘게 지내고 있는 모습을 본 적이 있다.

미국에 대한 애정, 학문적 업적을 남기기 위해 온 힘을 다하는 마음가짐이 정말 부러웠던 기억이 난다.

또 한 가지 기억이 나는 것은 중국인 과학자 부부다.

2003년에 미국의 올랜도에서 학술대회가 열렸는데 당시 그곳에 참석한

그림 6-5.

중국에서 망명한 과학자 노부부

80세 정도의 중국인 과학자 노부부가 있었다. 중국에서 발언을 잘못하는 바람에 신변에 위험을 느끼게 되었는데 어느 채널을 통하여 미국에 자신들의 사정을 이야기하니 미국이 흔쾌히 이 과학자를 정치적 이민으로 받아들여 자국에 안착시켰다는 이야기를 들었다.

그분들은 정말 미국에 대해서 감사를 느끼면서 학술대회에서 살아 있는 동안 미국에 온 힘을 다하겠다는 말을 여러 번 하는 것을 들은 적이 있다. 필자는 지금도 그분들의 사진과 함께 생생하게 그 기억을 간직하고 있다.

다섯째, 나와 다름을 인정하지 않는 풍토에서는 노벨상 수상자는 불가능하다.

창조적 발상을 존중하지 않는 사회에서는 노벨상 수상이 불가능하다.

노벨상 수상은 기존의 방법을 넘어 창조적인 방법을 제시한 것이 인류의 발전과 복지에 공헌할 때라야 가능한데 창조적인 발상은 없는 것을 제시하는 것이다.

그런데 한국의 풍토는 기존의 것을 답습하는 풍토이다.

기존의 것과 다른 것을 제시하면 나쁜 사람이라고 비난을 받는다.

중소기업이 좋은 제품을 개발하고도 납품을 못 하는 경우와 같다.

검증된 실적을 요구하기 때문이다.

그런데 그런 중소기업의 제품이 해외에서는 호평을 받는 경우가 많다. 사용해 보니 좋고, 편리하기 때문에 사람들이 산다. 이처럼 해외에서는 굳이 검증된 실적을 요구하지는 않는다.

학문도 마찬가지이다.

거대한 다국적 기업이 한국에서는 탄생하지 않고, 미국에서 마이크로소프트, 애플의 아이폰, 페이스북 등 색다른 기업이 탄생하여 세계를 선도하는 것도 미국 사회가 창조적 아이디어를 존중하고 지원을 아끼지 않는 데 그 원인이 있다.

지금도 한국의 연구재단에 연구 계획서를 내려면 선행 연구 내용을 기재하여야 한다.

기존의 연구 내용을 바탕으로 연구 계획서를 평가하겠다는 이야기이다.

혁신적인 아이디어를 제출하면 불리할 수밖에 없다.

평가 결과도 단 두어 줄 정도만 제출자에게 통보된다.

또한, 평가도 전문가가 배제된 상태에서 비전문가가 평가하는 사례가 너무 많다.

평가 결과를 문의하기 위해 평가 위원 명단을 보내 달라고 하면 비밀이라 보내 줄 수 없다는 말만 들을 뿐이다.

이런 상황에서 어떻게 창조적인 아이디어를 연구할 수 있을까?

최근에는 테슬라를 운영하는 머스크의 이야기가 큰 감동을 준다.

우주여행을 구현하기 위해서는 로켓 발사 비용을 줄여야 한다. 머스크는 로켓을 재사용할 수 있는 방법을 개발하여 획기적으로 비용을 줄였고, LA 공항까지 가는 데 걸리는 교통 체증을 해소할 방법을 찾다가 지하 터널을 뚫어 진공 방식으로 총알보다 빠른 교통을 구현해 가고 있다.

2년 전에 그가 이 내용을 발표했을 때는 모두가 허풍이라고 핀잔을 주었는데, 그는 실제로 2018년 12월에 지하 터널을 완공하여 그의 구상을 곧 실현한다고 보도되었다.

더한 이야기는 화성 탐사를 곧 실현한다는 이야기인데 이런 사업이나 발상을 한국에서 했다면 어떤 대접을 받았을까?

정치적으로 공격받든가 세무서에서 집중 감사를 받아 재산을 몰수당하지는 않았을까?

더군다나 머스크는 남아공 이민자이다.

한국에서라면 이민자가 이런 사업을 할 수 있었을까?

여섯째, 학문적 업적에 대한 권위와 명예를 존경하지 않는 고정 관념이 있는 사회에서는 노벨상 수상자 배출은 불가능하다.

한국은 철저히 고정 관념에 의해 사회가 움직인다. 변호사, 의사, 정치를 해야 대접을 받을 수 있다. 지방 자치단체장과 친구가 되어야, 권력층에 있는 누구누구와 잘 알아야 사회적으로 대접도 받고, 활동하는 데도 편리하다. 학문적 성과 및 아이디어와는 먼 거리에서 사회가 운영되는 것이다.

그래서 한국에서는 인맥을 잘 형성하기 위해 많은 사람과 만나고 돌아다녀야 한다. 결국 정치권과 인맥을 형성하여야 한다는 이야기이다.

연구하는 사람들로서는 시간 낭비인 셈이다.

혼자서 아이디어를 구현한다고 계획서를 잘 쓰는 것보다 그사이에 다른 사람들과 만나고 돌아다니는 편이 효과적일 수도 있다.

이런 상황에서는 지방의 중소기업이 연구 계획서를 잘 쓸 수 없다. 마찬 가지로 지방의 대학들도 인프라가 없다.

대학원생도, 연구 계획서도 잘 정리되지 않으니 평가에서는 지방의 작은 대학에 있는 교수가 좋은 점수를 받기 어렵다.

우리나라는 20년이 다 되도록 국민 소득 2만 불의 늪에서 벗어나지 못하 다가 2018년 한국은행 발표에 따르면 이제 3만 불을 넘었다고 한다.

선진국들은 2만 불에서 3만 불로 진입할 때 대개 5~7년 정도 걸렸다. 그 런데 한국은 20년 넘게 걸려서야 2만 불대를 벗어났다.

2018년 1월의 IMF 자료에는 3만 9백 불이라고 기재되어 있다.

노벨상 수상자는 국가가 모래사장에서 옥을 찾는 마음으로 다양한 아이 디어를 가진 사람을 많이 발굴하여 오랫동안 지원해야 가능한 일이다.

그러나 한국은 고정 관념에 의해 다양한 접근 방법, 많은 사람이 온 힘을 다하는 시스템이 아니기 때문에 노벨상 수상자 배출이 불가능하다. 한국에 서 20년, 30년 동안 연구를 지원할까?

2016년에 노벨상 관련 인사가 한국에 와서 강연할 때 한국의 한 대학교 수는 "한국은 학문적 역사가 20년 정도로 짧아 노벨상을 못 받은 것이 아 닌가?" 하고 질문한 적이 있는데 그 인사가 "학문적 역사가 반드시 그런 것 만은 아니다."라고 오히려 반문했다는 보도가 있다.

이미 한국 대학들도 역사적으로는 노벨상 수상자를 배출하고도 남는다.

카이스트는 1971년 2월 16일에 설립되었다. 2019년도를 기준으로 보면 48년이 된다.

카이스트는 한국에서는 가장 우수한 대학이고 정부에서 지원도 잘해 주 는 대학이다. 역사적으로는 충분하다.

그러나 역설인지는 몰라도 이런 고정 관념에 의해 연구비를 한 곳에만 몰아주는 이런 생각들이 오히려 노벨상 수상을 더 멀게 하고 있는지도 모른다.

2018년 12월에는 이 대학의 총장이 고발당한 상태이다. 이유가 어떻든 대학 총장을 고발하고 물러나게 하는 정치적 풍토로는 노벨상 수상은커녕 한국의 미래가 암울하다고 볼 수밖에 없다.

2013년 어느 일간지에 한국의 현대자동차 파업에 대한 기사가 실린 적이 있다. 차 한 대를 만드는 데 미국은 16시간, 중국은 20시간, 한국은 30시간이 넘게 걸린다는 통계였다. 억대에 가까운 연봉을 받지만 그래도 더 달라고 매년 파업을 일삼고 있다.

그런 곳에서 진심으로 좋은 명품 차를 만들 수 있을까?

방향은 다르지만, 합리성과 논리가 통하지 않는 그런 곳에서 창조적인 아이디어를 가지고 고객에게 감동을 줄 수 있는 명품 차를 만들 수 없는 것과 같다.

노벨상에 대해서 2016년 6월 3일 자 일간신문에 또 하나의 치욕스러운 기사가 실렸다.

『네이처』지가 "한국은 GDP 대비 R&D 투자율이 1위이나 노벨상 수상자는 없다."고 말했다는 기사이다.

일본과 비교하여 일본은 노벨상 수상자가 24명이지만 한국은 0이라는 '24 대 0'의 기사도 나왔다.

또한, 돈으로는 노벨상을 살 수 없다는 분석 내용도 내보냈다.

한국 과학계에 치욕스러운 기사이다.

『네이처』는 알파고가 이세돌 명인과 격돌하여 인공지능이 중요하다고 하니까 미래부가 인공지능을 육성하겠다고 허둥대는 것도 지적했다.

모두 공감이 가는 내용이다.

일본의 노벨상 수상 이야기와
정부의 전략

일본의 첫 번째 노벨상 수상 이야기이다. 일본의 첫 번째 노벨상 수상은 세계 최초로 원자 모형을 제시해 1922년에 노벨상을 받은 덴마크 물리학자 보아(Niels Henrik David Bohr, 1885년 10월 7일~1962년 11월 17일, 77세)와 밀접한 관련이 있다.

보아는 코펜하겐 대학(Alma mater , University of Copenhagen) 출신으로서 양자 물리학을 연구하고 있었는데 당시는 양자 물리학에서 가장 중요한 시기였다.

이 중요한 시기에 일본의 이론 물리학의 아버지라 불리는 니시나 요시오(仁科 芳雄, 1890년 12월 6일~1951년 1월 10일)는 1923년에서 1928년까지의 6년 동안을 코펜하겐에 있는 보아의 연구실에서 연구하며 시간을 보냈다. 그의 나이를 고려해 봤을 때 38세에서 44세까지 활발한 연구 활동을 할 수 있는 시기에 6년이라면 결코 짧은 기간은 아니다.

이후 그는 1928년 말에 도교에 돌아와 1931년에 RIKEN(Institute of Physics and Chemical Research, 일본어명으로는 'RIKEN')을 설립하고 실험과 이론 연구를 시작하였다.

유카와 히데키(湯川 秀樹, ゆかわ ひでき, Hideki Yukawa)와 도모나가 신이치로(朝永 振一郎, ともなが しんいちろう, Sin-Itiro Tomonaga)는 1926년도에 교도 대학(교도 제국대학)에 같이 입학하였다.

당시 유카와 히데키와 도모나가 신이치로는 니시나 요시오의 강의를 듣고 깊은 감명을 받아 1932년에 연구실에 합류하였다.

이들의 연구 결과로 1949년에 유카와 히데키(湯川 秀樹, ゆかわ ひでき, Hideki

Yukawa, 1907년 1월 23일~1981년 9월 8일, 74세)는 그의 나이 42세 때 노벨상을 받는다. 매우 젊은 나이에 노벨상을 받은 것이다.

니시나 요시오의 지도를 받은 도모나가 신이치로(朝永 振一郎 Tomonaga Shin'ichirō, 1906년 5월 31일~1979년 7월 8일)도 1965년도에 역시 그의 나이 59세 때 노벨 물리학상을 받는다.

한 스승 아래서 두 명의 노벨상 수상자가 배출된 셈이다.

학문의 대물림이 노벨상 수상에 얼마나 중요한 역할을 하는지를 잘 입증하고 있다.

비록 본인은 노벨상을 못 탔지만, 그의 제자 두 명이 노벨상을 받도록 지도한 그의 업적을 기려 일본 정부는 재단을 설립하고 지금도 우수한 물리학 연구자들에게 그의 이름을 딴 상을 수여하고 있다. 참으로 위대한 업적이라 생각된다. 지금도 이공계에서는 '보아의 원자 모형'을 가장 먼저 기초로 배운다.

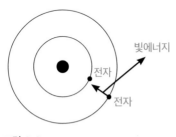

그림 6-6.

보아의 원자 모형. 높은 에너지 준위 전자가 낮은 에너지 준위로 이동하면 그에 해당하는 에너지가 빛으로 발산된다.

다음으로, 청색 LED를 발명해 노벨상을 받은 이야기이다.

2014년 12월 10일, 그해의 노벨상 수상자는 청색 LED를 발명한 일본 나고야 대학의 교수인 이사무 아카사키(赤﨑 勇, あかさき いさむ, Isamu Akasaki)와 역시 같은 대학의 교수인 아마노 히로시(天野 浩, あまの ひろし, Hiroshi Amano), 일본인으로 미국 국적을 가진 캘리포니아 대학교수인 나카무라 슈지(中村 修二, なかむら しゅうじ, Shuji Nakamura, University of California at Santa Barbara)였다.

초기의 청색 LED에 대한 연구는 도요타 자동차의 부품을 만드는 회사 [1949년에 나고야 고무(豊田合成株式会社, Nagoya Rubber Co.)라는 이름으로 설립되었는데 1973년에 Toyoda Gosei로 회사명을 바꾸었다]의 도요다 고세이(Toyoda Gosei)와 이사무 아카사키 교수가 공동 연구를 함으로써 시작되었다.

도요타 고세이 회사는 1995년까지 청색 LED를 상업용으로 공급할 목적으로 두 교수의 지도를 받아 연구를 시작하였다.

이 회사는 청색 LED를 개발하면 컴퓨터, 조명, 자동차 등에 무궁한 시장이 창출될 것으로 보고 연구를 시작한 것이다.

표 6-2. 노벨상을 받은 청색 LED의 연구 일정[45]

	1985	1986	1987	1988	1989	1990	1991	1992	1993	1994	1995	1996
아사키, 아마노 교수	싱글 GaN 성공	공동연구 시작		정부, 대학, 도요타, 기업 협력	P형 GaN성공		세계 최초 청색 LED 성공					
Toyoda Gosei	공동연구 제안				N형 GaN 성공		청색 LED 콘소시엄			대량 생산/ 연구 지속		

〈표 6-2〉는 도요다 고세이가 개발 일정을 영문으로 나타낸 것을 필자가 재구성한 것인데 1985년도 초기에 연구를 시작하여 1995년도까지 10년 동안 지속적인 지원을 받았다고 볼 수 있다.

이 또한 장기적인 지원이 주요하다는 점과 연구 지원을 기업이 했다는 점에서 시사하는 점이 크다고 판단된다.

이처럼 일본은 계획을 순간적으로 하지 않고 기획하는 데만 1년 또는 수년에 걸쳐서 하지만, 일단 시작되면 절대로 포기하지 않는다. 중간에 조금씩 수정하면서 보완만 할 따름이다.

한국은 계획도 단기간에 이루어지지만, 시작된 계획도 정권이나 기관장이 바뀌면 없던 일로 해 버리는 것이 다반사이다.

박근혜 대통령 시절 1,000명의 노벨상 수상자를 배출하겠다고 호언장담한 것도 우습고 당시에 알파고가 나와 인공지능이 전 세계적으로 화두가 되니까 미래부가 2조 원을 투자하여 인공지능을 지원하겠다고 발표했지만,

45 도요다 고세이 자료를 필자가 재구성한 것이다.

그림 6-7.

청색 LED 연구 초기의 사진. 오른쪽에서 2번째가 아카사키 교수다.

이 또한 모두 한순간의 발표에 불과했다는 것을 우리는 잘 알게 되었다.

이러한 것들이 과학계는 물론 국민들에게는 얼마나 희망을 잃고 우왕좌왕하게 만드는지 공무원들과 권력을 쥔 사람들은 깨달았으면 한다.

또한, 그렇게 하고도 한국에서 노벨상 수상자를 기대한다는 것은 하늘에서 별이 떨어지기를 고대하는 것과 같다고 본다.

역사적으로도 일본은 메이지(明治)유신 이후 세계의 흐름을 제대로 읽었다. 기초 과학 연구의 중요성을 알고 1917년에 화학 연구소를 설립하였다.

또, 도쿄 대학(1886), 교토 대학(1897), 도호쿠 대학(1907), 규슈 대학(1911), 홋카이도 대학(1918), 오사카 대학(1931), 나고야 대학(1939)과 같은 대학을 차례로 설립하여 인재를 체계적으로 육성하였다.

그 결과가 현재와 같은 노벨상 수상자 24명을 배출하는 과학 강국으로 이어진 것이다.

이것이 바로 일본의 노벨상 수상자 배출을 위한 전략이다.

이렇게 치밀한 일본이지만 앞으로 미국과 대등한 수준의 과학자를 양성하고 노벨상 수상자를 더 배출하기 위해 제2기 과학기술 기본 계획 (2001~2005년)을 수립하여 추진 중이다.

목표는 2005년을 기점으로 50년 이내에(2050년) 노벨상 수상자 30명 정도를 배출한다는 구체적인 전략이다.

또한, 이를 실천하기 위해 일본의 노벨상 수상자 연령이 35~39세가 가장 많다는 점을 분석하여 이 연령대의 과학자들을 집중적으로 지원한다.

기관(대학이나 연구소) 또는 개인 자격으로 선발하여 2~5년간 연간 900~1,400만 엔 정도를 지원한다.

첫해에는 약 100명에게 900만 엔 정도를, 그다음 해에는 600만 엔 정도를 지원하는데, 2012년도에만 165명을 선발하였다.

일본의 정책이나 계획 추진 시의 특징을 봤을 때 충분히 달성하리라고 판단된다.

현재 일본은 미국 다음으로 노벨상 수상자 수가 급격히 증가하는 국가로 세계가 주목하고 있다.

창의적 연구의 지원, 국가가 지속해서 오랫동안 지원하는 지원 방식, 목적을 뚜렷하게 정하면 정권과 관계없이 정책을 추진하는 정부, 민간인의 지원 등 종합적인 시스템은 일본을 과학 강국, 노벨상 수상자를 다수 배출하는 국가로 만들었고 이것은 곧 국격과 국력으로 이어진다.

반면에 앞서 언급한 바와 같이 한국은 인기에 영합하는 정책을 수립하고, 정권이 바뀌면 없던 일로 해 버리며, 단기적 성과에만 급급하여 장기적인 지원을 하지 않는다.

연구자는 장기적인 계획 없이 연구비를 얻기 위해 연구를 시작했다가 관심이 사라지면 중단할 수밖에 없다.

연구하는 과학자도 사람이다.

관심을 두는 사람도 없고, 지원도 별로 시원치 않으며, 단기간에 실적이 시원치 않다고 핀잔이나 주는데 무슨 사명감을 가지고 연구를 지속할까?

내 조국을 사랑해야 한다는 아주 단순한 논리로는 세계가 이미 너무 글로벌하게 변해 있어 설득력이 없다는 것을 알아야 한다.

이러한 상황에서는 이미 언급한 학문의 대물림 시스템은커녕 치명적인 결함만 남게 된다.

2018년 12월의 어느 일간지에 참으로 재미있는 기사가 나왔다.

한국의 초등학생들을 대상으로 한 조사였다. 가장 되고 싶은 직업 순위에 관한 조사였는데 1위는 교사이고 그다음이 유튜브 제작자 등이었다.

과학자라는 단어는 아예 들어있지도 않았다.

필자가 어릴 때는 과학자가 되겠다는 것이 수많은 초등학생의 소망이었다.

10년 후의 한국은 어떻게 될까?

예측하지 않아도 이미 알 수 있는 내용이다.

미래를 생각하는 사람들은 비전에 희망을 품고, 물질에만 눈이 어두운 사람들은 돈과 순간적으로 누릴 수 있는 권력에만 집착한다. 그래서 뜻있는 사람들은 희망을 찾기 위해 비전에 목말라한다. 희망과 비전이 없으면 인재 유출이 시작되고, 예로부터 인재 유출이 심한 나라는 망했다.

아프리카 국가들은 천혜의 자원과 경관이 빼어난 곳이 많지만, 비전을 제시하는 지도자를 만나지 못해 늘 빈곤과 기아에 허덕인다. 노예의 과거 역사도 같은 맥락에서 볼 수 있다. 수많은 인종이 학살되고 오랫동안 노예로 지내 왔지만, 아직도 아프리카 국가들은 최빈국들이 많다.

필자가 튀니지, 탄자니아 등 아프리카 대학들을 방문하면서 느낀 것은 참으로 극명하게 나타나는 문명의 유산이었다. 탄자니아는 국토도 넓고 기후도 좋다. 헤밍웨이 작품의 배경이 된 지역이다. 그러나 아직도 막대기 하나만 들고 양 떼 몰이로 초원에서 가축을 기르는 것으로 생계를 유지한다. 그것이 경제 허브의 대부분이다. 이러한 현상은 아프리카가 생겼을 때와 같은 모습일 것이다. 집도 풀잎으로 만든 거적이다. 그렇기 때문에 아무리 세월이 흘러도 이들 문화는 유산으로 남을 수 없다. 그 넓은 초원이 늘 텅 비어 있는 이유다.

이러한 방법으로 유지되는 경제에서는 빈민이 대물림된다. 버스에서 내리면 아이들이 돈 달라고 벌떼처럼 몰려드는 악순환은 외부 지원이 아무리 천문학적으로 이루어져도 계속될 수밖에 없다.

체계적인 국가 전략도, 인재도, 비전도 없기 때문에 이 나라의 고급 인재는 모두 선진국으로 떠난다.

튀니지는 북아프리카로 로마 문화유산이 많이 남아 있다. 같은 아프리카임에도 불구하고 유럽인이 다스렸던 지역은 문화가 남아 있고, 흑인들이 살았던 지역은 문화유산 자체가 없다.

이는 인종에 따라서 생각하는 방식이 너무 달라 일어난 현상이라고 본다. 그 결과 수 세기 동안 흑인들은 동물과 같은 노예로 살았고 유럽인들은 이 노예를 지배해서 세계 문명을 일구었다.

국가도 마찬가지이다.

우리는 일본이 36년 동안 우리를 지배했다고 늘 원망하지만, 누가 우리에게 지배당하라고 조언한 것은 아니다. 조선 말의 지도자들이 혜안이 없어 국력을 키우지 못해 자초한 것이다. 21세기 현재도 100년 전의 상황과 다르지 않다. 최근 일본은 영국과 협약을 맺었다. 100년 전 일본이 영국과 협약을 맺어 군함을 만들고 총을 만들어 노·일 전쟁, 태평양 전쟁을 일으킨 것과 너무 흡사하다. 이때의 기술은 모두 영국이 제공했다. 영국은 남침하는 러시아를 막자는 것이 명분이었다. 정치꾼들은 이를 조금이라도 알까?

난징학살이 세계적 역사이지만 이를 거울삼아 극일을 하는 중국! 수많은 베트남 사람을 전쟁으로 잃었지만, 한국과 미국에 그 말을 꺼내는 것조차 싫어하는 베트남 사람들은 과연 속이 없어서 그럴까? 한국은 원망만 할 뿐 준비는 없다. 대학이, 인재 양성 시스템이 큰 혜안과 멀리 볼 수 있는 방법을 제공하지 못하기 때문에 사람들과 늘 부딪히면서 살면서는 순간적인 기회를 포착하여 출세하고 이익이 되는 것만 배울 수밖에 없다.

한 번밖에 없는 나를 세상에 남기고, 가문에는 영광을, 조국에게는 명예를 안길 수 있는 꿈을 갖고 대학을 선택해 주었으면 한다.

참고문헌(가나다순)

김영진 외 공저. (2012). 『전환기의 중국대학』 1~2. 서울: 학길방.

이현청 저. (2006). 『전환기 대학교육 개혁론』. 서울: 문음사.

정범모 외 공저. (2010). 『한국 교육, 어디로 가야 하나』. 서울: 푸른역사.

George Keller. (2006). 『미국 최고의 대학은 어떻게 만들어지는가』. 박중서 역. 서울: 뜨인돌출판사.

Jo Ritzen. (2011). 『유럽의 대학: 어디로 갈 것인가』 윤희원 역. 서울: 서울대학교출판 문화원.

Robert B. Marks. (2014). 『어떻게 세계는 서양이 주도하게 되었는가』. 윤영호 역. 서울: 사이.

Ronald Barnett. (2011). 『대학은 무엇으로 존재하는가?』. 이지헌 역. 서울: 학이당.

William J. Bennett, David Wilezol. (2014). 『대학은 가치가 있는가』. 이순영 역. 서울: 문예출판사.

과학기술정책연구원(STEPI). (2010). 「노벨상 수상과 우리의 대응 방안」.

프랑스 대사관 고등교육 진흥원(http://www.coree.campusfrance.org/universite)

DAAD(독일 대학 협력 기관)